Software entwickeln mit Verstand

Jörg Dirbach verantwortet als Chief Knowledge Officer das Informations- und Wissensmanagement bei Zühlke. Er verfügt über 20 Jahre Erfahrung im Software Engineering als Entwickler, Berater und Manager. Die Frage der Produktivitätssteigerung von Wissensarbeitern beschäftigt ihn seit vielen Jahren und gab Anlass zur Auseinandersetzung mit Themen wie Kognitive Psychologie und Lernpsychologie. Seine Gedanken und Beobachtungen kommentiert Jörg Dirbach regelmäßig in seinem Blog (http://www.wissensarbeiter.org).

Markus Flückiger ist Usability Engineering Berater bei der Zühlke Engineering AG und Lehrbeauftragter der Berner Fachhoschule. Er gestaltet in Projekten das benutzerorientierte Vorgehen und bildet damit die Brücke zwischen Benutzern und Entwicklung, von der ersten Idee bis zum fertigen Produkt. In dieser Position trifft er immer wieder auf die große Herausforderung im unter Zeitdruck stehenden Software-Projektteam: effektiver Wissensfluss und interdisziplinäres Problemlösen.

Steffen Lentz arbeitet als Projektleiter bei der Credit Suisse in Zürich. Zuvor war er über 10 Jahre als Berater in verschiedenen Disziplinen des Software-Engineerings für Projekte großer Unternehmen im Einsatz. Schwerpunkte seiner Erfahrung sind neben Requirements- und Qualitätsmanagement vor allem Entwicklungsprozesse und Projektmanagement. Ihn beschäftigt die Frage, was ein Projekt erfolgreich macht und wie man es produktiv gestaltet.

Jörg Dirbach • Markus Flückiger • Steffen Lentz

Software entwickeln mit Verstand

Was Sie über Wissensarbeit wissen müssen, um Projekte produktiver zu machen

dpunkt.verlag

Jörg Dirbach
jdi@zuehlke.com

Markus Flückiger
mdf@zuehlke.com

Steffen Lentz
Steffen.Lentz@credit-suisse.com

Lektorat: René Schönfeldt
Copy-Editing: Ursula Zimpfer, Herrenberg
Herstellung: Nadine Thiele
Umschlaggestaltung: Helmut Kraus, www.exclam.de
Druck und Bindung: Media-Print Informationstechnologie, Paderborn

Bibliografische Information der Deutschen Nationalbibliothek
Die Deutsche Nationalbibliothek verzeichnet diese Publikation in der Deutschen Nationalbibliografie; detaillierte bibliografische Daten sind im Internet über http://dnb.d-nb.de abrufbar.

ISBN 978-3-89864-654-3

1. Auflage 2011

Ringstraße 19 B
69115 Heidelberg

5 4 3 2 1 0

Inhalt

1 Einleitung

1.1 Warum wir dieses Buch geschrieben haben

Die Diskussion um den richtigen Softwareentwicklungsprozess ist fast so alt wie die Softwareentwicklung selbst. Lineare Prozesse nach dem Wasserfallmodell, iterative inkrementelle Prozesse wie RUP und seit einigen Jahren agile Prozesse wie Scrum sind in aller Munde. Auf vielen Konferenzen werden die verschiedenen Prozesse sowie deren Weiterentwicklung und erfolgreiche Anwendung eifrig diskutiert.

Wir selbst haben viele erfolgreiche Projekte in den letzten 10 Jahren mit RUP durchgeführt und setzen seit einigen Jahren auch agile Methoden wie Scrum erfolgreich ein. Zwar weniger aus eigener Erfahrung, aber von unseren Kollegen wissen wir, dass es auch Projekte gab und immer noch gibt, die mit linearen Prozessen erfolgreich verlaufen oder verlaufen sind.

Dennoch konnten wir bisher auch in der Literatur keine vernünftige Erklärung finden, welche Projekte mit welchen Prozessen überhaupt realisierbar sind und wie dabei eine hohe Produktivität erreicht werden kann. Stattdessen sind wir seit vielen Jahren Zeugen von Prozessdiskussionen, die manchmal schon fast religiösen Charakter annehmen. Dieser Streitpunkt und die dahinter liegende Frage, wie Softwareentwicklung abseits von Prozessen und Technologie funktioniert, haben uns motiviert, nach den eigentlichen Grundlagen zu suchen.

Eigene Erfahrung und die Beobachtungen darüber, wie Softwareentwickler bei der Arbeit vorgehen und Projektteams als Ganzes funktionieren, haben uns zur Beschäftigung mit kognitiver Psychologie und dabei speziell mit problemlösendem Denken geführt. Dabei haben wir einen neuen Blick auf Softwareentwicklung gewonnen und unsere unterschiedlichen Ansichten und Erfahrungen ausgetauscht. Das zunächst unscharfe Bild hat sich damit über die Zeit schrittweise weiterentwickelt. Die Autoren Jörg Dirbach als Business Unit Manager und Chief Knowledge Officer, Markus Flückiger als Usability-Experte und Steffen Lentz als Architekt, Requirements Engineer und Projektmanager haben ihre Erfahrungen und Beobachtungen zu einer neuen fundierten Sicht auf Softwareentwicklung kondensiert.

1.2 Für wen dieses Buch ist

Dieses Buch haben wir für alle Personen geschrieben, die in der Softwareentwicklung tätig sind. Dazu gehören zum Beispiel Softwareentwickler, Requirements Engineers, Softwarearchitekten, Projektmanager, aber auch Leiter von Entwicklungsabteilungen oder Prozess- und Qualitätsverantwortliche.

In diesem Buch lernen Sie, wie Sie gängige Prozessmodelle aus einer neuen Perspektive betrachten und auf die Eignung für Ihr Projekt hin bewerten können. Dabei betrachtet diese neue Perspektive den Menschen in seiner Rolle als Problemlöser als die zentrale Einheit. Individuelle Problemlösung spielt dabei genauso eine Rolle wie die Zusammenarbeit im Team und die Interaktion mit den Benutzern oder Kunden.

Dabei ist es egal, ob Sie zurzeit lineare Prozesse wie den Wasserfallprozess verwenden oder ob agile Prozesse wie Scrum zu Ihrer täglichen Arbeit gehören. Sie lernen durch dieses Buch, warum lineare Prozesse Grenzen haben und wo genau diese liegen. Anhänger der iterativen, inkrementellen und agilen Prozesse lernen zu verstehen, welche der Techniken in welchen Situationen Mehrwert liefern und in welchen nicht. Mit diesem Verständnis als Rüstzeug können Sie zukünftig fundiert beurteilen, für welche Projekte bestimmte Prozesse geeignet sind und wann Sie Elemente anderer Vorgehensweisen einsetzen sollten.

Sie sind dann in der Lage, den für Ihr Projekt und Ihr Team optimalen Prozess selbst zu gestalten – und dogmatische Prozessdiskussionen gehören der Vergangenheit an. Natürlich bedienen Sie sich dabei aus der Vielzahl etablierter und gut beschriebener Vorgehensmodelle – aber jetzt mit einer Souveränität, die auf einem soliden, an den kognitiven Fähigkeiten des Menschen orientierten Fundament basiert.

1.3 Was erwartet den Leser?

Nach dieser Einführung gibt Kapitel 2 einen Überblick über die heutigen Ansprüche an Softwareentwicklung sowie die gängigen Herangehensweisen.

Kapitel 3 beschreibt die drei aus unserer Sicht wesentlichen Aspekte der Softwareentwicklung, die häufig zu Missverständnissen und damit zu unproduktiven Projekten beitragen.

Was problemlösendes Denken allgemein und in der Softwareentwicklung wirklich ausmacht und wie es sich von Routinearbeit unterscheidet, beschreiben wir in Kapitel 4.

Wenn Teams gemeinsam Software entwickeln, ist es wichtig, die individuellen Problemlösefähigkeiten derart zu vernetzen, dass Teams in der Lage sind, Software zu entwickeln, die für eine Person alleine zu komplex oder zu umfangreich ist. Wie dies gelingt, beschreiben wir ausführlich in Kapitel 5.

Dokumente, Zeichnungen oder allgemein Modelle sind meist ein wesentlicher Bestandteil jedes Entwicklungsprojekts. Wie Sie all diese externen Arbeitsmittel so einsetzen, dass Teams produktiv Software entwickeln, lesen Sie in Kapitel 6.

Basierend auf all diesen Grundlagen vermitteln wir Ihnen in Kapitel 7 den eigentlichen Kern von Produktivität.

Kapitel 8 beschreibt Bausteine einer erfolgreichen Führung von Softwareentwicklung und vergleicht die etablierten Softwareentwicklungsprozesse.

In Kapitel 9 stellen wir Ihnen, basierend auf den erarbeiteten Grundlagen, unsere neue Sicht auf Softwareentwicklung vor. Mit dieser neuen Perspektive werden Sie zukünftig Softwareentwicklung viel grundlegender verstehen und damit erfolgreich das Vorgehen im Team dynamisch der Projektsituation anpassen können.

Der Ausblick in Kapitel 10 fasst die neu gewonnene Perspektive auf Softwareentwicklung nochmals zusammen und schildert eine Diskussion darüber, wie ein Team diese Erkenntnisse nun in die Tat umsetzen kann.

Fiktive Personen begleiten Sie

Durch alle Kapitel begleiten Sie mehrere fiktive Personen, die in Dialogen und Interviews ihre Erfahrungen und Meinungen erzählen. Wir möchten Ihnen damit das Wissen in diesem Buch nicht nur in sachlich formulierten Texten und Grafiken vermitteln, sondern durch die Aussagen und Erzählungen von Personen auch Ihre Erfahrungswelt als Leser ansprechen und herausfordern.

Lesehinweise

Wir empfehlen Ihnen, das Buch von vorne bis hinten durchzulesen, da die Kapitel aufeinander aufbauen und besonders die Kapitel 4 bis 6 sehr wichtige Grundlagen vermitteln, ohne die die nachfolgenden Kapitel nur schwer zu verstehen sind. Dennoch haben wir auch eine Abkürzung für eilige Leser in das Buch eingebaut, die sich zunächst einen weniger detaillierten Überblick verschaffen wollen und dabei in Kauf nehmen, nicht alles in der Tiefe zu verstehen. Wenn Sie nach dem Lesen des Inhaltsverzeichnisses und dieser Einleitung den Absatz zu Beginn sowie die abschließende Zusammenfassung jedes Kapitels lesen, sollten Sie innerhalb einer Stunde einen guten Überblick über die vorgestellte neue Sicht auf Softwareentwicklung gewinnen. Danach steht es Ihnen frei, in einzelne Kapitel einzutauchen oder nun das Buch in einem Zug durchzulesen.

Wir haben uns entschieden, Zitate aus englischsprachiger Literatur nicht zu übersetzen, sondern im Original zu belassen. Deswegen sind grundlegende englische Sprachkenntnisse zum Lesen dieses Buchs von Vorteil.

1.4 Dank

Ein solches Buch zu schreiben, ist ein Projekt, das zu Beginn mit vielen Risiken behaftet ist. All diese Risiken entstehen aus Wissenslücken, die im Laufe des Buchschreibens geschlossen werden müssen.

Besonders geholfen hat uns hier René Schönfeldt, Leiter des Lektorats beim dpunkt.verlag, der mit konstruktivem Feedback vom ersten Manuskript bis zum fertigen Buch eine wertvolle Stütze dieses Projekts war. Herzlichen Dank dafür.

Die Firma Zühlke, Arbeitgeber von Jörg und Markus, hat das Projekt mit Arbeits- und Ausbildungszeit großzügig unterstützt, was alles andere als selbstverständlich ist. Da die langfristige Entwicklung der Mitarbeiter einer der Kernwerte von Zühlke ist, war dies möglich. Nutzen konnten wir auch das Wissen aus unserer täglichen Projektarbeit: Der Know-how-Pool, der einfache Zugang zu Informationen, die Zusammenarbeit mit Kunden und der Austausch mit unseren Kolleginnen und Kollegen waren sehr wertvoll. Wir möchten uns hier herzlich für die Unterstützung bedanken, namentlich bei Dr. Walter Hürsch, der die Idee zu diesem Buch von Anfang an gefördert hat, sowie bei Philipp Sutter.

Auch die Credit Suisse in Zürich, Arbeitgeber von Steffen, hat das Projekt mit freier Zeit großzügig unterstützt. Vielen Dank dafür an Isabelle Laurin und Nicolas Stuby.

Einige unserer Kollegen bei Zühlke haben sich schon sehr früh bereit erklärt, mehrere Versionen unseres noch unreifen Manuskripts zu lesen und wertvolles Feedback zu geben. Danke an Gregor, Marco, Roland, Simon, Franziska, Ueli und Frank.

Dass die Grafiken in unserem Buch so schön geworden sind, verdanken wir Jeannine Steinhauer und Michael Feer. Vielen Dank an Euch beide für die engagierte und kreative Arbeit.

Ein Dank geht auch an die Gutachter, die unser Manuskript kritisch durchleuchteten und mit konstruktiven Vorschlägen einen wertvollen Beitrag geleistet haben.

2 Wie wir heute Software entwickeln

»Zwei Wahrheiten können sich nie widersprechen.«
Galileo Galilei, Physiker und Astronom

Die Ansprüche und Erwartungen an die Softwareentwicklung sind ebenso groß wie die damit verbundenen Herausforderungen. Entwicklungsprozesse und Vorgehensmodelle versprechen Hilfe und erfolgreiche Projekte. Dennoch zeigt die Erfahrung, dass jedes Projekt mit Risiken verbunden und ein Scheitern immer möglich ist. Dieses Kapitel enthält eine Bestandsaufnahme und beantwortet die Frage: Wo stehen wir heute eigentlich?

2.1 Erwartungen an Softwareentwicklung

Software ist heute aus unserem Leben nicht mehr wegzudenken. Der Alltag der Menschen ist von elektronischen Geräten bestimmt, vom PC über den Wäschetrockner bis hin zum Smartphone. Und kaum ein Unternehmen könnte ohne elektronische Unterstützung sein Geschäft auf dem heutigen Stand betreiben – von Fluggesellschaften und Eisenbahnen über Banken bis hin zum produzierenden Gewerbe.

Ansprüche an Software und ihre Entwicklung

Software ist zum bestimmenden Element geworden – entsprechend hoch und nicht selten widersprüchlich sind die Ansprüche an Software und ihre Entwicklung. Anwender wünschen sich die für sie richtigen Funktionen, verpackt mit einer guten Bedienbarkeit. Für Unternehmen zählt sowohl Innovation als auch die »Time-to-Market«, also die schnelle Fertigstellung einer Software. Gepaart werden soll dies mit hoher Flexibilität für zukünftige Änderungen und Erweiterungen.

Für alle ist Software ein Kostenfaktor, den es gering zu halten gilt. Gleichzeitig sollte die Qualität nicht leiden – schlechte Software hat jeder schon einmal gesehen, und gescheiterte Projekte können gar Millionen kosten.

Ansprüche an das Management von Softwareprojekten

Die Ansprüche an das Management von Projekten zur Softwareentwicklung sind nicht geringer. Zum einen soll es selbstverständlich dafür sorgen, dass das Projekt erfolgreich ist und das Resultat alle Wünsche der Interessenvertreter erfüllt. Darüber hinaus möchte das höhere Management Transparenz über das Projekt, den Fortschritt und das investierte Geld. Das Projektmanagement muss daher in der Regel eine Planung liefern, die zeigt, wann was zu welchen Kosten geliefert wird. Anhand dieses Plans wird dann auch der Fortschritt gemessen: Man vergleiche zu einem Zeitpunkt den Istzustand im Projekt mit dem Plansoll. So kann das Projektmanagement eventuelle Abweichungen früh erkennen und gegebenenfalls Maßnahmen ergreifen.

Was meint Toni, Projektleiter, dazu?

Toni: »*Ich arbeite nun seit bald zwanzig Jahren in der Softwareentwicklung. Angefangen habe ich in einer Firma, die Geräte herstellt, als Ingenieur. Jetzt bin ich in der Entwicklungsabteilung einer großen Firma gelandet und leite Projekte. Ich bin dafür verantwortlich, dass die gewünschte Funktionalität in Zeit und Budget geliefert wird.*«

I: »*Was gefällt dir an deiner Aufgabe?*«

Toni: »*Ich finde das Führen eines Teams spannend, und natürlich die ganze Kommunikation nach oben. Wie bekomme ich das Projekt durch und erhalte die nötige Priorität im Management? Wie bekomme ich die Anforderungen richtig und was alles dazu gehört.*«

I: »*Was gefällt dir weniger gut?*«

Toni: »*Naja, zwischendurch bin ich mehr Sekretär denn Führungskraft: Irgendwelche Projektpläne der Realität anpassen, den aufgelaufenen Aufwand der Arbeitspakete nachtragen und ähnliche Dinge. Und dann immer wieder die politischen Spielchen in der Firma.*«

I: »*Warum ist Softwareentwicklung schwierig?*«

Toni: »*Die Kommunikation ist schwierig. Informationen müssen von den Stakeholdern und Fachexperten über die Business-Analysten, Anforderungsleuten, Entwickler bis ganz zu den Testern gelangen. Das ist fast wie in diesem Spiel, wo man sich der Reihe nach einen Satz ins Ohr flüstert. Was rauskommt, ist immer was ganz anderes, als was reingeht. Unter diesen Umständen so etwas wie Planung und Fortschrittskontrolle zu machen, ist wirklich nicht einfach.*«

2.2 Zwei gegensätzliche Ansätze

Die Ansprüche aller Interessenvertreter zu erfüllen, ist für jedes Softwareprojekt eine Herausforderung. Nicht nur, aber auch deswegen hat jedes Projekt ein gewisses Risiko des Scheiterns. Einerseits können konkurrierende Anforderungen der Stakeholder nicht immer schlüssig gelöst werden. Andererseits ist es aber auch möglich, dass die vom Projekt zu liefernde Lösung zu aufwendig oder zu kompliziert ist.

Ein Beispiel für Letzteres ist das Projekt Toll Collect für die Lkw-Maut auf Deutschlands Autobahnen. Die beabsichtigte Lösung mit GPS-Empfängern, Rückmeldung über Mobilfunkverbindungen und automatischer, streckenabhängiger Abrechnung war so komplex, dass sie sich nicht innerhalb des gesteckten Zeit- und Kostenrahmens von nicht einmal einem Jahr liefern ließ. Erst über ein Jahr später als ursprünglich geplant konnte eine funktionierende Lösung in Betrieb genommen werden, der volle Funktionsumfang war erst fast zweieinhalb Jahre später erreicht. Immerhin gab es hier letztendlich eine funktionierende Lösung – andere Projekte schaffen auch das nicht.

Die Frage, wie sich Erfahrungen wie die mit Toll Collect vermeiden lassen, beschäftigt das Software Engineering seit Jahrzehnten. Zudem schielt das Management von Unternehmen, in denen Software entwickelt wird, geradezu neidisch auf das produzierende Gewerbe. Diesem gelingt es, durch einen vorab definierten Herstellungsprozess, nahezu absolute Sicherheit über die benötigten Ressourcen und die Qualität des späteren Ergebnisses zu erreichen. Ist das nicht auch für die Entwicklung von Software möglich?

Vorgehensmodelle nach dem Vorbild der Industrialisierung

Ja, es ist auch für Entwicklungsprojekte möglich – sagen die einen. Vorgehensmodelle, vom V-Modell über den Rational Unified Process (RUP) bis hin zu zahlreichen unternehmensinternen Prozessen (häufig abgeleitet vom V- oder Wasserfallmodell) versuchen genau diese perfekte Planbarkeit und Kontrolle der Softwareentwicklung, wie es uns die Industrialisierung in der Produktion vorgemacht hat. Kennzeichen sind eine hohe Arbeitsteilung mit vielen Rollen, viele Vorgaben in Form von Aktivitäten und zu erstellenden Zwischenergebnissen sowie in der Regel eine hohe Zahl an Dokumenten, die im Projektverlauf zu erstellen sind.

Taylorismus

Die Philosophie dahinter ist der Fertigungsindustrie entlehnt, und die wiederum basiert bis heute auf Ideen eines gewissen Frederick Winslow Taylor aus dem frühen 20. Jahrhundert.

Taylor (1856–1915) war ein Ingenieur und Arbeitswissenschaftler, der die Unternehmensführung mit rein wissenschaftlichen Herangehensweisen (*Scientific Management*) optimieren und damit zugleich auch soziale Herausforderungen lösen wollte. Seine Ideen wurden zuerst von Henry Ford in der Autoproduktion des berühmten »Model T« umgesetzt.

Die von Taylor 1911 in seinem Hauptwerk, The Principles of Scientific Management, [Taylor 1911] verfassten Thesen lassen sich wie folgt zusammenfassen:

1. Planung und Kontrolle von Arbeiten werden organisatorisch von deren Ausführung getrennt. Hand- und Kopfarbeit wird aufgeteilt auf vorwiegend am Lohn interessierte Arbeiter und wissenschaftlich ausgebildete Spezialisten im Management.
2. Es gibt einen besten Weg (*one best way*), eine Arbeit zu bewältigen. Für diesen Weg soll das Management präzise Anleitungen vorgeben.
3. Eine hohe Arbeitsteilung ist erstrebenswert, da sie für die Umsetzung des zweiten Prinzips erforderlich ist. Nur für sehr kleine Arbeitsvorgänge existiert ein einziger bester Weg und kann vom Management exakt vorgeschrieben und kontrolliert werden.
4. Geld wird als Motivationsfaktor eingesetzt, d.h., die Bezahlung wird von erbrachten Leistungen abhängig gemacht, wie bei Akkordarbeit.

Die Prinzipien des Taylorismus sind vor dem Hintergrund der damaligen Zeit zu sehen und stießen später auf Ablehnung – etliche Aspekte wirken dennoch bis heute.

Der bis heute gültige Kern der industriellen Fertigung, die Arbeitsteilung mit ihrer typischen, oft am Fließband durchgeführten Routinearbeit, geht auf diese Prinzipien zurück. Anstatt eine Person ein komplettes Produkt – beispielsweise ein Auto – herstellen zu lassen, gibt es nur noch spezialisierte Arbeitsstationen, an denen einzelne Arbeiter eine ganz spezifische Tätigkeit ausüben – z.B. Karosserie lackieren. Anschließend wird das Produkt mit dem Fließband zum nächsten Arbeiter weitergereicht, der die darauf folgende Tätigkeit ausführt, wie den Motor einbauen.

Taylorismus in der Softwareentwicklung

Traditionelle Vorgehensmodelle für die Softwareentwicklung versuchen, diese in der Industrie nach wie vor erfolgreichen Prinzipien auf die Projektarbeit zu übertragen. Konkret manifestiert sich das so:

- Der Prozess der Software-»Herstellung« ist wie in der Fabrik funktional zerlegt, hier in sogenannte Disziplinen. Was der Lackierer und der Monteur in der Fabrikhalle sind, sind die Analysten, Architekten und Entwickler im Softwareprojekt.
- Es gibt einen mehr oder weniger sequenziellen Prozess mit aufeinander aufbauenden Arbeitsergebnissen. Was die Karosserie und der

Motor in der Autofabrik sind, das sind die Spezifikation und Architekturdefinition im Softwareprojekt.
- Die Arbeitsergebnisse der einzelnen Disziplinen werden kontrolliert bzw. qualitätsgesichert. Software wird getestet, im Falle von Dokumenten geschieht dies mittels Reviews.
- Die Schritte vom Beginn des Projekts bis zum fertigen Endprodukt werden so exakt wie möglich geplant.

Mit dieser Philosophie und den genannten Maßnahmen streben die Vertreter der Softwareentwicklung nach industriellem Vorbild einen ähnlichen Grad an Vorhersagbarkeit an wie in der Massenfertigung von Produkten.

Roman, Business-Analyst, erzählt:
»Ich arbeite in unseren Projekten auf der Business-Seite. Beispielsweise definieren wir eine Prozessoptimierung, eine neue Dienstleistung oder dergleichen, die dann durch die IT unterstützt umgesetzt werden soll. Aus den gesetzlichen Vorgaben, Prozessen, Geschäftsregeln und dem Domänenmodell stelle ich für die Softwareentwicklung eine Fachspezifikation zusammen.«

I: *»Was gefällt dir an deiner Aufgabe?«*

Roman: *»Die Komplexität und Vielfalt der Aufgabe. Man braucht technisches Verständnis, viel Fachwissen und muss die vielen Abhängigkeiten berücksichtigen. Zudem hat man es mit fast allen Hierarchiestufen zu tun und muss mit allen kommunizieren können.«*

I: *»Was gefällt dir weniger gut?«*

Roman: *»Naja, es ist immer eine große Herausforderung, Spezifikationen derart zu schreiben, dass die Entwickler diese auch wirklich verstehen. Ich beschreibe auf vielen Hundert Seiten Dinge, die mir völlig klar sind. Doch die Entwickler haben oft keinerlei Verständnis für die Geschäftsprozesse.«*

I: *»Warum ist Softwareentwicklung schwierig?«*

Roman: *»Meine Erfahrung zeigt mir, dass die Arbeit an umfangreichen Dokumenten immer sehr aufwendig und vor allem langwierig ist. Da müssen dann jede Menge Personen Input geben und zustimmen. Oft muss das Ganze dann auch noch einmal formell abgenommen werden. Das ist dann eine zusätzliche Hürde, denn niemand will sich aus dem Fenster lehnen und später die Schuld bekommen, wenn es Missverständnisse gegeben hat. Und ist dann endlich ein Dokument abgenommen, dann weiß man ja trotzdem nicht, was die Entwicklung daraus macht. Irgendwie scheint das alles recht ineffizient und sollte eigentlich besser gehen – aber wie?«*

Rolf beschreibt seine Sicht als Entwickler:
»Ich habe an einer Fachhochschule Informatik studiert und arbeite nun als GUI-Entwickler, wir machen hier eigentlich alles mit .NET, ich kenne mich aber auch mit Eclipse RCP, Silverlight und Flash aus.«

I: *»Was gefällt dir an deiner Aufgabe?«*

Rolf: *»Naja, ein gutes GUI zu entwerfen und zu entwickeln finde ich eine spannende Aufgabe. Man möchte das gut testbar machen. Außerdem ist mir das gestalterische Element wichtig. Es macht einfach Freude, ein GUI zu haben, das nicht nur einfach zu bedienen ist, sondern auch gut aussieht.«*

I: *»Was gefällt dir weniger gut?«*

Rolf: *»Man macht sich das Leben hier unnötig schwer. Einerseits haben unsere Architekten ein Framework erstellt, das wir einsetzen müssen und uns sehr einschränkt. Auf der anderen Seite kommen die Business-Analysten teilweise schon mit fertigen Skizzen der Screens. Die Vorgaben sind aber nicht realisierbar, viel zu kompliziert und haben kein durchgängiges Konzept. Anstatt uns das zu überlassen, beharren sie auf ihren Skizzen. Wir implementieren das halt so gut es geht. Damit ist zwar niemand zufrieden, aber wir können endlich miteinander diskutieren. Letztendlich implementieren wir jedes GUI meist zweimal.«*

I: *»Warum ist Softwareentwicklung schwierig?«*

Rolf: »So schwierig wäre das gar nicht, wenn sich die Leute nicht selbst das Leben schwer machen würden und jeder irgendwas für sich werkeln würde, anstatt sich zusammenzusetzen und gemeinsam eine Lösung zu finden. Vor allem nutzen wir die leichte Änderbarkeit von Software in den frühen Phasen eines Projekts viel zu wenig aus.«

Lean Management ist eine Gegenbewegung

Mittlerweile mehren sich die Stimmen, die sagen, dass die Prinzipien der industriellen Fertigung nicht auf die Softwareentwicklung übertragbar seien. Die Vertreter sogenannter agiler Prozesse wollen einige Dinge grundlegend anders machen als die »Industrialisierer«: wenige Rollen, wenige Vorgaben, direkte Kommunikation im Team und mit dem Kunden, Dokumentation nur in begründeten Fällen und vor allem ein sehr kurzer Planungshorizont von nur wenigen Wochen mit schnellem Feedback. Und auch deren Befürworter haben ein Vorbild in der Fertigungsindustrie. Denn mit dem sogenannten Lean Management existiert auch dort – und zwar seit Mitte des 20. Jahrhunderts – eine Alternative zur tayloristischen Philosophie [Liker 2003]. Der Fokus liegt hier auf einer in allen Bereichen schlanken Organisation, auf strikter Kundenorientierung sowie einem kontinuierlichen Verbesserungsprozess.

Die Methoden stammen unter anderem aus Japan, und da vom Autohersteller Toyota. Auch im Lean Management gibt es verschiedenste Vorgehensmodelle und Ausprägungen – sowohl in der Industrie (z. B. mit dem Kanban-Produktionsprinzip) als auch in der Softwareentwicklung (z. B. mit Extreme Programming oder Scrum).

Für das Software Engineering, in dem die Philosophie des Lean Management eben unter dem Begriff agile Entwicklung bekannt ist, ist das agile Manifest maßgebend [Beck et al. 2001]. Es wurde im Jahr 2001 von 14 führenden unabhängigen Software-Ingenieuren während einer Klausur in den Bergen von Utah erdacht und verfasst. Unter den Autoren sind so bekannte Namen wie Kent Beck, Martin Fowler, Alistair Cockburn und Ward Cunningham.

Das agile Manifest bricht bewusst mit etlichen von Taylor übernommenen Prinzipien der traditionellen Softwareentwicklung. Es umfasst folgende vier Prinzipien:

- Individuen und Interaktion sind wichtiger als Prozesse und Tools.
- Funktionierende Software ist wichtiger als überbordende Dokumentation.
- Enge Zusammenarbeit mit dem Kunden ist wichtiger als Vertragsverhandlungen.
- Auf Änderungen reagieren ist wichtiger, als einem Plan zu folgen.

Die Formulierungen sind genau zu nehmen. Die jeweils zuerst genannten Punkte gelten als wichtiger – was jedoch nicht bedeutet, dass die anderen Dinge unwichtig oder gar überflüssig wären.

Die agilen Vorgehensmodelle setzen diese Prinzipien um, was sich folgendermaßen zeigt:

- Es gibt keine Arbeitsteilung mittels Disziplinen. Stattdessen steht das gemeinsam arbeitende Team im Vordergrund.
- Es gibt keinen sequenziellen Prozess mit definierten Schritten, denen möglichst genau zu folgen wäre.
- Dokumente werden nicht als »Bauteil« behandelt, sind also nicht Arbeitsergebnis des einen und Arbeitsauftrag des nächsten.
- Der einzige, der die Qualität des Produkts (und damit die Zielerreichung des Projekts) beurteilen kann, ist der Kunde. Entsprechend eng muss er involviert sein.
- Aufgrund der Komplexität und üblicherweise vieler Unbekannter in einem Projekt wird der Planungshorizont stark verkürzt. Dadurch erhält man schneller Feedback und die regelmäßige Berücksichtigung von Änderungen wird möglich.

Der Unterschied zur Industrialisierung könnte nicht größer sein – nicht nur in der Arbeitsweise, sondern auch bezüglich Planung und Fortschrittskontrolle. Die agilen Prozesse versuchen gar nicht erst, vorab eine große, allumfassende Lösung für die Aufgabe des Projekts zu entwerfen. Sie gehen bewusst kleine Schritte, getreu dem Motto »Der Weg ist das Ziel.«

Wie sieht Evelyn, Softwarearchitektin, die Welt der Softwareentwicklung?

Evelyn: »*Ich arbeite nun seit über zehn Jahren in einer Softwarefirma und entwickle Software im Kundenauftrag, typischerweise in Java. Ich bin Softwarearchitektin und habe somit die Verantwortung für die technische Lösung. Ich bin insbesondere dafür verantwortlich, dass die Software die Anforderungen, vor allem die nicht funktionalen, erfüllt.*«

I: »*Was gefällt dir an deiner Aufgabe?*«

Evelyn: »*Als Dienstleister sieht man viele Firmen, hat viel Abwechslung und immer ein spannendes Umfeld. Zudem bin ich ein Mensch, der im Team arbeiten will und sich dabei wohlfühlt. Ich glaube, was mich reizt, ist die herausfordernde Denkarbeit zusammen mit anderen Menschen.*«

I: »*Was gefällt dir weniger gut?*«

Evelyn: »*Dogmatisch vertretene Ansätze. Architektur hat viel mit Vorausdenken zu tun. Ich muss mir Gedanken darüber machen, was das System in einigen Monaten oder Jahren mal aushalten muss. Beispielsweise wird in agilen Projekten gerne der üblicherweise kurze Planungshorizont als Vorwand genommen, nicht mehr nach so etwas wie stabilen Anforderungen zu suchen. Wir können das ja später einem Refactoring unterziehen, sagen die Entwickler. Schon, nur ist es bei einem großen System doch viel zu aufwendig, nachträglich so etwas wie Performance oder Skalierbarkeit grundlegend zu verbessern. Agilität kann doch nicht bedeuten, dass man sich dümmer stellt, als man ohnehin schon ist.*«

I: »*Warum ist Softwareentwicklung schwierig?*«

Evelyn: »*Man hört von Entwicklern häufig den Vorwurf, dass sich die Anwender doch erstmal richtig überlegen sollen, was sie eigentlich haben wollen. Ich denke aber, das greift zu kurz. Ich habe vielmehr den Eindruck, dass vieles den Anwendern erst beim Anblick der Software selbst so richtig klar wird. Aus Sicht der Entwickler mag das natürlich zu spät sein. Aber insofern hat agile Softwareentwicklung schon ein paar interessante Ansätze.*«

2.3 Wo stehen wir damit?

Für eine Branche, deren Arbeitsergebnisse derart den Alltag der modernen Menschheit bestimmen, ist eine solch fundamentale Uneinigkeit über das richtige Vorgehen mehr als verwunderlich.

Wie kann es sein, dass es mit dem linearen Vorgehen auf der einen und der agilen Entwicklung auf der anderen Seite nicht nur zwei grundverschiedene Strömungen gibt, sondern diese auch mit teilweise fanatischem Eifer von den jeweiligen Vertretern propagiert werden? Das wäre noch halb so schlimm, wenn beide für gewöhnlich auch erfolgreich wären. Aber so wie es zahlreiche Beispiele für vollkommen unproduktive Softwareprojekte nach industriellem Muster gibt, so ist auch der Erfolg dann nicht unbedingt garantiert, wenn man sich agil auf die Fahnen schreibt.

Offensichtlich ist keine der beiden Welten perfekt, sonst gäbe es sicher nur noch eine. Auf das eine Kochrezept, dem man auf dem Weg zum Projekterfolg nur folgen muss, wartet die Softwarewelt bis heute – und womöglich für immer – vergeblich.

Für jede Methodik, gleich welcher Couleur, gibt es viel Know-how, wie man sie bestmöglich anwenden soll. Was tut man nun, wenn all das Know-how noch immer keinen Erfolg garantiert?

Wissen warum

Wir sind der Meinung, dass Know-how alleine nicht reicht – was fehlt, ist Know-why: Welche Herausforderungen liegen eigentlich genau in einem Softwareprojekt? Wie können diese durch eine Methodik gemeistert werden? Welche Rolle spielen kognitive Denkprozesse und wie arbeiten Teams am besten zusammen? Welche Arbeitsmittel unterstützen die Softwareentwicklung optimal? Welche Kriterien gibt es, um eine Methodik auszuwählen oder zu beurteilen? Wo liegen die Stärken und Schwächen der vielen Methodiken? Ein grundlegendes Modell für Softwareentwicklung kann hier viele Fragen beantworten.

Bei all den Diskussionen um Prozesse und Vorgehensweisen scheinen uns die wichtigsten Akteure zu wenig beachtet zu werden – nämlich die am Projekt beteiligten Menschen. Ein Softwareprojekt ist von Anfang bis Ende ausschließlich menschliche Kopfarbeit. Menschen beschreiben das zu lösende Problem, Menschen denken sich mögliche Lösungen aus, Menschen untersuchen technische Möglichkeiten, Menschen schreiben und benutzen letztendlich die Software.

Vor diesem Hintergrund erwecken etliche der heute bekannten Vorgehensmodelle bei näherer Betrachtung den Eindruck, das Pferd von hinten aufzuzäumen. Anstatt zu berücksichtigen, wie Menschen gemeinsam ein Problem wie Softwareentwicklung lösen, zwängen sie den Menschen in einen idealisierten Fabrikationsprozess. Es wird vorgegeben, welche Vorlagen auszufüllen sind und wer wann mit wem zu kommunizieren hat. Der Inhalt des Projekts tritt in den Hintergrund, individuelle Stärken werden zweitrangig. Es sind lediglich Funktionen zu erfüllen, womit letztlich auch die Ressourcen austauschbar werden. Im Zweifelsfall gilt: Der Prozess hat immer Recht, der Mensch ist das

Sorgenkind und muss sich anpassen. Lässt sich so wirklich Produktivität erzielen? Wir meinen nein.

Gemeinsam Neues entwickeln

Es ist an der Zeit, dass wir verstehen, wie Menschen Neues entwickeln und wie sie miteinander Probleme lösen. Wie Sie bald sehen werden, funktioniert dies grundlegend anders als alles, was sich von der industriellen Produktion abschauen lässt.

Jeder Einzelne von uns hat Stärken und Schwächen, individuelle Erfahrungen und Vorlieben – Eigenschaften also, die eine Person ebenso einzigartig machen wie ihren Anteil am Projekt. Wollen wir Produktivität erreichen, dann müssen wir jedes Individuum in die Lage versetzen, seinen bestmöglichen Beitrag einzubringen – nicht nur alleine, sondern gerade im Team.

Im Zentrum steht der Mensch

In der Softwareentwicklung müssen wir die Prozesse am Menschen ausrichten – nicht umgekehrt.

Mit einer Kombination aus Theorie, Praxisbeispielen und Gesprächen mit den fiktiven Personen liefert dieses Buch im Folgenden eine Antwort auf die wichtigste aller Fragen: Wie erreichen wir Produktivität in der Softwareentwicklung?

2.4 Zusammenfassung

Trotz vieler verschiedener Softwareentwicklungsprozesse lässt sich feststellen, dass die Ansprüche und Erwartungen an den Erfolg von Softwareprojekten nicht erfüllt werden. Die Prozesslandschaft reicht dabei von einer nach industriellem Vorbild eher tayloristisch ausgerichteten Vorgehensweise bis hin zu agilen Prozessen, die Ideen des Lean Managements in der Softwareentwicklung verwirklichen. Obwohl viele dieser Prozesse sehr gut dokumentiert sind und auch meist schon sehr viel Erfahrung existiert, gibt es Projekte, die scheitern oder in große Schwierigkeiten geraten. Warum es mit dem industriellen und dem agilen Ansatz überhaupt zwei so grundverschiedene Philosophien zur Entwicklung von Software gibt, bleibt unklar.

Wir möchten nicht mehr den Prozess ins Zentrum stellen, sondern die Menschen im Projekt. Wir sind der Meinung, dass der Prozess die menschlichen Fähigkeiten zur Problemlösung sinnvoll unterstützen muss und nicht umgekehrt. So kommen wir einer produktiven Softwareentwicklung näher.

3 Das Wesen von Softwareentwicklung

Softwareentwicklung hat wenig bis nichts mit der Herstellung von Massengütern gemein. Vielmehr befasst sich Softwareentwicklung mit der Lösung von Problemen. Welche Konsequenzen sich daraus ergeben, ist Thema des nun folgenden Kapitels. Wir stellen Ihnen drei Thesen vor, die aufgrund unserer Erfahrung den Kern der Softwareentwicklung ausmachen. Im weiteren Verlaufe des Buchs werden wir diese detaillieren und auf die Konsequenzen eingehen.

3.1 Was ist Softwareentwicklung eigentlich?

Softwareprozesse, die auf tayloristischen Prinzipien basieren, nehmen sich Fertigungsprozesse aus der Industrie zum Vorbild. Kennzeichnend für diese Prozesse ist, dass das jeweilige Endprodukt exakt bekannt und definiert ist. Im Rahmen einer Massenfertigung soll dieses tausend- oder gar millionenfach identisch und mit konstanten qualitativen Eigenschaften hergestellt werden.

Ausgehend von einem fertigen Prototyp leiten die Ingenieure der Forschungs- und Entwicklungsabteilung die dafür benötigten Fertigungsschritte ab und optimieren diese. Sie erstellen so zu einem standardisierten Produkt ein ebenso standardisiertes Rezept zu dessen Bau. Die Produktionsabteilung arbeitet anschließend das Rezept in der gewünschten Menge ab. Dank der definierten und kontrollierten Herstellungsweise erzeugt eine Firma so Produkte mit denkbar geringen Qualitätsschwankungen. Der Erfolg dieses Prinzips in Bezug auf Kosten und Qualität in der Industrie ist unbestritten.

Softwareentwicklung ist keine industrielle Fertigung

Wie verhält sich das nun in der Softwareentwicklung? Rolf, GUI-Entwickler, schildert eine typische Ausgangslage eines Softwareprojekts:

»Die Ziele waren gegeben, der Kunde hatte eine recht genaue Vorstellung, was er erreichen wollte, und nannte ebenfalls einige konkrete Features. Doch gab es auch Benutzer an einem anderen Standort, und

deren Bedürfnisse kannte niemand so genau. Selbstverständlich gab es unterschiedliche Lösungsalternativen mit Vor- und Nachteilen, doch so etwas wie ein Lösungskonzept war noch nicht da. Dies mussten wir zuerst entwickeln und die Alternativen entsprechend abwägen. Das ist uns – glaube ich – ganz gut gelungen. Leider änderten sich auch die Vorstellungen der Anwendervertreter im Projekt, gerade nach einer Demonstration des aktuellen Zwischenstands und insbesondere als zum ersten Mal Vertreter des anderen Standorts die Software begutachteten.«

Rolfs Schilderung ist exemplarisch für viele Projekte und deutet auf die wesentlichen Merkmale von Softwareentwicklung hin.

Das Ziel eines Softwareprojekts ist eine für die Benutzer zufriedenstellende Lösung, soviel ist klar. Allerdings gibt es verschiedene Lösungsalternativen – gute und weniger gute, effiziente und weniger effiziente. Welche es gibt, und welche unter Abwägung aller Umstände tatsächlich die beste ist, ist zu Beginn des Projekts unbekannt. Ein Projektteam tastet sich im Verlauf des Projekts an eine Lösung heran. Da es für gewöhnlich keine perfekte Lösung gibt, sondern Lösungen mit unterschiedlichen Stärken und Schwächen, wägt ein Projektteam also immer wieder Vor- und Nachteile einzelner Lösungen und Teillösungen ab.

Zudem ist zu Beginn für gewöhnlich auch die Ausgangssituation nur ungenügend bekannt. In Rolfs Beispiel ist es die Arbeitsweise am entfernten Standort, in anderen Situationen sind es unzureichende Kenntnisse der Fachdomäne, neue Geschäftsprozesse, Ergebnisse paralleler Entwicklungen und vieles mehr. Ein Projekt ist somit immer auch ein Lernprozess für die Beteiligten. Diese verstehen mit der Zeit die Bedürfnisse der Anspruchsgruppen besser und können so besser abschätzen, welche Lösungen eher gut und welche eher schlecht funktionieren könnten.

Unscharfes Ziel

Ein Softwareprojekt hat in aller Regel ein unscharfes Gesamtziel. Dies ist bedingt durch Unwissen über den Ausgangszustand, unklare Lösungsmöglichkeiten sowie Kombinationsmöglichkeiten aus verschiedenen Alternativen.

Nun steht eine Software nicht alleine da, sondern in einer engen Wechselwirkung zum Kontext. Wozu und wie werden Benutzer die Software verwenden? Wie sieht es mit konkurrierenden Lösungen und Bestrebungen aus? Wie ist die Wertschöpfungskette? Wie arbeitet das Unternehmen heute, wie vielleicht in zwei Jahren? Eine Software soll für einen bestimmten Kontext funktionieren und dieser ist dynamisch. Die Dynamik kann dafür sorgen, dass selbst an den Grundfesten einer Softwareentwicklung gerüttelt wird, wie folgender Bericht von Evelyn, Softwarearchitektin, unterstreicht:

»Wir steckten mitten in der Programmierung, als der Konzern entschied, eine größere Restrukturierung vorzunehmen. Da unser System die Kommunikation zwischen den Fachleuten elektronisch unterstützte, die Reorganisation diese Kommunikation aber völlig auf den Kopf stellte, war die Software quasi obsolet. Wir mussten konzeptionell wieder an den Anfang zurück und überlegen, was unter den gegebenen Umständen noch Sinn macht und was nicht.«

Evelyns Beispiel ist ein Extrem: Die Änderung im Kontext stellt das ganze Projekt infrage. Weit häufiger sind in der Praxis graduelle Änderungen. Das Projektteam, das eine Lösung liefern soll, wird aufgefordert, die Lösung entgegen ursprünglichen Plänen auf die eine oder andere Art zu modifizieren, die Prioritäten zu ändern oder etwas zusätzlich zu bauen. Kommt Ihnen das bekannt vor?

Eigenschaften der Softwareentwicklung

Softwareentwicklung lässt sich demzufolge mit folgenden Punkten charakterisieren:

- Unwissen über Ausgangszustand
- Unscharfes Ziel
- Verschiedene, gegeneinander abzuwägende Lösungsalternativen
- Kompromissbildung
- Dynamik im Kontext

Damit besteht in der Softwareentwicklung eine komplett andere Situation als in der industriellen Fertigung. Sämtliche von dort übernommenen Ideen basieren darauf, dass das Endprodukt sowie der Prozess zum fertigen Produkt zweifelsfrei vorab bekannt sind. Beides ist in der Softwareentwicklung nicht gegeben.

Softwareentwicklung ist kein Herstellungsprozess

Der Weg zur entwickelten Software kann nicht im Voraus detailliert beschrieben werden.

Softwareentwicklung ist Problemlösen

Softwareentwicklung funktioniert grundlegend anders als die Fertigung eines Produkts. Denken Sie an ein Schachspiel: Es gibt eine Unmenge an Varianten, wie am Ende die Figuren stehen können und auch wie die Spieler diesen Stand erreichen. Ein Spieler weiß zudem nicht, wie der Gegenspieler auf die eigenen Züge reagieren wird. So lässt sich eine Partie nicht im Voraus im Detail planen. Ein Spieler muss im Kopf Stellungen bewerten, Zugfolgen durchspielen, Gelegenheiten packen, also den Plan kontinuierlich anpassen. Softwareentwicklung hat viel mehr mit Schachspielen gemeinsam als mit der Produktion eines Autos.

Softwareentwicklung ist Problemlösen

Die Herausforderung ist das Finden einer guten und akzeptierten Lösung.

Die allgemeine Frage nach Produktivität in der Softwareentwicklung lässt sich nun konkretisieren: Wie lösen Menschen produktiv Probleme? Dies ist Gegenstand von Untersuchungen von Kognitionspsychologen. Was die Forschung herausgefunden hat und was das für eine neue Sicht auf die Softwareentwicklung bedeutet, lesen Sie in Kapitel 4.

3.2 Team

Die von der Industrie übernommenen Prinzipien beeinflussen nicht nur unsere Vorgehensweisen im Projekt, sondern auch das Denken in der Zusammenstellung und der Funktionsweise von Teams. Tayloristisch geprägte Softwareteams bestehen aus Spezialisten, die im Rahmen der Arbeitsteilung eine jeweils eng umfasste Aufgabe erfüllen, beispielsweise Anforderungen erheben. Das Arbeitsergebnis einer Person wird dann zum nächsten Spezialisten weitergereicht, also zum Beispiel dem Softwarearchitekten, der es weiterverarbeitet, bevor auch dieser sein Ergebnis jemandem übergibt.

Damit wird, analog zur industriellen Massenfertigung, aus den Menschen ein letztendlich austauschbarer Produktionsfaktor. Sie erfüllen eine eng definierte Rolle mit klarem Input und Output, im Grunde ähnlich wie eine Maschine.

Der nächste Schritt für Unternehmen ist dann nur logisch. Zuerst standardisiert ein Unternehmen die Prozesse organisationsweit mit dem Ziel, diese quantitativ zu optimieren. Ist dies erreicht, können anschließend ganze Teile des Prozesses, beispielsweise die Entwicklung oder das Testing, einfach in ein Billiglohnland ausgelagert werden. So versucht die Firma, dieselbe Leistung für weniger Geld zu erhalten – in dem Gedankenmodell ist es ja nur eine Funktion, die irgendwie irgendwo erfüllt werden muss.

Nun, funktioniert das in der Softwareentwicklung wirklich genauso wie in der Industrie? Sind die Menschen in einem Softwareteam austauschbare Produktionsfaktoren in einem standardisierbaren Prozess? Was sind die Konsequenzen dieser Haltung?

Andere Menschen, andere Problemlösung

Evelyn, Softwarearchitektin, erzählt:
»Wir wählten hier nicht eine Standardarchitektur, sondern bauten uns eine eigene Lösung zusammen, die insbesondere Multicasts auf dem Netzwerk zuließ. Einer unserer Entwickler hatte den Vorschlag gemacht, da er in einem früheren Projekt die Vorteile dieses Ansatzes schätzen gelernt hat. Das erwies sich im Nachhinein als Glücksfall. Wir stellten im Betrieb nämlich fest, dass deutlich mehr Anfragen auf unser System einprasselten als erwartet. Die Standardarchitektur hätte dies nicht geschafft. Ein anderes Team hätte vielleicht anders entschieden und sich dann an der schlechten Reaktionszeit die Zähne ausgebissen.«

Ob die getroffene Entscheidung nun richtig oder falsch war, sei dahingestellt, Evelyns Beispiel deutet auf etwas ganz anderes hin: Die an der Problemlösung mitarbeitenden Menschen sind ein höchst individueller Teil der Problemlösung. Mit dem Ersetzen durch andere Menschen würde nicht nur die Problemlösung in der Vorgehensweise, sondern sogar die spätere Lösung selbst ganz anders aussehen.

Wie ungewöhnlich dies auf den ersten Blick auch klingen mag, bei genauer Betrachtung macht dies Sinn. Jede Person bringt ein eigenes technisches und methodisches Erfahrungsspektrum, unterschiedliche Problemlösefähigkeiten und vieles mehr mit. Genau solche Faktoren entscheiden über das Ergebnis und den Weg einer Problemlösung. In Kapitel 4 werden wir noch näher darauf eingehen.

Ökosystem Team

Seit der Aufklärung prägt die Menschen der westlichen Welt ein sehr deterministisches Weltbild. Alles basiert auf dem Prinzip von Ursache und Wirkung. Die Physik der Welt um uns herum – so die Denkweise – muss nur verstanden werden, dann können wir sie uns untertan machen.

Genau so deterministisch soll auch die Softwareentwicklung sein. Die Autoren der diversen Vorgehensmodelle haben die Physik der Softwareentwicklung bereits für uns erforscht und eine Wegbeschreibung angefertigt. Die Projektteams können es sich daher einfach machen und nur noch mechanisch die Anweisungen dieses Rezepts befolgen. Voilà, die fertige Software steht glänzend und zitronenfrisch duftend im Regal. Alles ist vorher bestimmbar, die Arbeit ist simpel, überprüfbar, Ressourcen sind austauschbar und der Erfolg reproduzierbar.

Zugegeben, vielleicht ist das etwas überspitzt formuliert. Allerdings unterhalten gerade Großunternehmen häufig eigene Abteilungen, die nichts anderes tun, als die unternehmenseigenen Prozesse zu definieren und deren Einhaltung durch Audits in den Projekten zu überwachen. Einen solchen Aufwand kann nur rechtfertigen, wer dieses Weltbild im Kopf hat.

Auch wenn es vielleicht einem inneren Bedürfnis nach Kontrollierbarkeit der Welt um uns herum widerspricht: Das deterministische Weltbild passt nicht zum Lösen von Problemen, und damit nicht zur Softwareentwicklung. Hier gibt es leider keine Garantie für Erfolg, und Ressourcen sind nicht ohne Konsequenzen auf das Ergebnis austauschbar. Sowohl das Produkt als auch der Weg dahin wird von den beteiligten Menschen bestimmt. So hängt dann auch eine produktive Zusammenarbeit zweier Personen individuell von diesen Personen ab, und nicht von einer extern gemachten Vorgabe. Arbeitsweisen, die in einem Team gut funktionieren, können daher in einem anderen ineffizient sein.

Ein Team ist ein Ökosystem, keine Maschine

Die Herausforderung besteht darin, ein Team so produktiv wie möglich zu machen.

Problemlösende Teams lassen sich also folgendermaßen charakterisieren:

- Jeder Mensch im Team ist ein individueller Produktionsfaktor.
- Jedes Teams ist einzigartig.
- Lösung und Lösungsweg sind für jedes Team und Problem anders.

Kapitel 5 befasst sich deshalb eingehend mit dem Ökosystem Team.

3.3 Projektführung

Auch wenn das Management akzeptiert, dass es nicht alles vorherbestimmen kann, so möchten die Führungskräfte logischerweise das Projekt und sein Ergebnis nicht dem Zufall überlassen. Das Thema Projektleitung bildet daher die Klammer um die in den beiden vorangegangenen Abschnitten thematisierten Gesichtspunkte Problemlösung und Team.

Wie lässt sich ein Softwareprojekt führen? Wie stellt die Projektleitung eine gute Lösung sicher und wie sorgt sie für einen möglichst effizienten Einsatz der Ressourcen?

Klassisches Projektmanagement

Toni, Projektleiter, erzählt:
»Ich erstelle typischerweise die zu erarbeitenden Arbeitspakete und teile diese auf die Leute im Team auf. Ich sorge auch dafür, dass alle die Prozessvorgaben einhalten und die Vorlagen mit den passenden Informationen gefüllt sind. Wie meine Leute diese Vorlagen ausfüllen, ist natürlich deren Spezialgebiet, und ich halte mich da zurück. Die Fort-

schrittskontrolle ist dann relativ einfach: Ich schaue mir regelmäßig an, woran die Leute gerade arbeiten und wann sie damit fertig sind. Natürlich muss ich auch für motivierte Mitarbeiter sorgen. Dazu sind eine Kaffeemaschine mit Gratiskaffee und gelegentliche Teamaktivitäten probate Mittel.«

Die klassische Projektmanagementliteratur sieht im Projektleiter den Noten- und Taktgeber sowie den Kontrolleur. Die Philosophie, die sich so auch z.B. bei PMI [PMI 2008] wieder findet, ist klar: Am Anfang wird das Ziel definiert, dann werden die Schritte dahin geplant und anschließend deren Ausführung überwacht. Toni, Projektleiter, erzählt weiter:

»Es liegt in der Natur der Sache, dass nicht alles immer ganz rund verläuft. Vorlagen werden nur schlecht ausgefüllt, ich muss da immer wieder nachhaken. Oder Leute arbeiten aneinander vorbei und ich muss diese koordinieren und auch zur Zusammenarbeit motivieren. Des Öfteren haben Dokumente zwar die Reviews und Meilensteine geschafft, jedoch mit ungenügendem Inhalt, wie sich erst später herausstellt. Solcherlei Dinge führen immer wieder zu ungeplanten Verzögerungen und letztlich zu Kosten. Hier zu überwachen und genügend Reserven einzuplanen ist ebenfalls meine Aufgabe.«

Tonis Auffassung der Aufgabe eines Projektleiters zeigt eine Diskrepanz zu den Aussagen der beiden vorangegangenen Abschnitte. Sind Problemlösen und Team zwei bestimmende Faktoren von Softwareentwicklung, stellt sich sofort die Frage, warum Toni die Problemlösung derart ungeführt seinen Spezialisten überlässt? Kann Toni mit seinen Kontrollen sicherstellen, dass diese Spezialisten eine gute Lösung finden? Und reicht für eine effiziente Zusammenarbeit im Team tatsächlich, sich auf Vorlagen, Kaffeeküche und Teamevents zu verlassen?

Toni konzentriert sich auf Verwaltungstätigkeiten und unterstützt den Problemlösungsprozess nur ungenügend. Dieses Verhalten entspricht den Ansätzen des klassischen Projektmanagements. Dessen Ursprünge liegen wiederum außerhalb der Softwareentwicklung, und entsprechend findet sich auch dort kaum etwas zum Thema Führung des Problemlöseprozesses. Warum auch – beim Bau eines Hauses oder eines Tunnels steht ja das Ergebnis vorher bereits fest. Und findet sich doch etwas zum Thema Problemlösen, dann sind es bestenfalls Kreativitätstechniken. Das greift natürlich bei Weitem zu kurz. Auch wird kaum je diskutiert, was effektive Teams ausmacht.

Führung einer Entwicklung ist mehr als Verwaltung

Ein Projekt zu führen heißt, die beiden zentralen Aspekte einer Softwareentwicklung zu steuern und zu fördern: den Lösungsfindungsprozess und die Produktivität im Team.

Projektleitung in agiler Softwareentwicklung

Einer der wichtigsten Unterschiede zwischen traditioneller und agiler Softwareentwicklung ist gerade das Verständnis, wie Projektleitung zu geschehen habe. Agile Prozesse definieren keine explizite Rolle des Projektleiters – möglicherweise als Resultat aus Erfahrungen, wie sie von Toni geschildert wurden. In einer agilen Softwareentwicklung ist das Team insgesamt für eine gute Problemlösung zuständig. Kurze Iterationen mit ausführbarer, dem Kunden vorgeführter Software sorgen für eine regelmäßige Überprüfung des Fortschritts und des Ergebnisses. Vorgaben für die Zusammenarbeit innerhalb des Teams gibt es kaum, die Leute sollen sich selbst organisieren und dabei ein paar agile Prinzipien beherzigen.

Evelyn, Softwarearchitektin, erzählt:
»Ich habe an der Entwicklung einer Steuerungssoftware für eine Anlage mitgearbeitet. Das Team, es waren an die dreißig Personen, hat Scrum angewandt und wurde auch von einem angesehenen externen Experten gelegentlich beraten. Sie haben alle agilen Techniken gewissenhaft ausprobiert, sich dann aber doch in der Komplexität verzettelt und immer mehr die agilen Praktiken einschlafen lassen. Eine Hauptschwierigkeit für das Team war, dass sich die Hardware selbst stark änderte und auch die Vision der Anlage, hohe Qualität vs. hoher Durchsatz, schwankte. Hier fehlte meiner Meinung nach eine klare strategische Führung, wie das Gesamtproblem anzupacken und worauf zu optimieren sei.«

Gemeinsamer Nenner: eine starke Hand

Auch wenn agile Prozesse keinen Projektleiter vorsehen, so benötigen auch nach agilen Prinzipien durchgeführte Projekte Führung. Je größer und komplexer das zu lösende Problem, desto wichtiger ist eine solche Führung.

Die Aufgabe der Führung ist es, ein schlagkräftiges Team zu schaffen und eine produktive Problemlösung zu bewirken. Ob nun ein Projektleiter, ein Zweigestirn aus Product Owner und Scrum Master oder sogar andere Personen die Führungsfunktionen übernehmen, sei dahingestellt. Problemlösen lässt sich nicht fremd steuern und Produktivität nicht verordnen. Auch passives Verwalten oder Laisser-faire sind nicht Erfolg versprechend.

Kapitel 8 wird sich intensiver mit diesem Themenkreis auseinandersetzen.

Führung ist aktive Unterstützung des Teams und des Problemlösens

Die Herausforderung einer Projektführung ist es, das Team bestmöglich im Problemlöseprozess zu unterstützen und so dessen Produktivität zu steigern.

3.4 Wissensarbeit als Herausforderung

Die an einer Softwareentwicklung beteiligten Menschen leisten nicht nur Routinearbeit, sondern setzen insbesondere ihr Wissen und ihr Denken ein, um Neues zu entwickeln. Softwareentwicklung ist damit Wissensarbeit. Die bestimmenden Faktoren in der Wissensarbeit sind die individuellen Menschen und wie diese im Team gemeinsam Probleme lösen. Diese Ansicht widerspricht dem aus dem tayloristischen Ansatz gewonnenen physikalischen Verständnis, bei dem Spezialisten einer vordefinierten Wegbeschreibung wie einem Rezept folgen.

Aus diesem Blickwinkel postulieren wir drei Thesen zur Softwareentwicklung:

- Softwareentwicklung ist Problemlösen, kein Herstellungsprozess.
- Ein Team ist ein Ökosystem, keine Maschine.
- Führung ist aktive Unterstützung des Teams und des Problemlösens.

Diese Thesen sollen dabei helfen, das Wesen der Softwareentwicklung besser zu verstehen und so wirksamere Vorgehensweisen zu entwickeln. Die damit einhergehenden Fragen sind:

- Wie funktioniert Problemlösen?
- Wie funktioniert ein Team?
- Wie können Teams produktiver werden?
- Welchen Mehrwert kann und muss Führung leisten?

Im weiteren Verlauf des Buchs vertiefen wir diese Thesen und Fragen und geben Ihnen viel Denkstoff, wie Sie die damit verbundenen Herausforderungen besser meistern können.

3.5 Zusammenfassung

Softwareentwicklung befasst sich mit Wissensarbeit. Problemlösende Tätigkeiten, wie sie auch die Kognitionspsychologie untersucht, sind dabei essenziell. In der Wissensarbeit werden Individuen und Teams zu einzelnen Produktionsfaktoren und können nicht ohne Konsequenz auf das Ergebnis ausgetauscht werden. Lösung und Lösungsweg sind für jedes Problem und jedes Team anders. Mit dieser Betrachtungsweise ändern sich auch die Anforderungen an die Führung: Diese soll Teams zu produktiven Problemlösern entwickeln. Diese Aspekte werden in den folgenden Kapiteln vertieft behandelt. Damit möchten wir Ihnen Denkanstöße für ein grundlegendes Modell hinter der Softwareentwicklung mitgeben und Ihnen einen darauf basierenden, idealen Softwareentwicklungsprozess näherbringen.

Im nächsten Kapitel legen wir dazu das Fundament mit Betrachtungen des Problemlösens aus der Sicht der Kognitionspsychologie. So machen wir Sie mit der Denkweise der Softwareentwickler und anderer im Projekt beteiligter Personen vertraut und entwickeln ein neues Verständnis für Projektarbeit.

4 Softwareentwicklung aus Sicht des Gehirns

Das Gehirn ist für alle Beteiligten eines Softwareentwicklungsprojekts das wichtigste Werkzeug – egal welcher Entwicklungsprozess eingesetzt wird. Ein Schlüsselaspekt für Produktivität ist das problemlösende Denken. Die Kognitionspsychologie bietet eine Fülle an Erkenntnissen dazu, wie unser Gehirn dabei genau vorgeht. Zwar sind wir in der Fähigkeit, viele unterschiedliche Informationen gleichzeitig zu verarbeiten, modernen Computern hoffnungslos unterlegen. Dennoch ist unser Gehirn in der Lage, durch einen großen Fundus an individuellem Wissen und Erfahrungen hochkomplexe Probleme zu lösen. Wie das funktioniert und wo genau die Limitationen in unserem Denken liegen, all das möchten wir Ihnen in diesem grundlegenden Kapitel darlegen.

4.1 Routine- und Wissensarbeit

Evelyn, Softwarearchitektin, meint:
»Jede Softwareentwicklung hat mehr und weniger schwierige Teile. Einige Dinge schüttelt man einfach aus dem Ärmel, man hat das schon hundertmal so ähnlich gemacht. Anderes ist sehr herausfordernd und man muss verschiedene Ansätze ausprobieren, bis man eine gute Lösung findet und umsetzen kann.«

Wie Sie sicherlich aus eigener Erfahrung wissen, stellen unterschiedliche Tätigkeiten auch unterschiedliche Ansprüche an unser Denkvermögen. Auf der einen Seite steht die Routinearbeit, bei der die gleichen Aufgaben vielfach und in gleicher oder sehr ähnlicher Art und Weise ausgeführt werden. Typische Beispiele für Routinearbeit sind das manuelle Erstellen von Rechnungen in einem Büro oder auch die Produktion von Hamburgern in einem Schnellimbiss.

Routinearbeit

Die Durchführung von Routinearbeit ist gekennzeichnet durch drei wesentliche Aspekte: Die Aufgabenstellung ist bekannt, alle notwendigen Bearbeitungsschritte einschließlich deren Reihenfolge sind vorgegeben, und es gibt eine klare Vorstellung, wie das Resultat aussehen soll. Fast immer existieren bereits identische oder sehr ähnliche Resultate, die als Vorlage dienen.

Die Sachbearbeiter im Büro kennen die Struktur einer Rechnung und wissen, welche Daten wie beschafft werden und in eine Rechnungsvorlage eingetragen werden müssen. Die Angestellten des Schnellimbiss haben bereits viele Hamburger produziert und kennen alle Bestandteile des Hamburgers, die notwendigen Arbeitsschritte und deren richtige Reihenfolge.

Wissensarbeit

Auf der anderen Seite steht Wissensarbeit, bei der es neue und schwierige Aufgaben zu meistern gilt. Wissensarbeit oder Problemlösen ist im Gegensatz zu Routinearbeit dadurch zu erkennen, dass uns Informationen fehlen, die den direkten Abruf der Lösung aus dem Gedächtnis verhindern. Dies können fehlende Informationen über den Ausgangszustand des Problems, die notwendigen Arbeitsschritte oder auch die noch mangelnde Vorstellung über das erwünschte Resultat sein.

Gelegentlich wird unter Wissensarbeit auch allgemein nicht physische Arbeit verstanden. Unsere Definition jedoch meint ausdrücklich problemlösende Arbeit, im Unterschied zu (eventuell ebenfalls nicht physischer) Routinearbeit.

Wenn beispielsweise ein Koch ein neues Gericht kreieren möchte, hat er als Ausgangszustand vielleicht geplant, gewisse Zutaten zu verwenden und diese mit bestimmten Zubereitungsmethoden zu verarbeiten. Als Zielzustand besitzt er möglicherweise aber nur eine vage Vorstellung des zu erzielenden Geschmackserlebnisses für den Gast in seinem Restaurant. Wie das Gericht im Detail aussieht und welchen Lösungsweg er mit den richtigen Mengen an Zutaten und passenden Verarbeitungsschritten benötigt, weiß der Koch noch nicht. Hierzu muss er nach einer Lösung suchen.

Wissensarbeit überwindet eine Barriere

Charakteristisch für Wissensarbeit ist die zwischen Ausgangs- und Zielzustand liegende *Barriere*, die der Wissensarbeiter überwinden muss, um eine Lösung zu entwickeln.

Der Vergleich zwischen Routinearbeit und Wissensarbeit zeigt: Das Wissen der involvierten Person ist ausschlaggebend, in welche Kategorie die gestellte Arbeitsaufgabe fällt. Eine Person, die zum ersten Mal eine Rechnung erstellt, empfindet dies aufgrund mangelnder Kenntnisse über die Struktur der Rechnung oder der benötigten Datenquellen als Problem. Aufgrund der Einfachheit der Arbeitsaufgabe können Personen dies aber sehr schnell lernen und die anfänglich noch empfundene Barriere verschwindet. Die Aufgabe wird rasch von anfänglicher Wissensarbeit zur Routinearbeit.

Daraus lässt sich deutlich erkennen: Je neuartiger die Problemstellung oder die zu entwickelnde Lösung ist, desto eher reicht das zur Verfügung stehende Wissen nicht aus, um eine passende Lösung direkt aus dem Gedächtnis abzurufen.

Wissenslücken sind die Ursache für eine Barriere

Die Barriere zu überwinden heißt, die Wissenslücke zu schließen.

So lässt sich nun Wissensarbeit definieren und wir verweisen hier auf eine Definition von Sybille Hermann vom Fraunhofer-Institut für Arbeitswirtschaft und Organisation [Hermann 2002]:

»*Wissensarbeit ist die Bewältigung von Aufgaben, die zumindest für die betreffende Person so komplex oder neuartig sind, dass ihre Erfahrungen nicht ausreichen, um zu dem erwünschten Ergebnis zu kommen, so dass es für sie notwendig wird, neues Wissen zu erwerben, zu integrieren oder zu entwickeln. Dieser Bedarf, sich neues Wissen anzueignen, stellt eine Barriere bei der Suche nach einer passenden Lösung dar.*«

Diese Definition trifft den Kern von Softwareentwicklung. Viele Zusammenhänge sowohl im Bereich der Anforderungen als auch in der Entwicklung einer Applikation sind für den Softwareentwickler entweder neu oder aufgrund der Komplexität nicht sofort zu durchschauen. Hier spüren die Entwickler die vorhandene Barriere, die verhindert, direkt aus dem Gedächtnis eine Lösung abzurufen, die alle Anforderungen vollständig erfüllt.

Softwareentwicklung ist Wissensarbeit

Das Projektteam verfügt zu Beginn nur über einen Teil des notwendigen Wissens. Den anderen Teil muss es sich im Laufe des Problemlöseprozesses erarbeiten.

Fehlendes Wissen ist also das Hindernis. Das Braten von Hamburgern lässt sich als Routinearbeit kategorisieren und ist durch abrufbares Wissen geprägt. In der Wissensarbeit lösen wir hingegen Probleme und müssen dazu Wissenslücken überwinden. Die nächste Frage lautet: Gleichen sich alle Problemstellungen in ihrer Struktur, oder gibt es Unterschiede? Ist Schachspielen gleich der Entwicklung eines Algorithmus?

4.2 Das Problem ist die Barriere

Beim Lösen eines Problems überführen wir einen Ausgangszustand durch entsprechende Lösungsschritte in einen erwünschten Zielzustand. Dabei gibt es verschiedene Problem- bzw. Barrierearten – je nachdem, inwieweit die Ausgangs- oder Zielzustände und die zur Überwindung der Barriere notwendigen Lösungsschritte, auch Operatoren genannt, bekannt sind oder nicht.

In der folgenden Tabelle sind die definierenden Merkmale der drei unterschiedlichen Barrieretypen dargestellt:

Tab. 4–1 *Barrieretypen und ihre Eigenschaften in Anlehnung an [Dörner 1979]*

Barrieretyp	Ausgangs- und Zielzustand	Mögliche Operatoren
Interpolationsbarriere	Bekannt	Bekannt
Synthesebarriere	Bekannt	Unbekannt
Dialektische Barriere	Unbekannt	Unbekannt

Jede dieser Barrieren erfordert aufgrund der bekannten oder unbekannten Parameter ein anderes Vorgehen vom Wissensarbeiter.

Interpolationsbarriere

Bei einer Interpolationsbarriere sind sowohl Ausgangs- und Zielzustand als auch alle zu Verfügung stehenden Lösungsschritte bekannt. Ein oft zitiertes Beispiel ist das Türme-von-Hanoi-Problem (siehe Abb. 4–1).

Die Scheiben müssen vom Stapel A auf den Stapel C gebracht werden. Die möglichen Lösungsschritte sind bekannt: Es ist erlaubt, einzelne Scheiben zwischen Stapeln zu bewegen. Dabei müssen die oberen Scheiben auch in Zwischenstapeln immer kleiner sein als die nächstuntere Scheibe. Tatsächlich fehlt nur eine passende Reihenfolge der Züge. Es handelt sich um ein Interpolationsproblem, da die Wissenslücke nur aus der Reihenfolge der bekannten Operatoren besteht.

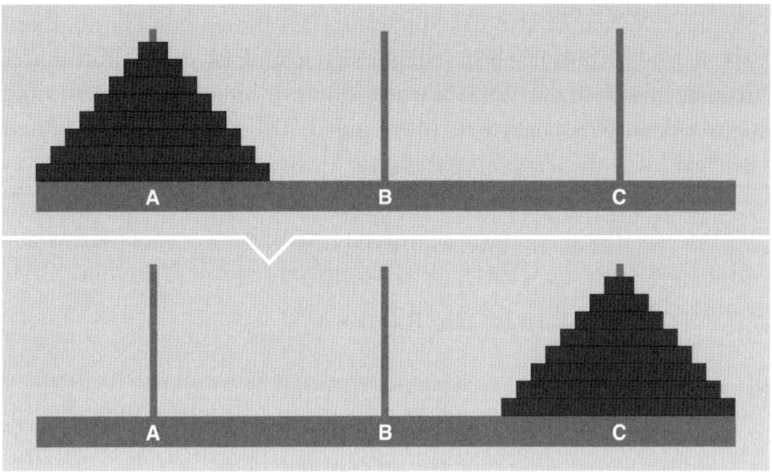

Abb. 4–1
Ausgangs- und Zielzustand des Türme-von-Hanoi-Problems

Synthesebarriere

Bei Problemen mit einer Synthesebarriere sind sowohl die Reihenfolge als auch die zur Verfügung stehenden Lösungsschritte selbst unbekannt. Der Ausgangs- und Zielzustand sind aber sehr wohl gegeben. Ein gutes Beispiel ist das Fortsetzen von Zahlenreihen:

6, 7, 9, 6, 2, 7, 13, 6, ?

Welche Zahl anstelle des Fragezeichens eingesetzt werden soll, hängt von den benötigten Rechenoperationen ab. Dazu muss aus den gegebenen Zahlen ein Muster von Rechenoperationen erkannt und angewandt werden. Hier ist das passende Muster:

+1, +2, -3, -4, +5, +6, -7, -8

Also lautet die gesuchte Rechenoperation 6 – 8 und -2 ist das gesuchte Resultat zur Fortsetzung der Zahlenreihe.

Rolf, GUI-Entwickler, meint dazu:
»*Algorithmen programmieren ist in etwa dasselbe. Ich meine einen Sortieralgorithmus oder Ähnliches. Ausgangslage und Endzustand sind klar definiert. Man sucht jetzt nur noch einen möglichst guten Lösungsweg und die Operationen, die man dazu am besten einsetzt.*«

I: »*Was heißt möglichst gut?*«

Rolf: »*Naja, schnell. Und wenig Speicher. Es hängt halt von der Situation ab.*«

Dialektische Barriere

Eine dialektische Barriere liegt dann vor, wenn sowohl der Ausgangszustand, der Zielzustand als auch die Lösungsschritte ganz oder zumindest teilweise unbekannt sind (siehe Tabelle 4–1). Beispiele sind *Verbessere die Lebensqualität deiner Familie* oder *Mache die Wohnung gemütlicher.*

Softwareentwicklung ist ein dialektisches Problem

Auch die Entwicklung von Software stellt, das lässt sich direkt aus den in Abschnitt 3.1 aufgezählten Eigenschaften wie Dynamik, Kompromissbildung, unscharfes Ziel etc. ableiten, ein dialektisches Problem dar.

Evelyn, Softwarearchitektin, meint sarkastisch:
»In der Praxis ist doch immer alles ganz klar. Auftraggeber wissen genau, was sie wollen. Die neue Lösung soll einfach größer, schneller, besser und viel günstiger sein: ›Wann seid ihr fertig und was kostet es?‹«

Die kognitive Psychologie als wissenschaftliches Forschungsgebiet hat vor allem Probleme mit Interpolations- und Synthesebarriere untersucht, da hier die Bedingungen für Versuchsdurchführungen mit statistisch wiederholbaren Ergebnissen noch am ehesten gegeben sind. Im Bereich der Probleme mit dialektischer Barriere sind die wissenschaftlichen Erkenntnisse bisher weitaus weniger präzise. Dennoch gibt es auch hier interessante Experimente und Erkenntnisse.

Der nächste Abschnitt handelt von einer ersten Schlüsselerkenntnis aus der Kognitionspsychologie: dem Konzept einer gedanklichen Repräsentation. Sie werden sehen, wie wichtig diese bei der Entwicklung von Software ist.

4.3 Der Hebel ist die gedankliche Repräsentation

Haben Sie sich schon einmal an das Problem der Türme von Hanoi herangewagt? Versuchen Sie es und beobachten Sie, wie Sie das Problem lösen. Sie könnten auch jemanden dabei beobachten und verbale Protokolle auswerten, wie dies Kognitionspsychologen gemacht haben [Hussy 1998]. Dabei werden Sie sicherlich einige Dinge feststellen können.

Sie werden vermutlich zuerst versuchen, das Problem zu verstehen, typischerweise mit einem kleineren Problem von etwa drei Scheiben. Dabei erkennen Sie neue Zusammenhänge und Gesetzmäßigkeiten. Das erlaubt Ihnen dann auch, weitere Scheiben einzubeziehen. Nach einer gewissen Zeit haben Sie das Problem so weit verstanden und sich auch vielleicht Hilfsmittel geschaffen, dass Sie die Scheiben problemlos auf den Zielstapel umlegen können. Sie haben sich dadurch eine gedankliche Repräsentation aufgebaut, die es Ihnen erlaubt, das Problem vollständig zu lösen.

Gedankliche Repräsentation

Bei allen Problemstellungen, egal um welche Art von Barriere es sich handelt, stellen wir eine gedankliche Repräsentation auf. Die gedankliche Repräsentation ist also unser momentanes Bild vom Ausgangs- und Zielzustand. Dies erlaubt uns, Lösungsmöglichkeiten in Gedanken durchzuspielen und so nach passenden Lösungen zu suchen. Die gedankliche Repräsentation füllt also die vorhandene Wissenslücke und ermöglicht die Überwindung der Barriere.

Abbildung 4–2 stellt diese Zusammenhänge dar. Wissensarbeiter bauen sich eine gedankliche Repräsentation über den Problemraum, also die Ausgangslage, und den Lösungsraum, d.h. den Zielzustand.

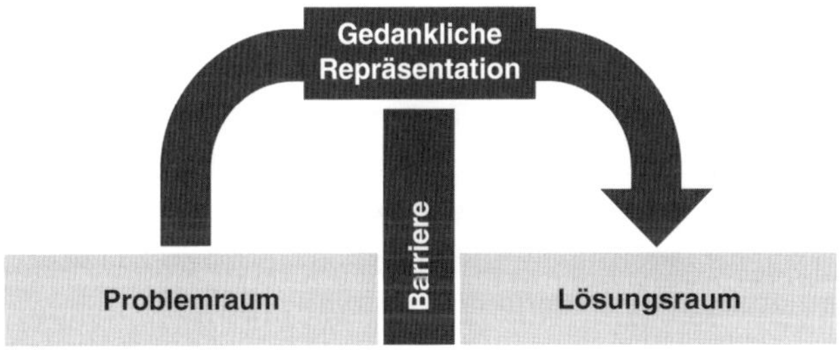

Abb. 4–2 *Gedankliche Repräsentation zur Lösungssuche*

Allen Problemen ist gemein, dass der sofortige Abruf einer Lösung nicht möglich ist, weil beim Problemlöser keine ausreichende gedankliche Repräsentation, also eine Wissenslücke, besteht.

Bei den Türmen von Hanoi liegt die Wissenslücke ausschließlich in der Reihenfolge der anzuwendenden Operatoren. Bei dialektischen Problemen wie etwa der Softwareentwicklung liegen diese Wissenslücken darüber hinaus im Problemverständnis und auch in der Unwissenheit darüber, wie eine mögliche Lösung aussehen könnte. Auf dem Weg zur Lösung ist ein zielgerichtetes Suchen erforderlich, und dies geht mit dem Aufbau von Wissen über die Problemstellung und mögliche Lösungskandidaten einher.

Gedankliche Repräsentation ermöglicht die Lösungssuche

Die gedankliche Repräsentation erlaubt, Informationen zu suchen, Problem und Lösung zu verknüpfen, dabei Wissen aufzubauen und so eine passende Lösung zu finden.

Am Schachspiel lässt sich der damit verbundene Suchprozess recht einfach verdeutlichen. Schachspieler versuchen, ausgehend von der aktuellen Konstellation einen möglichst guten Zug zu finden. Dabei schauen sie durchaus auch einige Züge voraus und spielen in Gedanken diese Züge durch. Doch bei 32 Figuren können unmöglich alle Züge in Betracht gezogen werden. Gute Schachspieler unterscheiden sich von weniger guten insbesondere dadurch, welche Züge sie überhaupt untersuchen. Die Güte der Auswahl hängt vor allem vom Wissen über das Schachspiel ab. Je mehr Konstellationen, Strategien und Züge Schachspieler kennen, desto einfacher wird es für sie, Spreu und Weizen zu trennen und ihr Denken auf die aussichtsreichen Züge zu konzentrieren.

Die inhaltliche Qualität und die Struktur der gedanklichen Repräsentation ist ein Treiber für die Suche und hängt vom persönlichen Wissens- und Erfahrungsschatz ab.

Roman, Business-Analyst, meint dazu:
»Das kenne ich sehr gut aus meiner Tätigkeit. Wenn ich ein neues Projekt beginne, tappe ich quasi blind in der Domäne herum und sauge jede Information auf. Mit der Zeit finde ich mich dann besser zurecht und verstehe das Problem immer besser und kann dann auch viel gezielter fragen und abklären. Oftmals ist es dann so, dass ich eine ganz neue Form der Darstellung für genau dieses Projekt finde. Einerseits kann ich damit Informationen strukturieren und festhalten, andererseits bildet sich so auch ein Modell im Kopf. So ist dann vieles ganz einfach abzuleiten.«

Problem und Lösung

Toni, Projektleiter, und Evelyn, Softwarearchitektin, sind sich uneinig über das weitere Vorgehen:

Toni: *»Sind die Anforderungen endlich fertig?«*

Evelyn: *»Nein, noch nicht ganz.«*

Toni: *»Wir sollten erst anfangen zu entwickeln, wenn 100% klar ist, was wir wollen.«*

Evelyn (nachdenklich): *»Du meinst, ich soll die Spezifikation nochmals durchlesen und erst alle noch fehlenden Details klären?«*

Toni: *»Ja, wir wollen schließlich keine Entwicklungsarbeit wegwerfen.«*

Evelyn: *Ich wollte mich eigentlich mal um die grobe Architektur kümmern. Dabei sieht man immer ganz gut, wo man noch Lücken in den Anforderungen hat.*

Toni: *»Nein, nein, wir wollen keinen Gedanken an Lösungen verschwenden, wenn noch nicht absolut klar ist, wie das Problem aussieht.«*

Evelyn (nicht überzeugt): *»Na gut, ich versuche es mal ...«*

Evelyn ist von Tonis Vorschlag offensichtlich nicht sonderlich angetan. Ihre Erfahrung ist, dass die Beschäftigung mit der Lösung vorhandene Lücken zutage fördert gerade auch im Problemverständnis. Dieser Effekt wird auch bei den Türmen von Hanoi sichtbar. Die gedankliche Repräsentation lässt sich nur im Versuch, das Problem zu lösen, aufbauen.

Probleme können kaum nach dem Wunsch von Projektleiter Toni gelöst werden. Der Architekt Richard MacCormac hat dies bereits 1976 formuliert [Cross 2007]:

»I don't think you can design anything just by absorbing information and then hoping to synthesise it into a solution. What you need to know about the problem only becomes apparent as you're trying to solve it.«

Lösung und Problemverständnis gehen Hand in Hand

Wir Menschen suchen Lösungskandidaten basierend auf dem momentanen Problemverständnis. Dieses Vorgehen ist notwendig, um zu erkennen, was uns für ein tiefer gehendes Verstehen des Problems noch fehlt.

Der Problemlöseprozess ist iterativ: Erkenntnisse aus der Beschäftigung mit Lösungskandidaten fließen in den Aufbau der gedanklichen Repräsentation ein. Dies ermöglicht eine bessere und erfolgreichere Lösungssuche. Der Aufbau der gedanklichen Repräsentation alleine aus einer Beschäftigung mit dem Problem heraus wäre äußerst ineffektiv und bei Problemen höherer Komplexität praktisch unmöglich; mehr dazu erfahren Sie in Abschnitt 4.7.

4.4 Problemlösen ist ein Kreisprozess

Beim Lösen von Problemen setzen wir Menschen uns iterativ mit der Problemstellung und den Lösungsmöglichkeiten auseinander und vertiefen dabei das Problemverständnis, bis eine passende Lösung gefunden wurde. Problemlösen ist damit ein Kreisprozess.

Kreisprozesse

Kreisprozesse wurden erstmals vom Amerikaner Norbert Wiener [Wiener 1948] systematisch untersucht und zu einer eigenen Wissenschaft, der von ihm benannten Kybernetik, erhoben. Die Kybernetik ist seither zu einer der wichtigsten Wissenschaften geworden. Die Dynamik von Kreisprozessen hat sowohl in der Technik, zum Beispiel bei einer Heizungssteuerung [Merz & Jaschek 1996], in der Biologie, beispielsweise zur Regelung der Körpertemperatur [Vester 1984], als auch in soziologischen Systemen wie Organisationen [Willke 2006, Malik 2002] eine große Bedeutung erlangt.

Softwareentwicklung als Kreisprozess

Die Wissenschaftler Bill Curtis vom Microelectronics and Computing Consortium und Elliot Soloway von der University of Michigan untersuchten die Denkprozesse von Softwaredesignern mittels Protokollanalyse [Glass 2006] und kamen zu folgendem Ergebnis:

The designers, mentally and at lightning speed, were doing the following things:

1. *They construct a mental model of a proposed solution to the problem.*
2. *They mentally executed the model – in essence, running a simulation on the model – to see if it solved the problem.*
3. *When they found that it didn't (usually because it was too simple), they played the inadequate model back against those parts of the problem to see where it failed, and enhanced the model in those areas.*
4. *They repeated steps 1–3 until they had a model that appeared to solve the problem.*

Softwareentwickler durchlaufen diese Kreisprozesse viele Hundert oder Tausende Male jeden Tag. Offensichtlich spielen diese auch in der Softwareentwicklung eine größere Rolle, als bisher angenommen. Ein Grund mehr, diese genauer anzusehen.

Kreisprozesse im Detail

Die kognitive Psychologie betrachtet das menschliche Individuum als ein sogenanntes offenes kybernetisches System, bei dem Denken und Handeln von Feedbackprozessen geprägt ist. Feedback bedeutet hier, aus einem Lösungsversuch zu lernen, die Erkenntnisse zur Vervollständigung des Problemverständnisses zu nutzen und daraus den nächsten Lösungsversuch zu entwickeln. Abbildung 4–3 stellt diesen Kreisprozess dar.

Die Abkürzung TOTE steht für die Sequenz aus Test-Operate-Test-Exit [Miller et al. 1956]. Der momentane Stand der Problemlösung wird mit dem Zielzustand verglichen (Test). Ist der Zielzustand noch nicht erreicht, dann versuchen wir mit einer weiteren Operation (Ope-

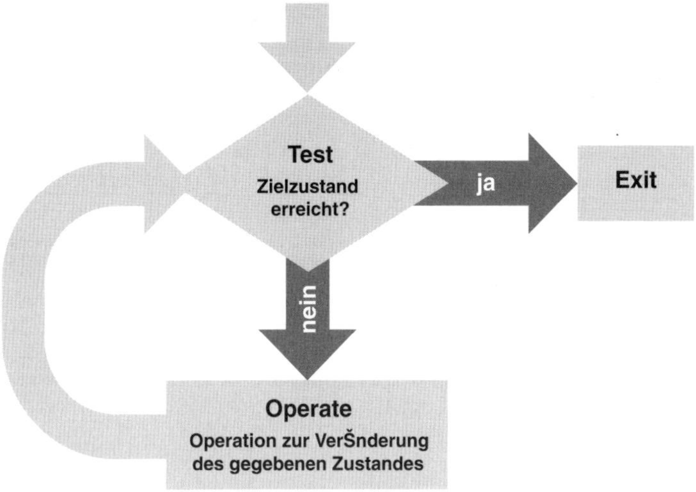

Abb. 4–3
TOTE-Einheit

rate) den Zustand zu verändern. Anschließend erfolgt ein erneutes Testen. Dieser Prozess läuft so lange, bis eine befriedigende Lösung gefunden wird oder der Problemlöser die Suche abbricht.

Soll-Ist-Vergleich – Steuerung der Lösungssuche

Der permanente Vergleich zwischen dem erstrebten Zielzustand und dem aktuellen Stand steuert den Suchprozess zur Überwindung der Barriere.

Der Kreisprozess am Beispiel

Anhand eines Streichholzproblems, das zur Klasse der Probleme mit Interpolationsbarriere gehört, möchten wir Ihnen die Möglichkeit geben, »das Kybernetische« in Ihrem Denken und Handeln selbst zu erfahren. Abbildung 4–4 zeigt die Ausgangssituation.

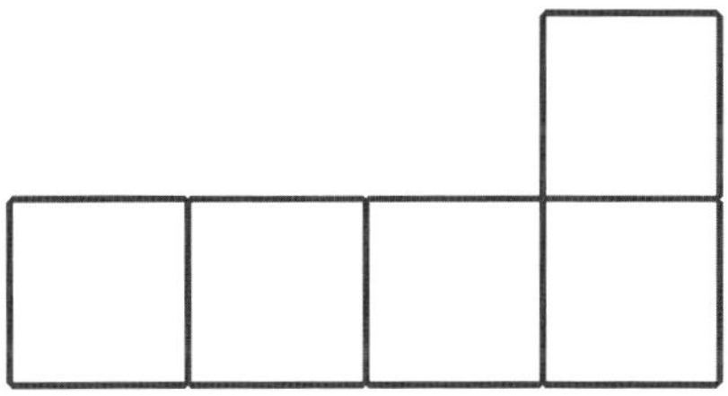

Abb. 4–4
Anfangssituation im Streichholzproblem

Die Aufgabe ist die folgende: Drei Streichhölzer sollen so umgelegt werden, dass vier Quadrate entstehen. Alle Quadrate sollen gleich groß sein und müssen sich berühren; kein Streichholz darf übrig bleiben.

Versuchen Sie es selbst

Bevor Sie nun weiterlesen: Probieren Sie das Problem selbst zu lösen. Welchen Lösungsweg beschreiten Sie dabei?

Ein möglicher Lösungsweg

Egal ob und wie Sie genau zur Lösung finden: Sie bauen eine gedankliche Repräsentation auf, indem Sie sich mit möglichen Schritten und Lösungskandidaten befassen und aus dem Vergleich zwischen dem Ist- und dem Zielzustand lernen.

Vielleicht haben Sie als ersten Lösungskandidaten den in Abbildung 4–5 dargestellten gewählt, also einfach drei Streichhölzer entfernt und damit wenigstens die eine Bedingung mit den vier Quadraten erfüllt. Dies entspräche einer typischen Strategie: den Abstand zur gewünschten Lösung verringern und Lösungskandidaten untersuchen, die wenigstens Teilbedingungen erfüllen.

Abb. 4–5
Eine erste Teillösung

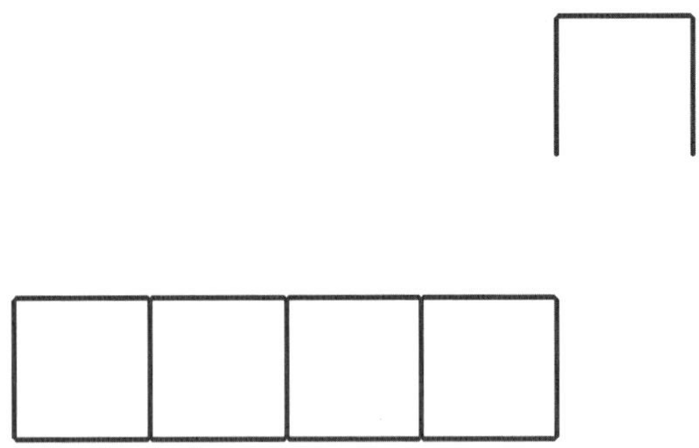

Die nun folgende Suche nach einem besseren Lösungskandidaten könnte beispielsweise die in Abbildung 4–6 dargestellte Teillösung finden. Diese Lösung ist schon etwas besser, da nur noch zwei Streichhölzer übrig geblieben sind.

Abb. 4–6
Eine zweite, bessere Teillösung

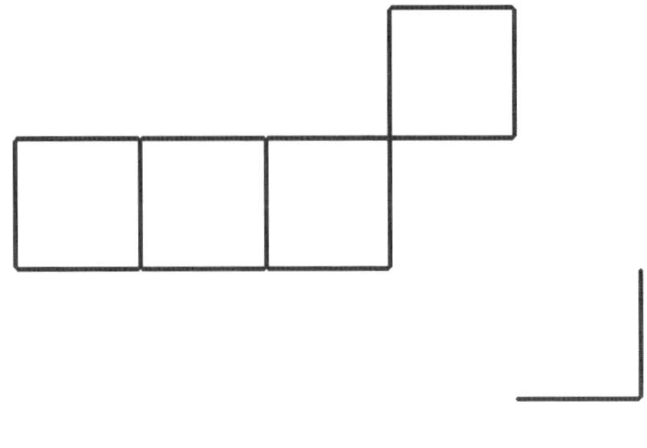

Reflexion

Wenn Sie die beiden Lösungen vergleichen, was fällt Ihnen auf? Warum sind in der zweiten Lösung weniger Streichhölzer übrig geblieben?

Es gibt in beiden Lösungen Streichhölzer, die gleichzeitig zu zwei Quadraten beitragen. In der ersten Lösung sind es deren drei, und in der zweiten deren zwei. Das Verringern solcher Doppelverwendungen reduziert also die Anzahl überzähliger Streichhölzer. Es lässt sich nun leicht erkennen, dass kein Streichholz doppelt verwendet werden darf, damit auch kein Streichholz übrig bleibt.

Genau mit solchen Reflexionen verbessern wir unsere gedankliche Repräsentation.

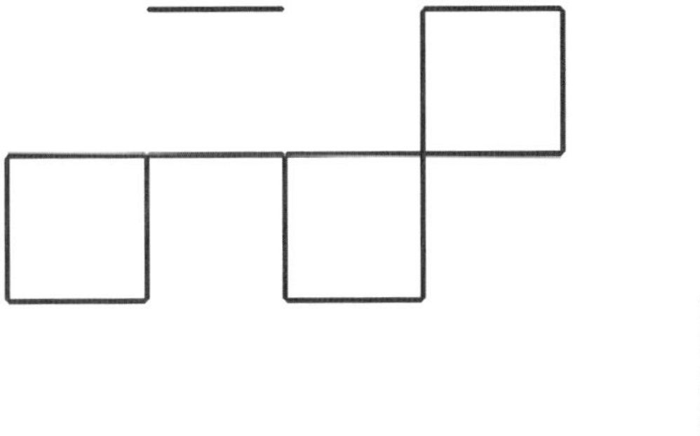

Abb. 4-7
Zwischenschritt zur gesuchten Lösung

Lassen sich die beiden in der zweiten Lösung noch vorhandenen Doppelverwendungen entfernen? Gelingt Ihnen der in Abbildung 4-7 dargestellte Zwischenschritt, ergibt sich die richtige Lösung praktisch von allein (siehe Abbildung 4-8).

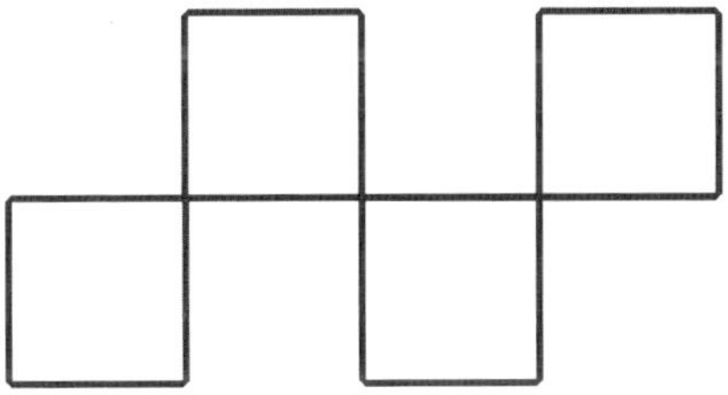

Abb. 4-8
Gefundene richtige Lösung

Problemlösen erlebt und verstanden

Anhand dieses Beispiels lassen sich nun einige wichtige Aussagen über menschliches Problemlösen erkennen:

- Wir verringern beim Problemlösen iterativ den Abstand zur gesuchten Lösung, indem wir Teillösungen mit dem angepeilten Ziel vergleichen.
- Bei diesem Vergleich erkennen wir Zusammenhänge und Prinzipien. Wir erweitern die gedankliche Repräsentation.

- Die erweiterte gedankliche Repräsentation erlaubt uns, eine bessere Suchstrategie zu verfolgen.

Probieren und Reflektieren erweitert die gedankliche Repräsentation

Das vielfache Durchlaufen des Kreisprozesses mit Suche, Test und Reflexion führt zu einem Lernprozess, der die Wissenslücke immer weiter schließt und somit die gedankliche Repräsentation erweitert.

Schach, Streichholzproblem und Türme von Hanoi sind übrigens alle deutlich einfacher zu lösen, wenn wir die Spiele vor uns haben, sichtbar und ausprobierbar. Alle Lösungsschritte gedanklich zu simulieren und zu prüfen fällt den meisten von uns sehr schwer. Wesentlich einfacher ist es, wenn wir mögliche Lösungskandidaten auch real ausprobieren können.

Zeitnahes Feedback

In der Softwareentwicklung kennt jeder Entwickler diese iterative Arbeitsweise. Entwickler programmieren eine Lösungsidee, die sie gedanklich für gut befunden haben, testen diese und erkennen, inwieweit sie sich der Lösung genähert haben. Dabei ist es heute mit den modernen Entwicklungsumgebungen selbstverständlich, erdachte Lösungsideen tatsächlich auszuprobieren.

Evelyn, Softwarearchitektin, meint dazu:
»*Das kann ich nur bestätigen. Ich gehöre zwar nicht zu den Entwicklern, die mit dem Debugger denken. Ich versuche schon, das Problem möglichst gut zu verstehen, noch bevor ich den Code schreibe. Zum Strukturieren meiner Gedanken verwende ich auch oft Diagramme. Und dann stelle ich beim Programmieren jeweils fest, dass die eine oder andere Idee doch nicht ganz so funktioniert, wie ich mir das vorgestellt habe. Gewisse Dinge muss man einfach programmieren und testen, bevor man sie völlig durchschaut.*«

Geschwindigkeit ist wichtig

Beim Streichholzbeispiel, bei den Aussagen von Evelyn und aus der eigenen Erfahrung erkennen Sie sicherlich, wie wichtig die Schnelligkeit des Kreisprozesses für eine erfolgreiche Problemlösung ist. Auch aus der Regelungstechnik ist bekannt, dass Regelkreise mit starker Verzögerung in ihrem Antwortverhalten sehr ungünstig oder überhaupt nicht zu regeln sind [Merz & Jaschek 1996].

Entsprechend sind lange Verzögerungen zwischen der Suche von Lösungskandidaten, dem Testen sowie der Analyse der Ergebnisse ungünstig. Stellen Sie sich vor, beim oben beschriebenen Streichholzbeispiel hätte eine andere Person jedes Mal die von Ihnen vorgeschlagenen Lösungskandidaten prüfen müssen und Sie hätten erst dann Feedback erhalten.

Schnelles Feedback ist wesentlich

Die zeitliche Nähe des Feedbacks zur Handlung ist Voraussetzung für effektiven Wissensgewinn und damit für ein erfolgreiches Gestalten unserer Denkprozesse zur Problemlösung.

Lochkarten

Softwareentwickler, die einmal mittels Lochkarten programmiert haben und dies mit heutigen Softwareentwicklungsumgebungen vergleichen, können das sehr gut nachvollziehen. Wenn die Programmierer ihre Lochkarten gestanzt hatten, wurden diese an die Rechnerzentrale übergeben, die die Programme ausführte. Zwei Tage später kam dann oft genug die Rückmeldung, dass das Programm so nicht laufen konnte, weil ein Syntaxfehler vorhanden sei. Dieser musste zuerst korrigiert werden, bevor ein neuer Versuch gestartet werden konnte. Sie können sich vorstellen, wie viel Sorgfalt ein Programmierer verwendet hat, um auf Anhieb ein korrektes Programm zu liefern, und wie detailliert er das Programm in Gedanken durchgespielt haben wird.

Im Gegensatz dazu werden mit heutigen Entwicklungsumgebungen viele Programmierfehler wie z.B. inkorrekte Syntax bereits beim Schreiben im Quelltext markiert. Die Feedbackschleife funktioniert damit im Bereich von Sekunden. Auch die schnelle Implementierung von einfachen Prototypen oder Tests hat die Softwareentwicklung im Vergleich zur damaligen Zeit erheblich beschleunigt.

In der ganzen Betrachtung ist Ihnen vielleicht ein typisches Verhalten menschlicher Problemlöser aufgefallen: Diese wechseln zwischen der gedanklichen Vorstellung von Lösungen und der physischen Umsetzung, sei es in Klassendiagrammen oder auch in Code. Problemlöser nutzen das zweifache Handlungsfeld, von dem im nächsten Abschnitt die Rede sein soll.

4.5 Das zweifache Handlungsfeld

Problemlöser finden mit einem Kreisprozess schrittweise eine brauchbare Lösung. Falls Sie beim Streichholzbeispiel versucht haben, dies nur im Kopf zu lösen, hat dies sicherlich all Ihre Konzentration beansprucht, war entsprechend anspruchsvoll und wahrscheinlich auch langwierig.

Dagegen ist eine Kombination aus Probehandeln im Kopf und schnellem Ausprobieren auf Papier oder mit echten Streichhölzern eine wesentlich effektivere und effizientere Vorgehensweise, die Lösung zu finden. Dieser Wechsel zwischen gedanklichem und realem Handeln bildet ein zweifaches Handlungsfeld und ist ein weiterer Aspekt des Kreisprozesses.

Faktisches Handlungsfeld und Referenzhandlungsfeld

Einerseits gibt es das faktische Handlungsfeld, in dem der Problemlöser real handelt und beispielsweise Pläne, Programmcode und Modelle erstellt oder auch – wie bei den Türmen von Hanoi – Scheiben von einem Stapel auf einen anderen bewegt.

Für gewöhnlich spielen Problemlöser eine Lösung zuerst in Gedanken durch, bevor sie diese in faktische Handlungen umsetzen. Die gedankliche Repräsentation dient dazu als sogenanntes Referenzhandlungsfeld [Resch 1988]. Ein Problemlöser handelt darin auf Probe und schätzt damit ab, ob eine faktische Handlung ein gewünschtes Resultat ergeben wird. Dieses Probehandeln dient dem Finden und der Auswahl von Handlungswegen. Abbildung 4–9 zeigt dieses Zusammenspiel.

Abb. 4–9
Das zweifache Handlungsfeld der Wissensarbeit

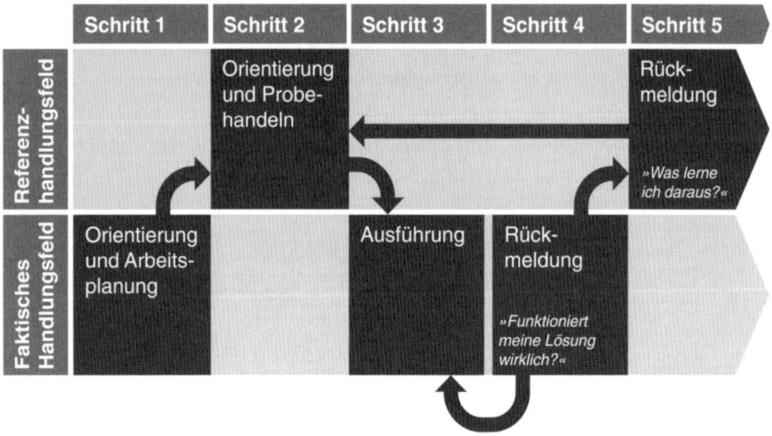

Auch Köche handeln zweifach

Kreiert ein Koch ein neues Rezept, wird er sich zuerst einmal Gedanken über die wichtigsten Zutaten und deren Zubereitung machen und sich von anderen Rezepten inspirieren lassen. Der Koch orientiert sich also und plant seine Arbeit mit den real vorhandenen Zutaten sowie Arbeitsgeräten. Diese Planung beinhaltet zum Beispiel die Berücksichtigung gewisser Zubereitungsarten und deren zeitliche Abläufe.

Darauf aufbauend macht er sich gedanklich an die Lösungssuche, wie und in welchen Mengen er die geplanten Zutaten einsetzen möchte. Hierbei erfolgt gedanklich eine Orientierung über die Möglichkeiten und ein Probehandeln, bei dem der Koch einen oder mehrere Lösungskandidaten erzeugt und sich vorstellt, wie das Resultat schmecken würde.

Sobald eine Kombination von Zutaten sinnvoll erscheint, muss er diese real, also im faktischen Handlungsfeld, ausprobieren und schmecken, ob das Resultat gelungen ist. Durch die Rückmeldung aus der realen Welt zurück ins Referenzhandlungsfeld, verarbeitet der Koch seine gewonnenen Erkenntnisse und entscheidet darüber, wie der nächste Schritt aussehen wird.

Die mächtige gedankliche Repräsentation

Aus dem bisher Gesagten wird deutlich, welche Rolle die gedankliche Repräsentation bei einer Problemlösung spielt:

- Die gedankliche Repräsentation ist der Suchraum für Lösungen.
- Die gedankliche Repräsentation ermöglicht das sehr schnelle Probehandeln.
- Je besser die Repräsentation, umso besser sind die daraus abgeleiteten Lösungskandidaten.

Probehandeln basiert auf der gedanklichen Repräsentation

Probehandeln findet in der gedanklichen Repräsentation statt. Je mächtiger diese Repräsentation ist, desto besser funktioniert Probehandeln und desto zielgerichteter ist die Suche.

Wechsel zwischen Probehandeln und faktischem Handeln

Genauso wichtig wie die gedankliche Repräsentation ist das faktische Handlungsfeld. Hier probieren wir Lösungen außerhalb des Gehirns und damit in der Realität aus. Dies kann mit Bleistift und Papier sein oder auch die Mittel der endgültigen Lösung verwenden (z.B. die Streichhölzer oder die Schachfiguren). Weil dies außerhalb der gedanklichen Repräsentation geschieht, nennen wir alles, was wir in der realen Welt zum Problemlösen verwenden, *externe Mittel*.

Externe Mittel des faktischen Handelns

Externe Mittel spielen bei einer Problemlösung eine maßgebliche Rolle. Stellen Sie sich vor, Schach ohne Schachbrett zu spielen – es ist schwierig bis unmöglich. Für die meisten Leute wäre dabei das Problem der sehr begrenzte Arbeitsspeicher unseres Gehirns. Es ist schon kaum möglich, sich zu merken, wo die bis zu 32 Figuren aufgestellt sind, geschweige denn in dieser Vorstellung auch noch auf Probe zu handeln und gute Spielzüge zu finden.

Bitte nachdenken!

Hier eine Frage zum Reflektieren: In der Softwareentwicklung kommen ebenfalls externe Mittel zum Einsatz, z.B. Anforderungsdokumente, UML-Modelle und auch fertiggestellte Teile der Software. Jedes dieser externen Mittel zeigt einen Aspekt der zu entwickelnden

Software. Nun, wie gut lässt sich die Brauchbarkeit einer Software anhand dieser drei externen Mittel beurteilen? Warum eignen sich nicht alle externen Mittel gleich gut? Können Sie das aus dem bisher Dargestellten begründen?

Echte Beurteilung braucht faktisches Handeln

Eigentlich ist es ja logisch: Die Brauchbarkeit eines Lösungsvorschlags kann umso besser beurteilt werden, je näher das Gezeigte an der tatsächlichen Umsetzung ist. Auch eine nur in Teilen fertige Software schlägt damit reine Beschreibungsformen wie Text oder UML, die der Leser erst interpretieren muss. Die laufende Software dient den Auftraggebern oder Benutzern als faktisches Handlungsfeld bei der Lösung eines Problems aus ihrer täglichen Arbeit. Sie können damit konkrete Beispiele durchspielen.

Bei einer funktionalen Beschreibung dagegen müssen sich Leser zuerst eine Vorstellung über das Endprodukt formen. Sie schaffen sich eine gedankliche Repräsentation, wie das Produkt aussehen *könnte*, um dann mit dieser Repräsentation auf Probe zu handeln. Faktisches Handeln ist in diesem Fall nicht möglich.

Dabei gibt es gleich mehrere Schwierigkeiten: Zum einen sprengt eine solche Beschreibung typischerweise das Vorstellungsvermögen der Leser – zu komplex sind in der Regel die Beschreibung und das Beschriebene. Der zweite Punkt ist etwas subtiler, aber nicht weniger wichtig. Dazu aber zuerst ein Beispiel von Toni, Projektleiter:

»Was im letzten Projekt passiert ist, ist wirklich ärgerlich. Wir haben uns sehr viel Mühe mit der Anforderungsdokumentation gegeben. Um jedes Risiko auszuschließen, haben wir alles sehr detailliert beschrieben und darauf bestanden, dass mehrere Leute beim Kunden das prüfen und abnehmen. Als wir dann die Software genauso geliefert haben, hat sie dennoch überhaupt nicht den Erwartungen der Leute entsprochen. Wir waren uns keiner Schuld bewusst und haben Workshops mit den Leuten gemacht, um rauszukriegen, wo das Missverständnis lag. Dabei hat sich herausgestellt, dass der eine schon mal eine ähnliche Software benutzt hatte und hinter unserer Beschreibung das bereits Bekannte vermutet hat. Ein anderer hatte für seine Arbeit bislang nur Word und E-Mail benutzt und konnte sich trotz aller Beschreibungen eigentlich gar nicht vorstellen, wie das anders gehen könnte. Ein Dritter wiederum war neu bei der Firma und hatte noch keine Ahnung von der Fachdomäne. Er konnte sich natürlich nicht vorstellen, wofür die ganzen Funktionen genau benutzt werden würden.«

Tonis Bericht zeigt: Jeder Leser wird – abhängig von seinem persönlichen Hintergrund und der Fähigkeit, sich komplexe Zusammenhänge vorzustellen – Geschriebenes anders interpretieren. Jeder Leser bildet sich eine andere gedankliche Repräsentation und kommt entsprechend zu anderen Schlüssen.

Evelyn, Softwarearchitektin, meint:
»Das ist alles schön und gut. Aber das läuft doch eigentlich direkt auf das agile Credo heraus, man müsse produktiven Code erzeugen, alles andere sei nichts wert. Aber ist das wirklich das einzige, was funktioniert?«

Evelyn wirft eine spannende Frage auf: Welches externe Mittel ist das richtige für Softwareentwicklung? Ist wirklich lauffähige Software so hoch zu werten wie Verfechter der agilen Softwareentwicklung behaupten? Oder gibt es doch Alternativen dazu?

Faktisches Handeln basiert auf der Güte des externen Mittels

Faktisches Handeln benötigt ein passendes externes Mittel, das den Soll-Ist-Vergleich unterstützt – und zwar schnell und mit wenig Aufwand.

Unsere Antwort bleiben wir Ihnen hier noch schuldig und verweisen Sie auf Kapitel 6. Trotzdem können Sie aus den bisherigen Überlegungen eine wichtige Erkenntnis jetzt schon mitnehmen: Externe Mittel ermöglichen das faktische Handeln und helfen damit, Grenzen unseres Gehirns zu überwinden, die Sie beim Probehandeln sehr schnell spüren. Je besser mit einem solchen externen Mittel die Zielerreichung überprüft werden kann und je schneller ein solches externes Mittel erstellt und verändert werden kann, desto schneller konvergiert der Kreisprozess zum Ziel – dem gelösten Problem.

4.6 Unser Gehirn unter der Lupe

Die gedankliche Repräsentation spielt beim Problemlösen für die Suche nach Lösungskandidaten eine sehr wichtige Rolle. Es lohnt sich zu wissen, in welchen Strukturen die gedankliche Repräsentation in unserem Gedächtnis gespeichert ist, wie die Suche nach Lösungen darin abläuft und auch welchen Grenzen unser Gehirn dabei unterliegt. Die Kenntnis dieser Zusammenhänge hilft bei der Antwort auf die Frage, wie wir beim Problemlösen produktiver werden können.

Unser Gehirn, eine Wissensmaschine

Die spezielle Architektur und Funktionsweise unseres Gedächtnisses hat auf das Lösen von Problemen einen großen Einfluss. In der kognitiven Psychologie wurden über die Jahre verschiedene Modelle entwickelt. Wir lehnen uns hier an das von Walter Hussy entwickelte Modell MEKIV (Rahmen*m*odell zur *e*lementaren und *k*omplexen menschlichen *I*nformations*v*erarbeitung) [Hussy 1998] an. Abbildung 4–10 zeigt die wesentlichen Elemente unseres Gedächtnisses mit den Schnittstellen zu den Sinnesorganen und der Motorik.

Abb. 4–10
Ein einfaches Modell unseres Gehirns

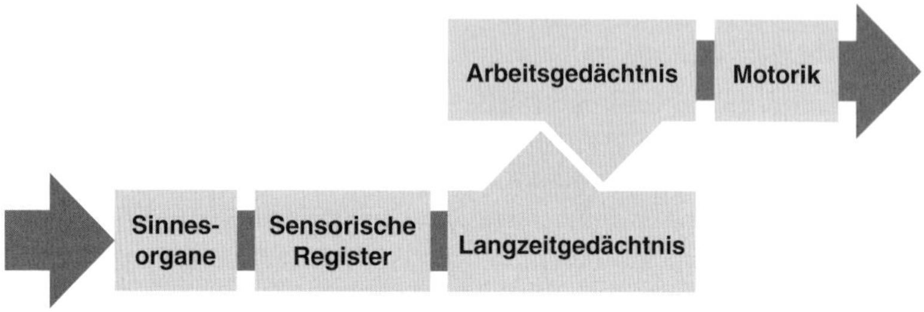

Mustererkennung

Über die Sinnesorgane sowie das sensorische Register strömen permanent Reize aus der Umwelt in unser Gehirn. Diese Reize haben als solches noch keine Bedeutung. Diese erhalten sie erst im Erkennungsprozess, der mit einer sehr leistungsfähigen Mustererkennung vergleichbar ist [Hunt 2008]. Bei diesem Erkennungsprozess gleicht das Gehirn die Reize mit dem gespeicherten Wissen im Langzeitgedächtnis ab und erkennt einzelne Muster. So erkennen Leser Buchstaben und ganze Worte anstatt nur verschiedenartige Striche, und Schachexperten erkennen ganze Konstellationen auf dem Schachbrett und nicht nur einzelne Figuren.

Langzeitgedächtnis

Das Langzeitgedächtnis enthält eine große Menge vernetzten Wissens. Dazu gehören die für die Erkennung notwendigen Muster, Operatoren, Handlungsstrategien und Rezepte. Auch die gedankliche Repräsentation der aktuellen Problemlösung, Begriffe und Begriffsbeziehungen, theoretisches Wissen, Erinnerung an frühere Ereignisse oder Sinneseindrücke findet sich darin.

Abrufen von Wissen

Unser Langzeitgedächtnis ist assoziativ, d.h., wir rufen Wissen ab, indem wir den gespeicherten Assoziationen im Langzeitgedächtnis folgen. Sie können sich das Abrufen also analog zum Browsen im Internet vorstellen. Sie folgen den Hyperlinks im Internet von einer Seite zur nächsten, bis Sie die gewünschte Information gefunden haben. Pech ist es, wenn kein Link zu dieser Information führt oder Sie diesem nicht folgen.

Ein Teil der bei der Suche gefundenen Informationen wird dem bewussten Denken zugeführt und landet im Arbeitsgedächtnis. Genau genommen sind dies nur Verweise. In der Sprache des Internets enthält der Arbeitsspeicher also die »URL« auf die im Langzeitgedächtnis gespeicherten und vernetzten »Webseiten«.

Welche Informationseinheiten dem bewussten Denken zugeführt werden und unsere Aufmerksamkeit erhalten, hängt von einer Reihe von Faktoren ab. Dazu gehören beispielsweise die aktuellen Ziele, der Kontext, Sinnesreize, aber auch der Gemütszustand oder eventuell vorhandene Müdigkeit. So kann es einerseits sein, dass ein Geruch eine viele Jahre alte Erinnerung ins Bewusstsein holen kann und andererseits der Name der Person, die gegenüber sitzt, partout nicht greifbar ist.

Arbeitsgedächtnis

Das Arbeitsgedächtnis hält die Informationen, die für das bewusste Denken verfügbar sind. Es zeichnet sich durch eine sehr begrenzte Speicherkapazität aus, die sich vereinfacht mit 7+/-2 Einheiten charakterisieren lässt. Der amerikanische Psychologe Miller hat dies in dem Artikel *The magical number seven, plus or minus two* publiziert [Miller 1956]. Natürlich können hinter diesen Einheiten beliebig tiefe Konzepte stehen, schließlich handelt es sich um Verweise auf im Langzeitgedächtnis gespeichertes Wissen. Abbildung 4–11 illustriert dies.

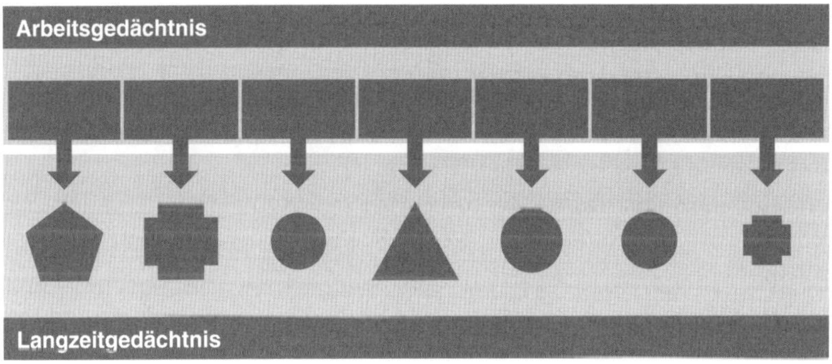

Abb. 4–11
Arbeitsgedächtnis hält Verweise ins Langzeitgedächtnis

Problemlösen

Für die Problemlösung stehen dem bewussten Denken also lediglich die zu einem bestimmten Zeitpunkt im Arbeitsgedächtnis vorhandenen Informationen zu Verfügung. In dem von diesen Verweisen aufgespannten Ausschnitt der gedanklichen Repräsentation läuft die Lösungssuche ab.

Interessanterweise sind wir Menschen trotz dieser enormen Einschränkung gerade beim Lösen komplexer dialektischer Probleme jedem Computer immer noch weit überlegen. Der Grund dafür liegt im Zusammenspiel des beschränkten Arbeitsgedächtnisses und dem hoch vernetzten Langzeitgedächtnis sowie in unserer Fähigkeit, Gedächtnisinhalte umzustrukturieren.

Denken am Schachbeispiel

An einem einfachen Beispiel aus der Schachwelt möchten wir Ihnen diese Funktionsweise näherbringen. In der Situation in Abbildung 4–12 sind Sie der Spieler mit den schwarzen Figuren und jetzt am Zug. Welchen Zug führen Sie aus?

Abb. 4–12
Situation auf dem Schachbrett

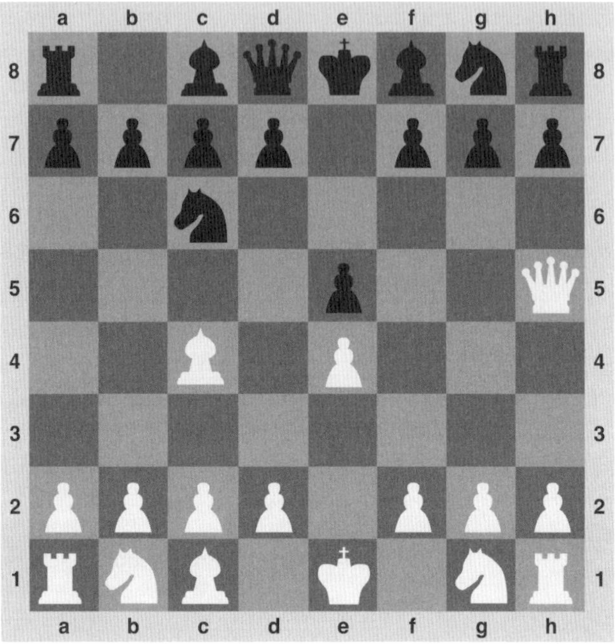

Evelyn, Softwarearchitektin, ist eine Gelegenheitsschachspielerin und weiß ungefähr, wie in der Anfangsphase eine gute Position aufgebaut werden kann, ohne aber das schachtheoretische Wissen dahinter zu besitzen. Evelyn, mit den schwarzen Figuren am Zug, denkt laut:

»Hmm. Ich nehme Pferd und Läufer nach vorne. Und dann die Rochade mit dem König. [Evelyn denkt] Nur, mir gefällt die weiße Dame nicht. Sie ist zu weit vorne. Das ist so ein ungutes Gefühl. Irgendwie kommt mir das bekannt vor. Mal schauen.« [Evelyn denkt angestrengt nach und lässt den Blick über das Schachbrett schweifen.] »Ich hab's, der Läufer! Mir ist gerade das hämisch grinsende Gesicht von einem meiner Kollegen eingefallen, als er mich kürzlich mit ein paar wenigen Zügen matt gesetzt hat! Dein Gesichtsausdruck hat mich irgendwie daran erinnert! Der Kollege hat mich genau auf diese Art reingelegt, aber heute falle ich nicht darauf herein. Ich nehme einfach den Bauern auf G7 ein Feld nach vorne.«

In diesem Gesprächsausschnitt erschließen sich natürlich nur einzelne Punkte darüber, wie Evelyn eine Lösung für das Problem findet. Dennoch lassen sich bereits wesentliche Elemente des darunter liegenden

Kreisprozesses einer Problemlösung erkennen: Erkennen von Mustern, Formulieren des Problems, Suchen und Bewerten von Lösungen, Reflektieren und faktisches Handeln.

Der Problemlösekreislauf

Abbildung 4–13, zeigt wie die Problemlösung in sechs iterativ durchlaufenen Schritten erfolgt. Diese basieren auf dem Struktur- und Prozessmodell komplexer menschlicher Informationsverarbeitung von [Hussy 1998]. Der Problemlösekreislauf gliedert die einzelnen Schritte des zweifachen Handlungsfeldes bei der Problemlösung weiter auf. Die Schritte eins bis fünf erfolgen dabei im Referenzhandlungsfeld, Schritt 6 im faktischen Handlungsfeld.

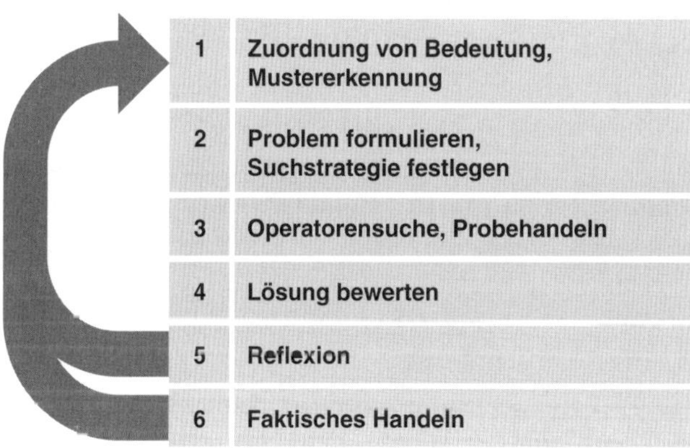

Abb. 4–13
Problemlösekreislauf

Wichtig ist zu verstehen, dass die Reflexion in Schritt 5 einerseits aufgrund der gedanklichen Lösungsbewertung in Schritt 4 erfolgen kann, andererseits aber auch nachdem durch faktisches Handeln in Schritt 6 eine Lösung externalisiert wurde und dann in Schritt 1 entsprechend wieder erkannt und ins Gedächtnis geholt wird. Hierbei werden die Schritte 2 und 3 übersprungen.

Der Problemlösekreislauf beim Schachspiel

Das komplexe Zusammenspiel von Arbeitsgedächtnis, Langzeitgedächtnis, Problemlösekreislauf und der sich dabei entwickelnden gedanklichen Repräsentation lässt sich an Evelyns Schachspiel sehr schön aufzeigen. Hier also eine mögliche und vereinfachte Gedankenfolge. Die in Klammern angegebenen Zahlen beziehen sich auf die jeweiligen Schritte im Problemlösekreislauf.

Beim Blick auf das Schachspiel richtet sich Evelyns Aufmerksamkeit zuerst auf die schwarzen Figuren und sie erkennt (1) schnell eine typische Eröffnung, wie sie sie schon oft gespielt hat, also ein ihr bekanntes Muster. Ihre gedankliche Repräsentation wird um »Schwarz spielt Standarderöffnung« erweitert und ihr Gehirn holt den Verweis auf diese ins Arbeitsgedächtnis. Sie ist nun für das bewusste Denken verfügbar. Evelyn konkretisiert nun (2) Problem und Ziel anhand der neuen Erkenntnis, nämlich diese Standarderöffnung weiterzuspielen und den König mit einer Rochade zu schützen. Deshalb ruft Evelyn (3) im Langzeitgedächtnis die entsprechende Zugfolge ab und erhält als Resultat die nächstmögliche Zugfolge, nämlich Pferd, Läufer und dann die Rochade.

Für Evelyn stellt sich bis hierhin kein Problem, sie hat einfach ihre Routine walten lassen. Hätte nicht ihr Gehirn auf eine sonderbare Weise noch weiter gearbeitet, wäre Evelyn beim nächsten Zug durch Weiß matt gesetzt worden. Doch Evelyns Mustererkennung hat auch die weiße Position untersucht (1) und der Vergleich mit dem Langzeitgedächtnis hat eine Anomalie entdeckt. Die sehr mächtige weiße Dame ist weit vorne, dies entspricht nicht der von Evelyn erwarteten Eröffnung. Außerdem, das lässt sich aus Evelyns Äußerung entnehmen, ist mit dieser Position ein unangenehmes Erlebnis verbunden, auch wenn zu Beginn für Evelyn noch nicht erinnerbar. Das Unterbewusstsein »klopft« nun quasi bei Evelyn an und versucht Evelyns Aufmerksamkeit zu gewinnen. Das gelingt und die Anomalie wird ins Arbeitsgedächtnis geholt (1). Evelyns Aussage »*Dein Gesichtsausdruck hat mich irgendwie daran erinnert*« ist ein Beispiel für die Funktionsweise des assoziativen Gedächtnisses.

Evelyn setzt sich nun ein neues Ziel (2). Sie will herausfinden, was Weiß mit der weit nach vorne gerückten Dame tun kann. Evelyn ruft also (3) die Regeln für die möglichen Züge der Dame aus dem Langzeitgedächtnis ab und wird sich dabei, so ihre Erfahrung, auf die Angriffszüge nach vorne konzentrieren. Evelyn findet relativ rasch den Zug der Dame auf F7, direkt vor den schwarzen König. Diesen Zug spielt Evelyn in ihrer gedanklichen Repräsentation durch und erkennt bei der Bewertung (4) der neuen Position sofort die Mattgefahr – die Bewertungskriterien dazu holt Evelyn ebenfalls aus dem Langzeitgedächtnis. So erweitert sich nun Evelyns gedankliche Repräsentation (5) um »Dame bedroht König«.

Doch alleine ist die Dame noch keine echte Gefahr. Evelyns nächstes Ziel (2) ist also eine Figur zu finden, die der Dame hilft. Hier folgt nun eine weitere Suche auf dem Schachbrett (3, 4), bis Evelyns Blick auf den Läufer fällt und sie den Zug des Läufers nach F7 entdeckt. Heureka (5), Evelyn fällt es wie Schuppen von den Augen. Sie sieht das Grinsen ihres Kollegen und sie vertieft die gedankliche Repräsentation um »Läufer + Dame = Matt«. Sie sucht nun auf dem Schachfeld nach einer geeigneten Gegenmaßnahme (2, 3, 4, 5) und wird den Bauern nach vorne ziehen (6). Fertig.

Erkenntnisse des Problemlösens

Was fällt nun im Beispiel besonders auf?

- *Problemlösen ist Suchen und Ausprobieren:*
  Evelyn hat die ganze Problemlösung mit Suchen und Ausprobieren verbracht. Sie hat nach Zügen gesucht, diese in Gedanken ausprobiert und bewertet. Kaum eine logische Schlussfolgerung à la Sherlock Holmes war zu sehen. Vielmehr gibt es bei Evelyn Heureka-Augenblicke, bei denen sie das Problem plötzlich zu erkennen glaubt und sie wesentliche Zusammenhänge entdeckt.
- *Wandel der Ziele:*
  Evelyn fasst immer wieder neue Ziele und Teilziele, die die Suche steuern, ins Auge. Evelyn betrachtet das Problem dadurch unter unterschiedlichen Gesichtspunkten. Und obwohl einzelne Schritte Sackgassen darstellen, resultiert daraus jeweils doch eine Vertiefung des Problemverständnisses.
- *Aufmerksamkeit lenkt die Suche:*
  Zuerst lenkt Evelyn ihre Aufmerksamkeit auf die schwarzen Figuren und schaut die weißen Figuren kaum an. Dies entspricht offenbar ihrer gewohnten Spielweise. Doch durch Wissen, Stand der Problemlösung, Reizen von außen (ein Gesichtsausdruck des Problemstellers) und Erinnerungen an Gefühle lenkt Evelyn die Aufmerksamkeit auch auf die weiße Dame.
- *Basis ist vorhandenes Wissen:*
  Evelyns Problemlösung ist in ihrem abrufbaren Wissen über Schach begründet: Erkennen von Mustern, Finden von Zügen und Gegenzügen, Bewertung von Stellungen und allgemeine Herangehensweise an ein Schachproblem. Beispielsweise hätte ein Spieler mit mehr theoretischem Schachwissen nicht nur das Muster des Schäferzugs erkannt (so der Name der Zugfolge von Weiß), sondern auch eine Reihe möglicher Spielverläufe und wie diese zu bewerten sind.
- *Gefordertes Arbeitsgedächtnis:*
  Das Arbeitsgedächtnis hält alle für die Problemlösung kurzfristig notwendigen Informationen, wie die gerade verfolgten Ziele, den Stand der Problemlösung und mögliche Lösungsstrategien, als Verweise in das Langzeitgedächtnis. Mit 7+/-2 Einheiten im Arbeitsgedächtnis – so die Faustregel – wäre selbst ein relativ einfaches Pro-

blem wie dieses unmöglich zu lösen, gäbe es nicht den folgenden Mechanismus:

- ***Rückspeichern und Abstrahieren:***
  Evelyn führt nicht einfach eine wilde Suche durch und trifft dann zufällig auf die Lösung. Evelyn findet eine Lösung erst dadurch, dass sie ihre gedankliche Repräsentation erweitert und vertieft. Im Beispiel gut zu erkennen an der Entwicklung der gedanklichen Repräsentation von »Aha Schach« zu »Standarderöffnung Schwarz« ergänzt um »Dame bedroht König« und dann auf den Punkt gebracht: »Läufer + Dame = Matt«. Erst mit letzterer Repräsentation gelingt ihr ein für sie zufriedenstellender Zug.

Rückspeichern

Das Rückspeichern neuer Erkenntnisse in das Langzeitgedächtnis ist ein Schlüssel für Evelyns Problemlösung. Evelyn erkennt Regelmäßigkeiten und bildet Abstraktionen, insbesondere auch durch den Abgleich mit vorhandenem Wissen und Erfahrungen. Damit ist eine Umstrukturierung und Verdichtung des Wissens im Langzeitgedächtnis verbunden.

Dies wird im Beispiel deutlich sichtbar, wenn Evelyn ihre gedankliche Repräsentation vertieft. Durch diese Verdichtung muss Evelyn weniger Verweise im Langzeitgedächtnis im Arbeitsgedächtnis halten und kann die frei gewordene Kapazität beispielsweise dafür nutzen, auch die auffallenden weißen Figuren zu untersuchen. Evelyn kann also weitere Informationen in ihre gedankliche Repräsentation aufnehmen, die für die Suche einer besseren Lösung erforderlich sind.

Die fortlaufende Strukturierung erfolgt so lange, bis alle notwendigen Informationen in einer entsprechend kompakten Form im Langzeitgedächtnis vorliegen, sodass diese über die im Arbeitsgedächtnis gespeicherten Verweise erreichbar sind. Dieser Prozess des iterativen Lernens ermöglicht es erst, die für eine Problemlösung notwendige Information auf eine für das Arbeitsgedächtnis handhabbare Menge zu kondensieren.

Iteratives Lernen

Der Kern beim Lösen von Problemen ist die Fähigkeit unseres Gehirns, Lösungskandidaten zu finden und zu bewerten und dabei durch Reflektieren die Informationsmenge über ein Problem so weit zu verdichten, dass eine Problemlösung mit dem beschränkten Arbeitsgedächtnis möglich ist.

Die allmächtige Intuition

Rolf gibt zu bedenken:
»Das passt ja nun alles gut zusammen. Doch Evelyn ist doch genau genommen Laie im Schach, zumindest verglichen mit einem Schachmeister. Da gibt es doch sicherlich große Unterschiede?«

Guter Punkt: Wie unterscheiden sich eigentlich Anfänger von Experten? Nach Andy Hunt zeichnen sich Experten beim Problemlösen besonders durch vier wichtige Eigenschaften aus [Hunt 2008]:

1. Experten sehen das Big Picture für Problem und Lösung.
2. Experten unterscheiden zwischen wichtigen und unwichtigen Details.
3. Experten verstehen die zugrunde liegenden Prinzipien.
4. Experten handeln of intuitiv.

Die ersten drei Eigenschaften lassen sich mit den bisher dargestellten Zusammenhängen leicht erklären: Experten besitzen viel Wissen in bestimmten Arten von Problemstellungen. Sie haben aufgrund ihrer Erfahrung und durch Reflexion Wissensstrukturen im Langzeitgedächtnis gebildet, die erstens mächtig und zweitens flexibel anwendbar sind. Sie erkennen dadurch auch in unterschiedlichen Kontexten wiederkehrende strukturelle Muster, dynamische Zusammenhänge sowie generelle Regelmäßigkeiten und finden dadurch schnell die passenden Aktivitäten.

Die vierte Eigenschaft, Experten handeln of intuitiv, wirft allerdings noch Fragen auf. Wir wenden Wissen in einer expliziten und impliziten Form an. Der expliziten Form sind wir uns bewusst, und dieses Wissen können wir im Allgemeinen auch ganz gut artikulieren. Die implizite Form des Wissens ist anders – solches Wissen wird situativ, also wenn ein Experte einer Problemstellung ausgesetzt ist, und unbewusst angewandt.

Implizites Wissen ist die Basis für Intuition

Diese Erkenntnis ist nicht neu. Wir wissen aus eigener Erfahrung, dass Menschen über viele Kenntnisse und Fähigkeiten in impliziter Form verfügen. Beispiele sind das Erkennen von Personen oder im motorischen Bereich das Radfahren. Für beides setzen wir Wissen aus dem impliziten Gedächtnis intuitiv ein, also ohne bewusstes Denken an Regeln oder Verfahren. Georg Hans Neuweg beschreibt dies so [Neuweg 2004]:

»Von implizitem Gedächtnis wird gesprochen, wenn Lernerfahrungen aus der Vergangenheit funktional wirksam werden, indem sie perzeptuelle, motorische oder kognitive Leistungen zu einem späteren Zeitpunkt beeinflussen, ohne jedoch bewusst erinnert zu werden oder überhaupt erinnert werden zu können.«

Im Licht des Zusammenspiels von Arbeitsgedächtnis und Langzeitgedächtnis betrachtet, wird die große Bedeutung von intuitivem Handeln erkennbar. Implizites Wissen, das zu einer Problemstellung passt, liefert ohne Beanspruchung des Arbeitsgedächtnisses Teillösungen. Damit schont es die knappen Ressourcen. Aus diesem Grund erreichen Experten eine oft erstaunliche Fähigkeit, auch schwierige und komplexe Probleme zu lösen. Bei Nichtexperten belegen allein deren Parameter und Randbedingungen schon einen Großteil des Arbeitsgedächtnisses, sodass sie kaum mit der eigentlichen Problemlösung anfangen können.

Die Fähigkeit des intuitiven Handelns stößt bei anderen manchmal auf Unverständnis, da die Problemlöser nicht genau erklären können, warum sie den gewählten Weg als sinnvoll betrachten. Wie wichtig diese oft mystisch anmutende Intuition in Verbindung mit Mustererkennung und Probehandeln für die Softwareentwicklung ist, betont Mary Poppendieck [Poppendieck & Poppendieck 2003]:

»*When experienced people use pattern matching and mental simulation to make decisions, they are employing a very powerful tool that has an unquestioned track record of success.*«

Intuition ist effizientes Problemlösen

Intuition schont die Ressource Arbeitsgedächtnis und erlaubt so eine effiziente Problemlösung.

Intuition hat folgende wichtige Eigenschaften:

- *Automatisiert:*
  Mit Intuition automatisieren wir einen Teil unserer Problemlösung.
- *Schnell:*
  Durch die Automatisierung wird die Problemlösung sehr viel schneller, da viele Zugriffe und bewusste Handlungen erspart bleiben.
- *Situativ:*
  Wie die Intuition mitspielt, ist direkt von der Situation abhängig, in der wir uns befinden.
- *Nicht begründbar:*
  Das der Intuition zugrunde liegende implizite Wissen ist nicht artikulierbar und die Handlung damit nicht erklärbar.
- *Zweischneidig:*
  Intuition basiert auf der gemachten Erfahrung. Was ist, wenn Situation und Erfahrung nicht zusammenpassen?

- ***Ein Grundmechanismus:***
  Wir alle denken eher mehr als weniger intuitiv.

Toni, Projektleiter, und Evelyn, Softwarearchitektin, meinen dazu:
Toni: »*Die Kunst ist es dann wohl, die eigene Intuition immer wieder zu hinterfragen. Denn wehe, das implizit angewandte Wissen passt nicht zum Problem. Das kenne ich zur Genüge, beispielsweise von Managern, die mal vor Jahren einen Job gemacht haben und alle Entscheidungen immer noch auf dem alten Wissen fällen, ohne zu erkennen, dass sich die Welt weiterentwickelt hat.*«

Evelyn: *Die Manager erkennen halt einen bekannten Ausschnitt des Problems und dieser weist auf ein vertrautes Lösungsprinzip hin. Leider passt dies nicht wirklich, weil sie nicht nur den ihnen vertrauten Ausschnitt hätten beachten sollen, sondern das ganze Problem.*

Toni: »*Ja, Mustererkennung heißt nicht immer, das Richtige zu erkennen*«.

Die ungreifbare Kreativität

Während wir Probleme lösen, erkennen wir neue Zusammenhänge. Wir erstellen Abstraktionen und kreieren unser persönliches Problemverständnis. Dies geschieht vor einem höchst individuellen Hintergrund: Jeder von uns hat in seinem Leben Wissen aufgebaut, das in dieser Struktur sonst niemand auf dieser Welt besitzt. Entsprechend ist auch jede erdachte Lösung in ihrer Art einzigartig. Problemlösen ist ein kreativer Akt: Problemlöser kreieren eine für sie neue Lösung. Diese Kreativität ist inhärent in der Funktionsweise unseres Gehirns enthalten.

Kreativitätstechniken

Eine neuartige, überraschende und bessere Lösung kann jedoch nicht einfach aus dem Langzeitgedächtnis abgerufen werden. Um eine solche zu finden, muss ein Problemlöser zumindest das vorhandene Wissen neu verknüpfen und eine neue Sichtweise auf das zu lösende Problem gewinnen. Dies geschieht im Problemlösekreislauf.

Kreativitätstechniken greifen hier ein. Das Ziel ist es, ein nicht nur aus Sicht des Problemlösers neues, sondern ein wirklich innovatives Produkt zu erstellen. Kreativitätstechniken beeinflussen dazu den Problemlöseprozess, beispielsweise durch Präsentation verschiedener Reize, durch Variation der Ziele und Teilziele einer Problemlösung, der Veränderung des Gefühlszustands des Problemlösers oder durch Änderung des Betrachtungswinkels. Damit erhält Wissen Aufmerksamkeit, das sonst unbeachtet geblieben wäre [Gassmann & Sutter 2008]. Den Kreisprozess so in neue Bahnen zu lenken, das ist die Wirkung von Kreativitätstechniken. Dazu gibt es verschiedene Techniken: Brainstorming, laterales Denken, 6 denkende Hüte, Interaction Relabelling,

Sketching, um nur einige zu nennen. Jede dieser Techniken setzt den Hebel an einem etwas anderen Ort an.

Ortswechsel

Die einfache Variante, den Workshop vom Sitzungszimmer nach draußen zu legen, verändert insbesondere die Sinnesreize. Sinnesreize beeinflussen, welche Assoziationen im Langzeitgedächtnis gefunden werden und welchen der gefundenen Einheiten wir unsere Aufmerksamkeit schenken, d.h. sie ins Arbeitsgedächtnis holen. Dies kann ein Ziel für die Problemlösung verändern, andere Operationen hervorrufen, eine andere Bewertung der in Gedanken simulierten Lösungskandidaten bewirken und auch andere Regelmäßigkeiten augenfällig machen. Und schon ist die Problemlösung in neue Bahnen gelenkt.

Brainstorming

Toni, Projektleiter, fragt:
»Ich halte sehr wenig von diesen Brainstormings, wie sie typischerweise zum Projektbeginn durchgeführt werden: Ein paar wichtige Leute sitzen zusammen und listen mögliche Features auf. Ich hatte schon mal über den Bildschirm fliegende Raketen, falls ein Börsenkurs einen bestimmten Wert erhielt, als Feature. Das hat jetzt wirklich wenig mit Innovation zu tun. Wie setze ich jetzt also Brainstorming richtig ein?«

Diese Frage ist etwas verfrüht, da Brainstorming typischerweise im Team durchgeführt wird und in einem solchen Umfeld zusätzliche Effekte zu beachten sind. Doch aus Sicht dieses Kapitels ist Brainstorming nichts anderes als das Abrufen und Sichtbarmachen vieler, möglicherweise auch falscher Informationen zu einem bestimmten Thema. Dadurch löst ein Mitwirkender neue Assoziationen aus und kann so unerreichbares Wissen abrufen. Brainstorming kann im kreativen Problemlöseprozess eingesetzt werden, denn es macht vorhandenes Wissen sichtbar und überblickbar. Und das gibt Impulse für die weitere Problemlösung. Je nachdem, was ein Brainstorming beinhaltet, stehen neue Ziele, neue Bewertungskriterien oder neue Lösungskandidaten für den Problemlöseprozess bereit.

Sketching

Sketching (auf Deutsch kritzeln, skizzieren) ist eine Technik, bei der ein Designer in kurzer Zeit viele verschiedene Varianten einer Formgebung aufs Papier bringt und die dabei entstandenen Formen erkundet, Ideen ausprobiert, implizite Annahmen aufdeckt oder neue Zusammenhänge entdeckt. Sketching wird auch von Softwareentwicklern eingesetzt, indem diese beispielsweise am Whiteboard mit technischen Skizzen wie Klassendiagrammen verschiedene Lösungsmöglichkeiten durchspielen. Der Sketch ist nicht nur ein gutes externes Mittel, da damit schnell Lösungskandidaten aufgestellt und gegen die gedankliche Repräsentation getestet werden können, sondern der Prozess des

Sketchings verändert auch die Denkweise: Durch Lenken der Aufmerksamkeit auf Alternativen und offene Punkte verändern sich insbesondere die in der Problemlösung gefassten Ziele. Es geht beispielsweise nicht darum, einen Lösungskandidaten zu finden, sondern einen anderen Lösungskandidaten, der eine Unklarheit beseitigt, zu erkunden. Die so veränderte Problemstellung verändert auch die Suche und Bewertung von Lösungskandidaten und die daraus gefolgerten Erkenntnisse.

Der kreative Problemlöseprozess

Anhand der Beschreibung der geschilderten Techniken ahnen Sie vielleicht schon, worauf wir hinauswollen. Wie Edison einst sagte:

»Genius is one per cent inspiration and ninety-nine per cent perspiration.«

Brainstorming hat noch nichts mit Kreativität zu tun. Denn Kreativität entsteht, so unsere Übersetzung von Edisons Aussage, im intensiven Befassen mit einem Problem und möglichen Lösungskandidaten und dem damit verbundenen Wissensaufbau. So kann unser Gehirn spontan innovative Lösungen finden und damit Leute verblüffen.

Innovation entsteht somit in der harten Arbeit, die notwendig ist, um Wissenslücken zu schließen, vorhandenes Wissen neu zu verknüpfen und neue Blickwinkel auf ein Problem zu finden. Je innovativer, also neuartiger, die gesuchte Lösung sein soll, desto mehr Arbeit ist zu erwarten. Der Problemlöser sollte dazu zwei Puzzleteilchen beherrschen, die in Abbildung 4–14 zusammengefasst sind:

1. ***Problemlösekreislauf:***
   Erkennen von Mustern, formulieren von Teilproblemen, wählen von Operatoren und Bewertungen, suchen und bewerten von Lösungskandidaten und vertiefen der gedanklichen Repräsentation über das Feedback. Diese Schritte führen erst zu einer gedanklichen Repräsentation, mit der die gesuchte Lösung, Heureka, auf der Hand liegt.
2. ***Induzieren von Veränderung:***
   Einnehmen neuer Blinkwinkel, neuen Antrieb geben, die Aufmerksamkeit auf bisher unbeachtetes Wissen lenken, generell den Problemlösekreislauf in neue Bahnen lenken. Kreativitätstechniken bewirken, richtig eingesetzt, genau diese Veränderung.

Abb. 4–14
Der kreative Problemlöseprozess

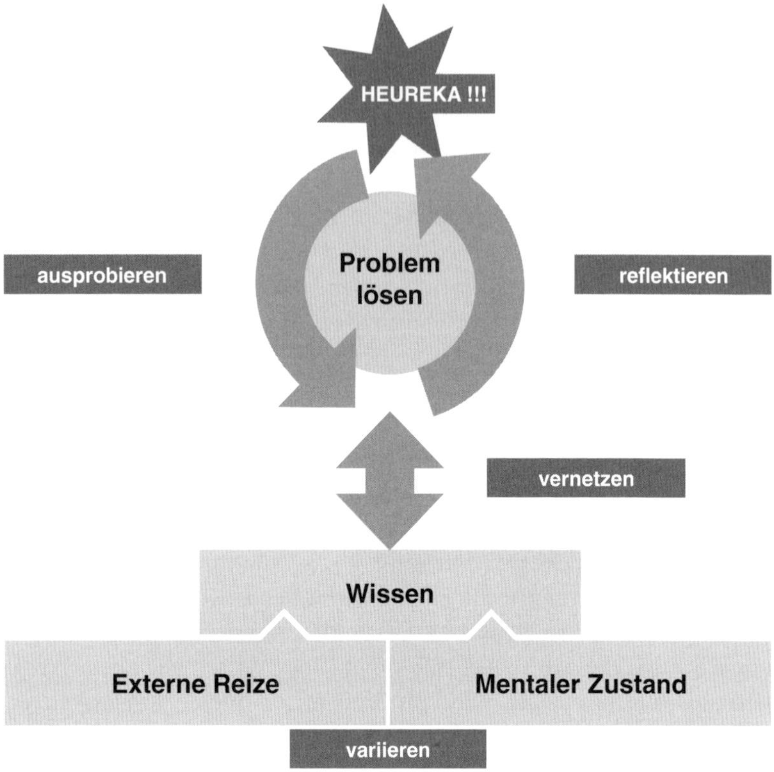

Der Kraftstoff Wissen

Wie die Betrachtungen zum Thema Kreativität gezeigt haben, ist das vernetzte Wissen sehr wichtig für eine Problemlösung. Jedes Problem benötigt ein gewisses Grundwissen, um überhaupt mit der Lösung beginnen zu können. Für eine gute Lösung, das war eine Lehre aus Evelyns Schachproblem, benötigt es aber sehr viel mehr Wissen.

Wissen ist also der Kraftstoff für Problemlösen. Bei einer kurzen Problemlösung, wie im geschilderten Schachproblem, ist das vorhandene Vorwissen entscheidend. Der Problemlöser erinnert sich an bereits Erlebtes und zieht Schlussfolgerungen daraus. Softwareprojekte sind wesentlich komplexer und dauern durchaus Monate bis Jahre. Vorwissen ist auch hier wichtig. Allerdings wird dieses kaum jemals für die Gesamtlösung ausreichen. Was in Softwareprojekten zählt, ist der Aufbau neuen Wissens. Es geht um Lernen.

Problemlösen durch Lernen

Toni, Projektleiter, zitiert eine Aussage einer Managerin in einem Projektplanungsmeeting:

»*Wenn die Mitarbeiter in einem Projektteam noch etwas lernen müssen, dann habe ich die falschen Leute.*

Eine durchaus kontroverse Aussage, wie wir finden. Natürlich kann die von Toni zitierte Managerin erwarten, dass die Entwickler im Team die Grundlagen wie Java oder C# genügend beherrschen. Trotzdem sind die konkret zu liefernde Lösung und der Weg dorthin bestenfalls unscharf bekannt. Die in Abschnitt 3.1 charakterisierte dialektische Barriere in der Softwareentwicklung ist eine Wissenslücke in der gedanklichen Repräsentation. Lernen innerhalb des Problemlöseprozesses hat daher entscheidende Bedeutung darüber, ob wir überhaupt eine Lösung finden und wie schnell wir diese finden können. Je neuartiger die Problemstellung ist, umso größer ist diese Wissenslücke und umso mehr sind wir im Problemlöseprozess auf Lernen angewiesen.

Problemlösen ist Lernen – sonst wäre es kein Problem

Das Lösen eines Problems ist die Überwindung einer Barriere durch Schließen einer Wissenslücke: Neues Wissen muss erworben und bestehendes restrukturiert werden. Es benötigt Lernen

Lernen ist die Aneignung von sowohl kognitiven also auch motorischen Fähigkeiten. Der Fokus soll hier auf den kognitiven Fähigkeiten liegen, denn in der Wissensarbeit sind vor allem diese relevant.

Wissen in individuellen Strukturen

Das, was wir als unser Wissen bezeichnen, ist kein direktes Abbild der Umwelt, etwa wie ein Foto oder eine Formel. Vielmehr ist unser Wissen in höchst individuellen Strukturen abgespeichert. Lernen, also die Aufnahme und das Verarbeiten von neuen Informationen, ist damit ein höchst individueller Prozess der Ergänzung und Umstrukturierung. Dabei sind die Aufnahme und das Verarbeiten von Informationen als aktiver Strukturierungsprozess zu verstehen.

Operatives und symbolisches Lernen

Lernen kann dabei auf zwei grundsätzlich unterschiedliche Arten erfolgen. Bei der operativen Aneignung erarbeitet sich ein Lernender ein mentales Modell durch Ausprobieren in der Praxis und darauf aufbauendem Reflektieren. Das symbolische Lernen hingegen erfolgt mithilfe sprachlich oder anderweitig symbolisch vermittelter Information [Pfiffner & Stadelmann 1999].

Bei der Beschreibung des Problemlösekreislaufs haben wir dargestellt, wie wichtig das Feedback von faktisch durchgeführten Handlungen für die Erweiterung der gedanklichen Repräsentation ist. Die unmittelbare Erfahrung aus der Praxis kann sehr gut in das Langzeitgedächtnis zurückgespeichert werden und ist dann dort teilweise als implizites und teilweise als explizites Wissen verfügbar.

Dennoch hat natürlich auch eine symbolische Aneignung eine nicht zu unterschätzende Bedeutung. Zum Beispiel bilden in Fachliteratur verfügbare theoretische Kenntnisse eine hervorragende Grundlage für den Aufbau von explizitem Wissen. Nur mit symbolischem Lernen ist Wissen überhaupt erst über Fachliteratur kommunizierbar.

Allgemein lässt sich jedoch festhalten, dass Lernen alleine über symbolische Vermittlung nicht optimal funktioniert. Das mag an folgenden Dingen liegen:

- *Unvollständiges Wissen:*
  Derjenige, der Wissen weitergeben will, verfügt möglicherweise über implizites Wissen, dessen er sich gar nicht bewusst ist und das er daher auch nicht kommuniziert. Das Wissen, das kommuniziert wird, ist damit nicht vollständig und genügt möglicherweise nicht, um damit Probleme zu lösen.
- *Kommunikationsbarriere:*
  Beim Einbauen des kommunizierten Wissens in die eigene Wissensstruktur des Lernenden können Fehler geschehen. Möglicherweise bestehen auch Informationslücken, die den Einbau gar verhindern.
- *Unzureichende Vernetzung:*
  Symbolisch angeeignetes Wissen ist, je nach Erfahrungshintergrund des Lernenden, nur unzureichend in dessen vernetztes Wissen eingebaut. Es ist deshalb deutlich schlechter erreichbar und kann eventuell in einer bestimmten Situation nicht abgerufen werden.
- *Rein explizites Wissen:*
  Symbolisch angeeignetes Wissen steht dem Lernenden zunächst nur explizit zu Verfügung. Es benötigt die Aufmerksamkeit und bewusstes Denken. Es belastet so das Arbeitsgedächtnis und reduziert die Geschwindigkeit.

Eine Kombination aus symbolischem und operativem Lernen mit schnellen Feedbackzyklen ist der effektivste Weg, sich neues Wissen anzueignen.

4.7 Problemlösen in komplexen dynamischen Systemen

Hamburger braten ist kein Problem, sondern Routine, das ist bereits abgehakt. Die Türme von Hanoi und das Streichholzproblem sind sehr ähnliche Probleme und zeichnen sich durch eine Interpolationsbarriere aus, das ist ebenfalls klar.

Nicht so aber Schach: Ein Schachspiel hat zwar eine klar und eindeutig definierte Ausgangslage und auch ein Ziel, das einfach zu messen ist. Doch um die konkrete Zielkonstellation und den Weg dorthin auf dem Schachbrett zu finden, genügt dies bei Weitem nicht. Denn im Gegensatz zu den Türmen von Hanoi oder beispielsweise Tic Tac Toe ist die Abfolge von Zügen mit einem sicheren Ausgang der Partie unbekannt, wenn es sie denn überhaupt gibt. Zum einen liegt das an der schier unendlichen Zahl von Zugmöglichkeiten, zum anderen hängt das aber auch vor allem vom Gegner ab. Der Gegner ist nur beschränkt durchschaubar, man weiß vorab nicht, wie er agiert und reagiert. Jede Partie verläuft damit anders, und der Ausgang ist offen.

Softwareentwicklung ist komplex

In der Softwareentwicklung haben wir es, von einfachen Applikationen einmal abgesehen, normalerweise ebenfalls mit sehr komplexen Problemen zu tun. Fred Brooks hat dies bereits 1987 in seinem legendären Artikel *No Silver Bullet* festgestellt [Brooks 1987]:

»[...] software entities are more complex [...] than perhaps any other human construct, software systems have orders of-magnitude more states than computers do.«

Softwareentwicklung ist komplexer als Schach, weil neben den Operatoren zusätzlich Ausgangs- und Zielzustand unbekannt sind und mit der Problemlösung ebenfalls gefunden werden müssen.

Auch wird ein Softwaresystem in einem komplexen Umfeld verwendet. Dieses Umfeld kann sich während der Softwareentwicklung durch äußere Einflüsse ändern. Zusätzlich hat auch die Software selbst einen Einfluss auf ihr Umfeld, wie die Reaktionen und Änderungswünsche aufgrund von Zwischenergebnissen und nach der Inbetriebnahme zeigen.

Der Zielzustand eines Softwareprojekts ändert sich also mit der Zeit und der Entwicklung. Softwareentwicklung bewegt sich damit in einem dynamischen Umfeld und stellt folglich ein komplexes Problem mit dialektischer Barriere dar – das ist nicht nur von der Beschreibung her die schwierigste Kategorie von Problemen überhaupt.

Komplexe Probleme

Es gibt eine Reihe von Faktoren, die ein Problem zu einem komplexen Problem machen [Funke 2003]:

- Große Anzahl von Variablen, die die Problemsituation beschreiben
- Starke Vernetztheit der beteiligten Variablen – also gegenseitige Abhängigkeiten
- Hohe Dynamik der Problemsituation – also unvorhersehbare Änderungen
- Intransparenz im Hinblick auf die beteiligten Variablen sowie die Zielstellung
- Polytelie, d.h. viele sich gegenseitig beeinflussende und sogar widersprechende Ziele – viele Stakeholder, viele Wünsche

Kommen Ihnen diese Merkmale aus Ihrer Erfahrung mit Softwareentwicklungsprojekten bekannt vor? Überlegen Sie doch einmal kurz, was für typische Variablen es gibt, wie ihre Vernetztheit und Dynamik aussieht und was Intransparenz sowie gegenseitige Abhängigkeiten für Probleme hervorrufen.

Anzahl der Variablen und ihre Vernetztheit

Die Anzahl und die Vernetztheit der Variablen, d.h., welche Variablen mit welchen verbunden sind und in welche Richtung sich diese beeinflussen, sind typische Faktoren für hohe Komplexität. Wer selbst noch den Umstieg von prozeduraler auf objektorientierte Programmierung durchgemacht hat, kann dies durchaus nachvollziehen. Das mit der Objektorientierung einhergehende Objektnetz potenziert die Vernetztheit der Variablen und somit die Komplexität der Lösung, falls keine Vorkehrungen (wie zum Beispiel Kapselung) getroffen werden.

Dynamik

Ein meist unterschätzter Faktor ist die Dynamik der Problemsituation. Eingriffe in ein komplexes System können nicht lineare Reaktionen verursachen. Menschen fällt es grundsätzlich enorm schwer, exponentielle Steigerungen einzuschätzen. Die Tatsache, dass ein fünfzigmal gefaltetes Papier so dick ist, dass es die Distanz von der Erde zur Sonne zurücklegt, ist für uns zunächst kaum vorstellbar [Gladwell 2002].

Auch dass Systeme vielleicht erst mit großer zeitlicher Verzögerung reagieren, stellt uns vor Schwierigkeiten. Die Diskussionen der Notenbanken über den richtigen Zeitpunkt für Zinssenkungen oder -erhöhungen sind ein gutes Beispiel dafür.

Nicht lineares Verhalten kann eine Software bei vielen gerade für eine Architektur relevanten Anforderungen zeigen. Beispielsweise Performance: Ein System zeigt sich im Antwortverhalten oft sehr berechenbar und stabil, bis eine bestimmte Last erreicht ist. Ab dieser Last wird die Antwortzeit schlagartig schlechter. Dies kann an beliebig vielen Gründen liegen und eventuell auch nur sporadisch auftreten: ein

Prozess, der zu viel Speicher verwendet, ein Netzwerkknoten, über den zu viel Datenverkehr läuft, oder auch eine aufwendige Operation in einem Algorithmus.

Intransparenz

Die Intransparenz, also die Schwierigkeit, zum Beispiel eine schlechte Performance der Applikation auf einzelne Aspekte der Architektur zurückzuführen, erhöht die Herausforderung. Ein Softwareentwickler muss sich beispielsweise darüber bewusst sein, dass ein ungeschickter Umgang mit dem Hauptspeicher eine wesentliche Auswirkung auf die Performance haben kann, und sich entsprechend verhalten.

Polytelie

Polytelie ist in der Softwareentwicklung ein wohlbekannter Komplexitätsfaktor. Fast immer sind mehrere sich gegenseitig beeinflussende Ziele unter einen Hut zu bringen. Software, die sowohl performant und dennoch modular aufgebaut und sehr flexibel erweiterbar sein soll, stellt den Softwareentwickler bekanntermaßen vor ein größeres Problem.

Individuelle Wahrnehmung der Komplexität

All dies sind Faktoren, die zur Komplexität eines Problems beitragen. Wahrgenommen wir die Komplexität jedoch sehr individuell [Dörner 2004] – jeder Problemlöser empfindet sie unterschiedlich.

Da die Kapazität des Arbeitsgedächtnisses bei allen Menschen in etwa gleich ist, bestimmt vor allem die gedankliche Repräsentation den Grad der Beherrschung der Komplexität. Wie im vorigen Abschnitt gezeigt wurde, ist dabei nicht nur das Vorwissen entscheidend, sondern wie Problemlöser den Problemlöseprozess gestalten und wie gut sie Erfahrungen und Abstraktionen nutzen können, um komplexe Zusammenhänge zu erfassen.

Herausforderung dialektische Barriere

Nicht nur die Komplexität auch die dialektische Barriere und die dynamischen Ziele machen einem Problemlöser zu schaffen. Erinnern Sie sich noch an die TOTE-Einheit (Test – Operate – Test – Exit) aus Abschnitt 4.4? Dahinter steckt ein fundamentales Prinzip unseres Denkens: Wir Menschen testen einen Lösungskandidaten, indem wir diesen einem Ziel gegenüberstellen und daraus lernen. Wir machen einen Soll-Ist-Vergleich. Auf diesem Prinzip basiert der kreative Problemlöseprozess. Es geht nicht ohne.

Nur: Was ist, wenn das Ziel unklar ist? Wogegen können wir testen? Wie sollen wir damit umgehen, wenn sich das Ziel verändert? Evelyn, Softwarearchitektin, ist verwirrt:

»Bei der Frage nach externen Mitteln – das war in Abschnitt hmm, richtig 4.5 – war ich sicher, ihr wollt mir jetzt agile Vorgehensweisen verkaufen. Aber das klingt nun ganz anders. Muss ich jetzt einen Wasserfallprozess anwenden und zuerst alle Anforderungen aufschreiben, bevor ich was implementieren darf? Sonst fehlt mir ja das Ziel für die

Problemlösung? Das passt mir irgendwie nicht und schon gar nicht zu den veränderlichen Zielen. Das schreit wieder nach Agilität.«

Zielfindung – der Konflikt der Softwareentwicklung

Wir Menschen lösen Probleme im Vergleich mit Zielen. In der Softwareentwicklung sind die Ziele jedoch unscharf, widersprüchlich und veränderlich.

Was ist Ihre Meinung dazu? Wie lösen Sie diesen spannenden Konflikt zwischen dem menschlichen Problemlösen und dem Problem Software auf?

Komplexe Systeme werden entwickelt

Eine Untersuchung von Raymonde Guindon, die erfahrene Softwareentwickler aufforderte, bei der Entwicklung einer Aufzugsteuerung ihre Überlegungen zu protokollieren, zeigt ein aufschlussreiches Muster [Poppendieck & Poppendieck 2003]: Softwareentwickler springen zwischen den Abstraktionsebenen hin und her. Abbildung 4–15 stellt dies symbolisch dar:

Abb. 4–15
Softwareentwickler springen zwischen den Abstraktionsebenen

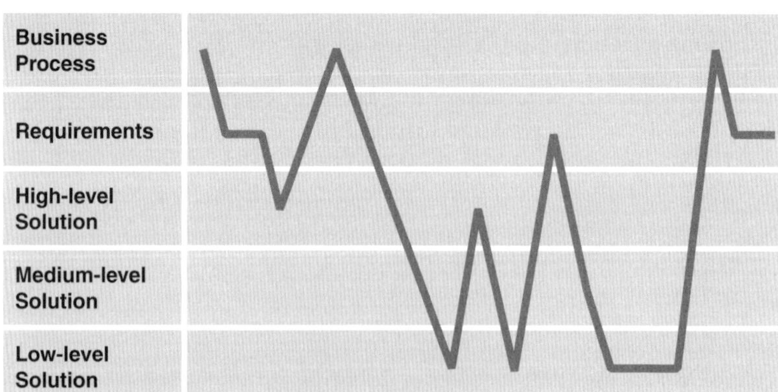

Dieses Verhalten hat mehrere Ursachen. Zuallererst ist da natürlich der in den vorherigen Abschnitten diskutierte kreative Problemlösungsprozess: Die für die Problemlösung notwendige gedankliche Repräsentation entsteht erst im Kreisprozess des Ausprobierens und Reflektierens.

Doch das alleine erklärt das beobachtete Verhalten noch nicht. Um ein komplexes System wie eine Software zu entwickeln, benötigen Softwareentwickler mehrere Blickwinkel auf verschiedenen Abstraktionsebenen. Beispielsweise müssen sie konkrete Anforderungen berücksichtigen, sich dabei vorstellen, wie die Benutzer arbeiten, und zugleich eine gute technische Umsetzung finden. Diese verschiedenen Sichten müssen sie kontinuierlich aufeinander abstimmen und sich für jeden Schritt eine passende gedankliche Repräsentation aufbauen.

Es liegt auf der Hand: Komplexe Probleme können nicht erst geplant und dann in einem Durchgang gelöst werden. Komplexe Systeme, wie ein Stück Software dies darstellt, können auch nicht in dieser Art produziert werden. Gerald M. Weinberg, einer der Pioniere des Software Engineering, hat dies schon vor längerer Zeit erkannt und publiziert [Weinberg 1998]:

»*There will always remain the fact that, in most cases, we do not know what we want to do until we have taken a flying leap at programming it. Specifications evolve together with programs and programmers. Writing a program is a process of learning – both for the programmer and the person who commissions the program.*«

Exploration – Vision – Evolution

Wenn Sie Evelyns Problemlösung aus Abschnitt 4.6 noch einmal anschauen und dies mit Ihrer eigenen Erfahrung vergleichen, werden Sie dort ein interessantes Muster erkennen können:

- Evelyn schaut rasch auf das Schachbrett und hat sofort eine erste Lösung parat: Standarderöffnung Schwarz.
- Evelyn befasst sich dann intensiver mit dem Problem und sucht nach neuen Zusammenhängen. Hier spielt Evelyn auch Lösungskandidaten in Gedanken durch, nur um die Zusammenhänge zu entdecken.
- Evelyn erkennt, Heureka, den Schäferzug und hat bald eine zweite, deutlich bessere Lösung parat.
- Evelyn fasst nun den Entschluss, diese zweite Lösung zu verfolgen.
- Evelyn wird anschließend den entsprechenden Zug tun.

Roman, Business-Analyst, erkennt darin die Erfahrung aus einem Projekt:

»*Das Muster habe ich doch kürzlich gerade gehabt! Wir hatten vom Management den Auftrag, ein Feature zu realisieren. Bei der Untersuchung von Geschäftsprozessen und der Arbeitsweise der Benutzer haben wir dann relativ schnell festgestellt: Das Feature macht so noch keinen Sinn, es löst das Problem nicht wirklich, eben genau wie Evelyns erste Lösung. Dann haben wir dem Management gut begründet ein abgeändertes Feature präsentiert und dieses dann schließlich auch gebaut.*«

Roman weist auf eine generelle Struktur hin, die eine Problemlösung kennzeichnet und insbesondere bei komplexen Problemen zutage tritt.

Ausgehend von einer Idee erkundet ein Softwareteam zuerst die Aufgabenstellung. Dazu werden Lösungskandidaten ersonnen, ausprobiert, bewertet und in der Reflexion in erster Linie das Problemverständnis verbessert. Dabei vertieft sich einerseits die gedankliche Repräsentation, andererseits kristallisieren sich auch Ziele und besonders gute Lösungskandidaten heraus. An einem gewissen Punkt ist das Team so weit, das eigentliche Ziel zu formulieren und sich auf einen Lösungsansatz zu fokussieren. Dies eröffnet den Weg auf die eigentliche Ausarbeitung der Lösung.

Exploration – Vision – Evolution

Softwareentwicklung folgt einer Struktur: (1) Problemraum erkunden, (2) Ziel und Strategie fassen und (3) Problem in allen Details lösen.

Selbstverständlich ist dies nicht als zeitliche Abfolge zu verstehen, sondern als Vorgehensprinzip, sowohl im Kleinen wie auch im Großen. So wird ein Softwareentwickler dieses Muster beim Programmieren eines komplizierten Algorithmus anwenden und ein Projektteam beim Lösen des Gesamtproblems.

Es können durchaus auch mehrere Wiederholungen des ganzen Zyklus auftreten. Zum Beispiel dann, wenn bei der evolutionären Ausarbeitung der Lösung die Einsicht kommt, dass die Vision nicht realisierbar ist. Im Extremfall heißt es dann eben: »zurück zum Anfang«.

Evolution ist die Weiterentwicklung eines stabilen Zustands

Auch in der Natur entwickeln sich komplexe Systeme über viele Evolutionsschritte. Die nächste Stufe der Evolution wird dabei immer von einem stabilen Zwischenstand aus, d.h. einer lebensfähigen Art, erreicht.

Dies gilt auch für die Evolution in der Softwareentwicklung. Wir möchten hier jedoch nachdrücklich betonen: Mit einem stabilen Zwischenstand sind nicht Anforderungs- oder Architekturdokumente gemeint, sondern lauffähige und testbare Applikationen. Ein Dokument ist kein Bauteil eines Softwaresystems, und damit auch keine Evolutionsstufe mit niedrigerer Komplexität. Grady Booch, einer der Pioniere der objektorientierten Softwareentwicklung, formulierte dies prägnant [Booch 1994]:

»Ein komplexes System entsteht immer aus einem weniger komplexen System.«

Dazu auch ein Bericht des US-Verteidigungsministeriums aus dem Jahre 1987 [Glass 2006]:

»Incremental Implementation has shown to be the simplest, safest and even fastest way to develop a complex software system by building a minimal version, putting it into actual use, and then adding function, enhancing speed, reducing size, etc., according to the priorities that emerge from actual use.«

Schlussfolgerung: Der Regelkreis in der Softwareentwicklung

Im Kern der Softwareentwicklung steht der kreative Problemlöseprozess aus Abbildung 4–16. Die dialektische Barriere entspringt der Unklarheit, welche Bedürfnisse Stakeholder haben werden und wie diese sinnvoll mit der verfügbaren Technologie erfüllt werden können.

Zur Überwindung der Barriere benötigt es einen Problemlöseprozess, der Lösungskandidaten – beschrieben durch Anforderungen, Architekturkonzepten, UI-Mock-ups und auch realisiert mit Programmcode – den Bedürfnissen gegenüberstellt und aus diesem Vergleich lernt.

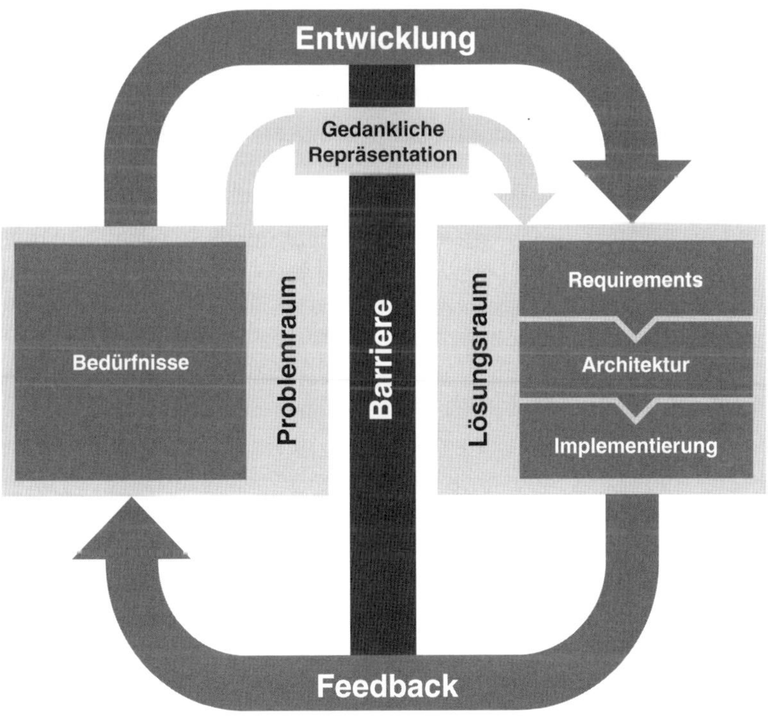

Abb. 4–16
Softwareentwicklung als kreativer Problemlöseprozess

Die Produktivität der Softwareentwicklung liegt in der Gestaltung dieses Kreisprozesses: Je dynamischer der Prozess und je effektiver der Erkenntnisgewinn pro Zyklus ist, desto schneller konvergiert dieser Prozess zu einer guten Lösung – einer brauchbaren Applikation.

Damit lässt sich nun leicht erkennen, dass das Anfangswissen nicht die entscheidende Rolle beim Problemlösen spielt, sondern der Lernprozess ganz wesentlichen Einfluss auf den Erfolg hat.

Lernen ist wichtiger als Wissen

Wenn der Problemlöseprozess auf Dynamik und effektiven Erkenntnisgewinn ausgelegt ist, hat das Lernen eine viel größere Bedeutung als der Wissensstand zu Beginn des Projekts.

4.8 Zusammenfassung

Die Kognitionspsychologie hat sich intensiv mit der Frage beschäftigt, wie Menschen Probleme lösen, und eine Vielzahl für die Softwareentwicklung relevanter Erkenntnisse hervorgebracht.

Zur Lösung eines Problems erstellen wir Menschen uns eine gedankliche Repräsentation, indem wir neues Wissen aufnehmen und bestehendes umstrukturieren. Dies geschieht in einem Problemlösekreislauf, in dem wir Lösungskandidaten aufstellen, diese dem zu erreichenden Ziel gegenüberstellen, sie laufend verfeinern und aus diesem Prozess lernen. Der Effekt dieses Vorgehens ist die Co-Evolution von Problemverständnis und Lösungsfindung.

Für das Finden und Bewerten von Lösungskandidaten steht uns dabei ein zweifaches Handlungsfeld zur Verfügung: Probehandeln in unserer gedanklichen Repräsentation und faktisches Handeln mit einem externen Mittel. Das Wechselspiel zwischen Probehandeln und faktischem Handeln sowie auch das externe Mittel haben dabei einen signifikanten Einfluss auf die Produktivität der Problemlösung.

Als komplexes Problem mit einer hohen Dynamik beinhaltet auch die Softwareentwicklung den Konflikt, dass Ziele unscharf, widersprüchlich und veränderlich sind. Somit ist das Erkennen eines Zieles selbst Teil der Problemlösung und findet als Teil des Problemlösekreislaufs statt. Wir Menschen verfahren dabei anhand des Musters Exploration – Vision – Evolution. So führen wir erste Problemlöseschritte weniger zur Erreichung eines Ziels durch, sondern um Problemverständnis und Vision zu entwickeln und dann eine brauchbare Lösung evolutionär zu erstellen.

In diesem vierten Kapitel haben wir uns auf den Problemlöseprozess konzentriert und dies aus dem Blick eines einzelnen Gehirns dargelegt. Softwareentwicklung wird jedoch im Team von »kommunizierenden Gehirnen« ausgeführt. Das nächste Kapitel widmet sich deshalb nicht mehr dem Problemlöseprozess des Einzelnen, sondern dem problemlösenden System aus kommunizierenden Gehirnen: dem Ökosystem Team.

5 Problemlösen im Team – Softwareentwicklung aus Sicht kommunizierender Gehirne

Softwareentwicklungsprojekte werden fast alle in Teams durchgeführt. Dies erscheint sinnvoll und vernünftig. Doch sicherlich sind Ihnen auch schon Projekte begegnet, bei denen zwar die Personen alle anwesend waren, das Team aber fehlte. Vielleicht konnten Sie sich auch schon einmal des Gefühls nicht erwehren, dass das Prestige mit der Größe des Teams und nicht der erbrachten Leistung zusammenhing. Teams sollten eigentlich dann zum Einsatz kommen, wenn die Aufgabe von ihrer Komplexität oder aufgrund des engen Zeitrahmens nicht von einer Person allein bewältigt werden kann.

In diesem Kapitel wollen wir Ihnen daher wichtige Eigenschaften von Teams erklären. Dabei spielen die Teamentwicklung, die Kommunikation im Team und auch das Lernen im Team beim Lösen von Problemen eine große Rolle.

5.1 Teamarbeit: Parallelisierung und Synergie

Rolf, GUI-Entwickler, erzählt:
»Unser Projektteam ist ein vielschichtiges Gebilde. Wir haben Business-Analysten, die die ganzen Geschäftsfälle erarbeiten, dazu kommen Anforderungsleute, die die Anforderungen und das User Interface definieren. Das Entwicklungsteam selbst ist wiederum in Server, Datenbank und GUI-Entwicklung aufgeteilt. Für mich im GUI-Team heißt dies konkret, dass ich nicht alles im Business verstehen muss und mich auch weder um Serverlogik noch die DB kümmern muss. Sogar die GUIs, die ich programmieren soll, werden mir fertig spezifiziert vorgegeben. Ich habe das so auch schon in anderen Projekten gesehen, aber mir fällt mehr und mehr auf, dass das Projekt sinnlose Runden dreht, z.B. weil die GUI-Vorgaben nicht stimmig ausgearbeitet sind oder Daten aus der DB nicht im Server landen. Manchmal denke ich, dass ich das alleine deutlich schneller und vor allem besser hinbekommen würde.«

Rolf übertreibt mit seiner letzten Aussage wohl ein bisschen, doch stellt er damit eine Frage in den Raum: Warum lohnt es sich eigentlich, Teams einzusetzen? Welchen Nutzen bringen Teams?

Arbeitsteilung ermöglicht Parallelisierung

Damit der Umfang heutiger Softwareprojekte überhaupt bewältigt werden kann, ist Arbeitsteilung notwendig. Die Arbeitsteilung zerlegt eine Aufgabe in unabhängige Teilaufgaben und lässt diese von verschiedenen Personen lösen. Es gibt verschiedene mögliche Formen von Arbeitsteilung in der Softwareentwicklung:

- Eine Person oder ein Team erstellt Werkzeuge, die von einer anderen Person oder einem anderen Team verwendet werden, wie Programmiersprache und -umgebung, Frameworks, Libraries etc.
- Komplexe Applikationen werden oft in Schichten (Layers) aufgeteilt. Personen oder Teams können nun parallel daran entwickeln wie in Rolfs Bericht.
- Eine Aufteilung der Applikation nach funktionalen Aspekten (z.B in Subsysteme) ist ebenso möglich. Dann implementieren mehrere kleinere Teams unterschiedliche Use Cases oder Features.

In der naiven Vorstellung lässt sich Arbeit ohne Verluste aufteilen. Brooks stellt in seinem berühmten Buch *The mythical man month* diesen Irrtum jedoch treffend dar [Brooks 1975]:

»You can't put nine women together and expect them to make a baby in one month.«

Brooks weist damit auf das Vorhandensein kritischer Pfade hin. Diese resultieren aus zeitlichen Abhängigkeiten und ergeben potenziell Totzeiten. Die Abhängigkeit zu Arbeitsergebnissen anderer Teammitglieder bedeutet für den einzelnen einen teilweisen Verlust der Selbstständigkeit. Auf Ebene des Teams bedeutet dies, dass eine Koordination notwendig wird.

Neben möglichen Totzeiten und erforderlicher Koordination lassen sich aus Rolfs Bericht weitere Effekte der Arbeitsteilung in der Softwareentwicklung erkennen: Wissen wird durch die Arbeitsteilung auf einzelne Akteure verteilt. Rolf kann sich so zwar auf sein Gebiet spezialisieren, die Kehrseite der Medaille ist allerdings ein notwendiger Wissenstransfer. Beispielsweise muss das Wissen über die Anforderungen von demjenigen, der sie erhoben hat, an Rolf und alle anderen Personen im Team weitergegeben werden. Damit ist ein entsprechender Kommunikationsaufwand verbunden.

Parallelisierung: 1 × 9 = 9 × 1

Arbeitsteilung ist eine Voraussetzung, um Probleme in einem engen Zeitrahmen zu lösen. Der Zeitgewinn der Parallelisierung steht aber den aus Abhängigkeiten entstehenden Kosten durch Koordination, Wissenstransfer und Totzeiten gegenüber.

Einen weiteren Effekt von Arbeitsteilung bezeichnet Rolf mit »sinnlose Runden drehen«. Arbeitsteilung erzeugt Spezialisierung. Doch es gibt Aspekte, die ein Projektteam nur als Ganzes wirklich lösen kann. Wenn es beispielsweise in Rolfs Projekt darum geht, verschiedene Lösungsmöglichkeiten für das fachliche und technische Problem gegeneinander abzuwägen und insbesondere Kosten und Nutzen gegenüberzustellen, dann braucht es Personen aus allen Teilteams. Bereits kleinere Hürden in der Zusammenarbeit führen hier zu den zusätzlichen Runden, die Rolf beklagt.

Synergien nutzen

Stellen Sie sich ein Entwicklungsprojekt für ein Bahndispositionssystem vor: Disponenten regeln den Bahnverkehr im kurzfristigen Bereich und koordinieren die Züge im Falle von Störungen.

Dem Projektteam stellt sich eine sehr fordernde Aufgabe. Die neue Software wird die mit der bestehenden Applikation optimierte Arbeitsweise der Disponententeams verändern und, so der Anspruch, noch effektiver gestalten. Um das zu erreichen, benötigt das Projektteam ein geradezu intuitives (siehe Abschnitt 4.5) Verständnis der Arbeit eines Disponenten. Einzelne fachliche Themen wie die Prognose von Fahrzeiten sind nahe an der wissenschaftlichen Forschung. Ohne hoch spezialisiertes Fachwissen lässt sich diese Aufgabe nicht lösen. Außerdem sind die Anforderungen an Performance und Verfügbarkeit hoch, eine Standardarchitektur genügt nicht. Das Projektteam wird ohne Erfahrung mit der Architektur von Großsystemen keine funktionierende Lösung erstellen können.

Sie werden auf der ganzen Welt vermutlich keine Person finden, die all dieses Wissen in genügender Tiefe in sich vereint. Sie benötigen deswegen ein Team, in dem das notwendige Spezialwissen auf verschiedene Personen aufgeteilt ist.

Katharina, Designerin, erzählt Folgendes:
»Ich sammle Informationen, betreue das Projektteam und arbeite die Lösungen im Detail aus. Die Konzepte und Grundideen entstehen aber im Hintergrund mit den Kollegen aus dem Designteam. Dadurch, dass wir uns im Team gegenseitig befruchten, entstehen viel bessere Lösungen.

Katharina erzeugt Synergieeffekte, indem sie sich mit anderen Designspezialisten vernetzt und so die große Projekterfahrung des ganzen Designteams nutzbar macht. Dies gilt auch für ein Projektteam. Um die möglichen Synergien eines Teams zu erzeugen, müssen sich die Spezialisten im Team möglichst effektiv vernetzen.

Im Beispiel des Dispositionssystems kann etwa die Fahrzeitprognose auf sehr unterschiedlichen Daten basieren und mit unterschiedlicher Präzision berechnet werden. Je nach Dauer und Güte der Berechnung können Disponenten sie anders einsetzen, d.h. ihre Arbeit variieren. Damit das funktioniert, benötigt es aber eine passende Gesamtarchitektur, die unterschiedliche Varianten der Fahrzeitprognose unterstützt. Ohne eine ganzheitliche Betrachtung, d.h. eine Vernetzung von Anwendung, Algorithmik und Architektur, kann keine optimale Lösung gefunden werden.

Gelingt es einem Team, das Wissen im geeigneten Moment bei einer gemeinsamen Problemlösung zu verbinden, erhöht dies die Effektivität des Teams. Das Team kann komplexere Probleme lösen und einem höheren Qualitätsanspruch gerecht werden.

Synergie: 1 + 1 = 3

Wissensvernetzung ist eine Vorraussetzung, um Probleme mit einem höheren Qualitätsanspruch bzw. Komplexität zu lösen. Der Nutzen von Synergien steht jedoch zusätzlichen Kosten durch Kollaboration und Wissenstransfer gegenüber.

Arbeitsteilung und Wissensvernetzung im Zusammenhang

Abbildung 5–1 fasst die Zusammenhänge zwischen Parallelisierung und Synergie zusammen. Die gleichzeitige Ausführung von Tätigkeiten ermöglicht es einem Team, schneller zu sein als eine einzelne Person – allerdings nur insofern, als sich der Problemlöseprozess genügend parallelisieren lässt und die Kosten durch Koordination und Wissenstransfer nicht zu hoch sind. Synergieeffekte ermöglichen es einem Team, komplexe Probleme besser zu lösen als eine einzelne Person. Wissenstransfer und Kollaboration sind dazu notwendig.

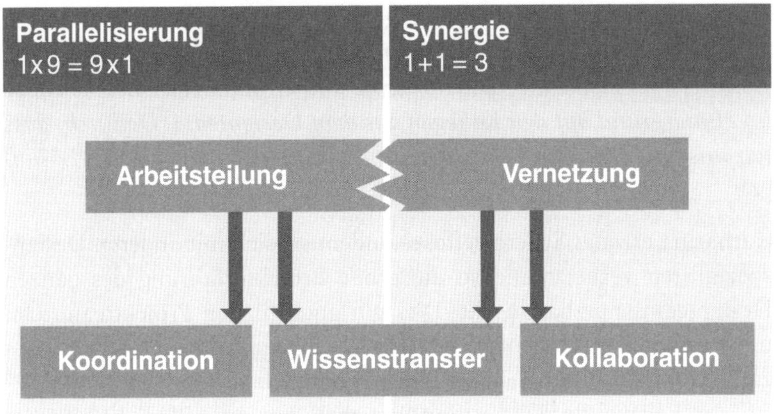

Abb. 5-1
Arbeitsteilung und Wissensvernetzung

Arbeitsteilung und Vernetzung gehen bei Wissensarbeit Hand in Hand: Arbeitsteilung erzeugt einerseits Spezialwissen, andererseits muss dieses Wissen dann wieder vernetzt werden, um übergreifende Probleme zu lösen. Ein hoher Grad an Arbeitsteilung mit Experten, die mit ihrem Spezialwissen Detailprobleme lösen, benötigt eine sehr gute Vernetzung der Wissensträger, wenn es darum geht, das Gesamtproblem anzupacken. Abbildung 5–2 illustriert dies.

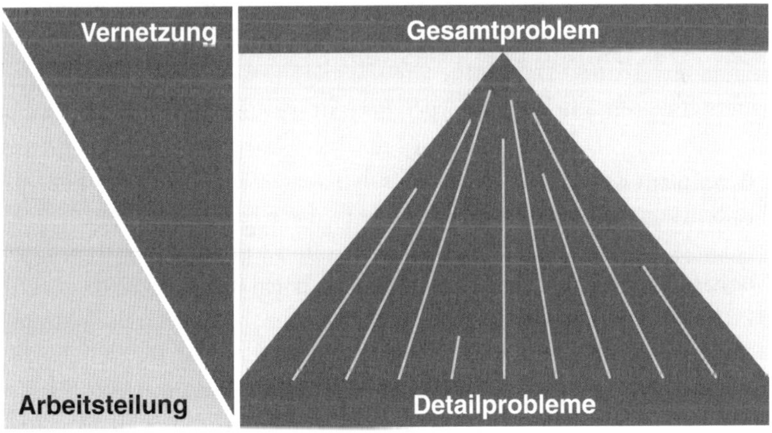

Abb. 5-2
Gesamt- und Detailprobleme

Teamnutzen realisieren

Gute Teams zeichnen sich dadurch aus, dass

- sie Teilaufgaben, die tatsächlich unabhängig voneinander gelöst werden können, anhand der Stärken der Teammitglieder aufteilen,
- sie bei der gemeinsamen Problemlösung viele Synergieeffekte erzeugen können,

- sie den je nach Projektsituation notwendigen Wechsel zwischen gemeinsamem Problemlösen und Arbeitsteilung beherrschen.

In [Kozlowski & Ilgen 2006] stellen die Autoren fest, dass Teams Individuen insbesondere dann überlegen sein können, wenn das Projekt bzw. Umfeld folgende Eigenschaften fordert:

- Hohe Expertise und Spezialisierung
- Vielfältige Fähigkeiten
- Schnelle Reaktionszeiten
- Hohe Anpassungsfähigkeit aufgrund der Dynamik des Umfeldes

Teams können also Probleme lösen, die eine einzelne Person in Bezug auf Geschwindigkeit, Qualitätsanspruch und Komplexität überfordern. Teams sind jedoch nicht das Allheilmittel. Dahinter steckt die Erfahrung, dass es Teams zu häufig nicht gelingt, genügend Nutzen aus Teamarbeit zu ziehen. Endlose Reihen von Sitzungen und Workshops, politische Querelen, Sturheit in der Wahl der Technologie, Streit im Team und dergleichen kennen Sie aus eigener Erfahrung sicherlich auch. Obwohl also prinzipiell Teams einen Mehrwert erzeugen können, ist es in der Praxis schwierig, diesen zu realisieren. Wieso? Und wie können wir uns hier verbessern?

5.2 Das Umfeld prägt das Team

Im Zusammenhang mit Mannschaftssportarten sind Redensarten gang und gäbe wie »Der gute Teamgeist machte diesen Erfolg erst möglich«, »Es ging ein Ruck durch die Mannschaft« oder »Der Trainer muss aus den Stars eine Mannschaft formen«. Alle diese Formulierungen nennen ein Ding, das wir nicht anfassen können und eigentlich nur in unserer Vorstellung existiert. Und dieses Ding, so irreal es doch erscheint, übt Macht auf Menschen aus: »Als Spieler muss ich der Mannschaft dienen«, »Er wurde von der [Schul-]Klasse gemobbt« und »Man muss die Leistung des Teams beurteilen« sind typische Aussagen, die diesen Umstand zeigen.

Das Phänomen der Emergenz

Wenn Menschen zusammenkommen, bildet sich ein System mit einer eigenen Wahrnehmung der Wirklichkeit. Je nach Kontext nennt sich dieses System Team, Sippe, Klasse, Mannschaft, Nation oder Ähnliches. Ein solches System grenzt Menschen ein oder aus und beeinflusst deren Verhalten. Jedes System zeigt dabei ein eigenes, beobachtbares Verhalten und eigene Eigenschaften: Fußballmannschaften stellen eine Abseitsfalle; ein Operationsteam im Spital führt einen Kaiserschnitt durch; eingespielte Teams halten zusammen wie Pech und Schwefel.

Dieses nur durch das Zusammenwirken der Teammitglieder mögliche Verhalten beruht auf sogenannten emergenten Eigenschaften. Diese lassen sich nicht aus dem Verhalten der einzelnen Teammitglieder erschließen, sondern treten nur in der gemeinsamen Arbeit als Team auf. Emergenz ist ein typisches Merkmal komplexer Systeme. Ein Team als Ganzes ist mehr als die Summe seiner Teile und zeigt Eigenschaften, die die einzelnen Mitglieder alleine nicht zeigen.

Emergente Teameigenschaften

In der psychologischen Forschung werden Teams nun schon seit etlichen Jahren untersucht. [Kozlowski & Ilgen 2006] haben den Stand der Forschung unter dem Gesichtspunkt produktive Teams untersucht und zusammengestellt. Produktive Teams zeichnen sich dadurch aus, dass gewisse Teameigenschaften besonders gut ausgeprägt sind. Zusammengefasst sind dies die folgenden vier Eigenschaften:

- Teamkultur
- Teamwissen
- Teamprozesse
- Emotionaler Zustand

Teamkultur

Teams bilden im Laufe ihrer Zusammenarbeit eine eigene Kultur, d.h., sie entwickeln Normen und Werte, an denen sich die Arbeit der Teammitglieder ausrichtet.

Die Teamkultur ist eine sehr prägende Eigenschaft. Ist ein Team, beispielsweise zwei Piloten im Cockpit, durch eine sicherheitsbetonte Kultur bestimmt, dann wird es mit diesem Team eher weniger Unfälle geben. Ebenfalls gibt es Untersuchungen, die zeigen, dass eine Kultur einer guten Dienstleistung im Team zu einer höheren Wahrnehmung der Qualität dieser Dienstleistung durch die Kunden führte.

Die Teamkultur charakterisiert also die strategische Ausrichtung eines Teams. Sie ist das höhere Ziel und steht somit über der Aufgabe selbst. Eine starke Teamkultur wirkt auf die Leistung des Teams, fördert Zufriedenheit und Wohlbefinden und wirkt als Verpflichtung, die Kultur auch zu leben.

Teamwissen

Das Teamwissen ist die Basis, auf der Problemlösen im Team stattfindet. Es besteht aus zwei Phänomenen: dem gemeinsamen mentalen Modell und dem sogenannten transaktiven Gedächtnis.

Das gemeinsame mentale Modell ist das von allen Personen im Team geteilte Wissen. Es beinhaltet das gemeinsame Verständnis der Problemstellung und der angepeilten Lösung. Es ist damit das Referenzhandlungsfeld, wenn das Team gemeinsam Probleme löst und auf

Probe handelt. Es ermöglicht eine gemeinsame Sprache für die Kommunikation.

Das transaktive Gedächtnis ist das Wissen über das Wissen der Teammitglieder. Teammitglieder können beispielsweise die Handlungen der anderen antizipieren und eigene ausführen. Spezialwissen im Team ist schnell zugreifbar. So entwickeln Teammitglieder auch das nötige Vertrauen in die Fähigkeiten der anderen.

Insbesondere beinhaltet das Teamwissen das gemeinsame Verständnis über folgende Elemente:

- *Aufgabe:* Was ist die eigentliche Aufgabe des Teams.
- *Lösungsweg:* Wie hat man die Aufgabe grundsätzlich zu lösen.
- *Rollen*: Welche Rollen haben die einzelnen Personen einzunehmen.
- *Individuelle Spezialitäten:* Was können die Personen im Team beitragen.
- *Werkzeuge:* Welche Werkzeuge sind zu verwenden.
- *Umfeld:* Was sind die wesentlichen Ansprüche des Umfelds.

Während die Teamkultur eher auf strategischer Ebene wirkt, spielt das Teamwissen auf der operativen Ebene eine große Rolle. Es ist die notwendige Basis, um Arbeit aufzuteilen, zu koordinieren und Spezialwissen zu vernetzen.

Teamprozesse

Teamprozesse sind die Übereinkünfte der Mitglieder, wie sie individuelle Ressourcen, Fähigkeiten und Einsatzwillen kombinieren, um die gestellte Aufgabe zu bewältigen. Darunter gehören neben Arbeitsprozessen auch solche zur Teamsteuerung. Eingespielte Teams haben Prozesse entwickelt, um produktiv zusammenzuarbeiten.

Emotionaler Zustand

Ein Team als Ganzes hat einen emotionalen Zustand. Dazu gehören Dinge wie Affekt, Emotionen, Stimmung, Zusammenhalt, Stolz und Teamwirksamkeit, also das Vertrauen des Teams in die eigenen Fähigkeiten. Dem emotionalen Zustand entspringt die Tatkraft eines Teams.

Teameigenschaften sind emergent

Emergente Teameigenschaften

Ein Team ist ein komplexes, adaptives (d.h. sich anpassendes) System und zeigt Verhalten und Eigenschaften, die Individuen einzeln nicht zeigen.

Abbildung 5–3 fasst die Teameigenschaften zusammen. Diese entstehen in der Zusammenarbeit im Team und in der Interaktion mit der Außenwelt. Bei einem Softwareentwicklungsteam sind das Auftraggeber und Benutzer, aber auch andere Teams und Linienvorgesetzte.

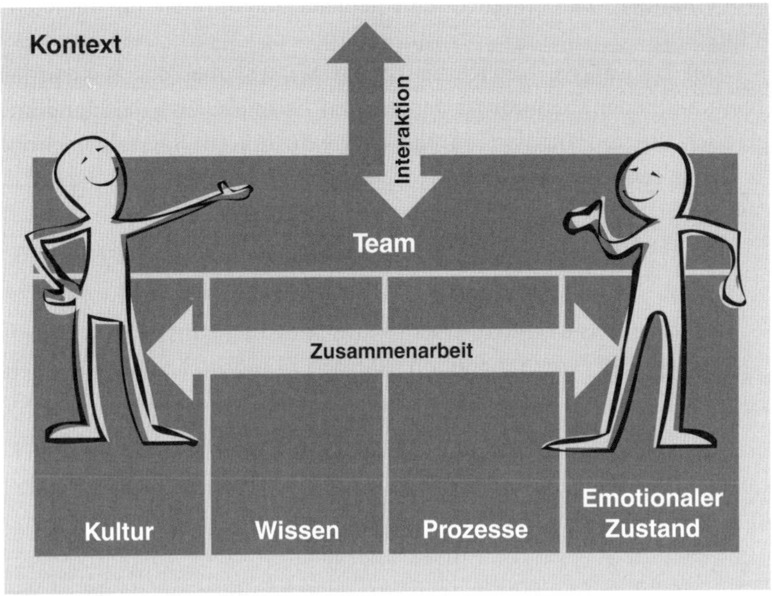

Abb. 5–3
Teameigenschaften

Teams entwickeln sich

Teameigenschaften können aber nicht einfach geschaffen werden. Sie entwickeln sich. Toni, Projektleiter, erzählt:

»Jedes Team durchläuft so seine Phasen. Zuerst lernt man sich kennen und findet seine Position. Da fliegen schon mal die Fetzen. Mit der Zeit wächst das Team aber zusammen und spielt sich ein. Ich habe schon in Teams mitgemacht, da wurde ich mit der Zeit vom Teamgeist richtiggehend beflügelt und mitgerissen.«

Für die Entwicklung von Teams werden Phasenmodelle postuliert. Das Modell von [Tuckman 1965] unterscheidet beispielsweise in der Urfassung vier Phasen der Teamentwicklung:

- *Forming:*
  Die Leute tasten sich gegenseitig ab, lernen sich kennen. Teameigenschaften sind kaum entwickelt und müssen sich bilden. Die Leute suchen einen Platz im Team und etablieren erste Regeln der Zusammenarbeit.
- *Storming:*
  Die unterschiedliche Herkunft und Persönlichkeiten entfalten nun Wirkung. Uneinigkeiten über Ziel, Vorgehen, Rollen etc. führen durchaus zu roten Köpfen. Die individuellen Standpunkte werden auf den Tisch gebracht und debattiert.

- *Norming:*
  Mit dem gemeinsamen Verständnis über Problem und Lösungsstrategie und dem Arbeiten im Team beginnen sich Prozesse und Rollenverständnis herauszukristallisieren. Das Team setzt Normen. Erste Erfolgserlebnisse erhöhen die Wirksamkeit des Teams. Die Teameigenschaften wachsen und entfalten ihre Wirkung.
- *Performing*:
  Das Team ist eingespielt, die Teameigenschaften ausgebildet. Vertrauen in die Fähigkeiten des Teams und der anderen ist geschaffen, die Rollen sind den individuellen Fähigkeiten entsprechend besetzt. Das Team arbeitet produktiv.

Nicht jedes Team durchläuft jede Phase. So kann durchaus die Konfliktphase (Storming) fehlen und nicht jedes Team wird die Phase Performing erreichen. Teameigenschaften entstehen aus der Tatsache, dass Leute kommunizieren und ein Miteinander finden. Der Entstehungsprozess benötigt Zeit und klappt nicht in jedem Fall gut.

Die Treiber der Teamentwicklung

Teams entwickeln sich nicht in völliger Isolation, sondern deren Entwicklung hängt von der Außenwelt – hier als Kontext bezeichnet – Abbildung 5–4 zeigt das Wirkungsgefüge, in dem sich das Team und der Kontext bewegen:

Abb. 5–4
Ansprüche und Feedback des Umfelds als Treiber

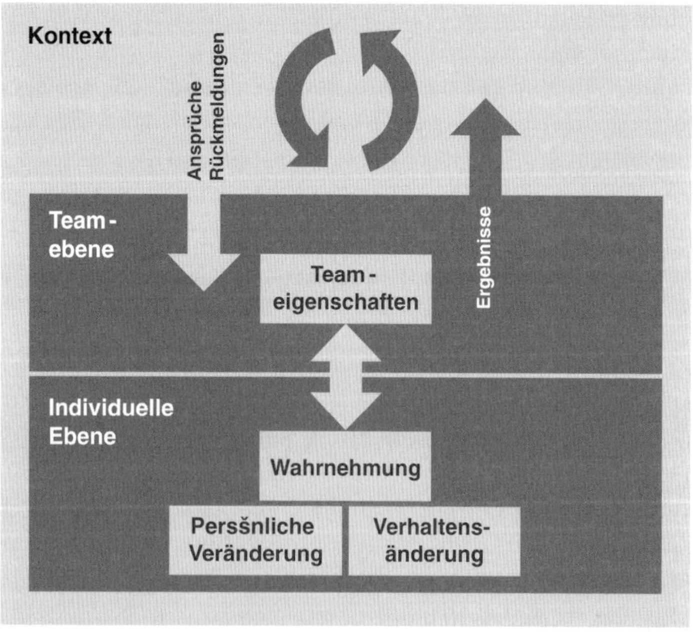

Ein Softwareprojektteam ist also in einen Kontext eingebettet. Der Kontext ist sehr weit zu fassen und beinhaltet Kunden, Management der eigenen Organisation, Kollegen, persönliches soziales Umfeld und mehr.

Dieser Kontext stellt Ansprüche an das Team und somit kollektiv an die einzelnen Personen im Team. Dies können Termin- und Qualitätsvorgaben sein oder auch Erwartungen an Statusberichte. Die Teammitglieder reagieren auf die von außen an sie und an das Team gestellten Ansprüche. Vieles von dem, was das Team erarbeitet – vor allem natürlich die Software, aber auch Präsentationen, Dokumente oder Handbücher –, wird an den Kontext, die Stakeholder des Projekts, geliefert. Das wiederum führt direkt zu Rückmeldungen des Kontexts an das Team. Gleichzeitig können sich jedoch auch als Reaktion auf die sichtbar gewordenen Ergebnisse des Projekts die Ansichten der Stakeholder verändern. Dies führt wiederum zu geänderten Ansprüchen.

Diese ständigen Wechselwirkungen sind der Treiber für die Teamdynamik. Die Teamentwicklung beginnt nun bei der persönlichen Veränderung der Teammitglieder. Eine solche erfolgt als Reaktion auf die persönliche Wahrnehmung der Ansprüche von außen und das Verhalten der anderen Teammitglieder. Die persönliche Veränderung, die sich zum Beispiel in der Akzeptanz von Regeln oder Werten ausdrücken kann, schlägt sich in einer Verhaltensänderung nieder, die wiederum die anderen Personen im Team wahrnehmen. In einem von Sicherheit geprägten Umfeld werden Mitarbeiter beispielsweise gewisse vorgeschriebene Abläufe präzise und mit Überzeugung einhalten. Dies bestätigt die anderen Mitglieder und führt so zu einer Stärkung der Sicherheitskultur.

Team und Umfeld beeinflussen sich gegenseitig

Team und Kontext stehen in einer Wechselwirkung. Durch die Projektarbeit entwickeln sich beide weiter. Diese Wechselwirkung ist auch der Treiber für die Teamentwicklung.

Toni erzählt

Das Gespräch mit Toni nimmt folgenden Lauf:
Toni: »*Leider ist mein aktuelles Team nicht so produktiv. Die Leute haben sich arrangiert und die eigene, kleine Nische geschaffen. Der Teamgeist fehlt. Man sieht das besonders gut beim Iterationsrückblick. Die Entwickler sind offen und selbstkritisch, hören aber den anderen ziemlich passiv zu, Diskussionen finden kaum statt. Jeder im Team hat sich abgegrenzt. Die Koordination erfolgt zwar, aber wenn einer mit seinen Aufgaben nicht nachkommt, muss ich einen anderen praktisch zum Aushelfen verdonnern. Da ist wenig Eigeninitiative. Es fehlt der*

Wille, gemeinsam etwas zu erreichen und zu verbessern. Dabei haben wir es eigentlich sehr gut zusammen und unternehmen viel gemeinsam als Team.«

I: »*Du hast gesagt, du verdonnerst die Leute zum Aushelfen und bestimmst die Aufgaben der Leute. Wie genau wissen die Leute, was zu tun ist?*«

Toni: »*Wir haben Arbeitspakete, die ich den einzelnen Leuten zuweise, je nach Können, ob die Leute gerade in den Urlaub gehen und so weiter.*«

I: »*Die Leute sind für die Einhaltung der Termine selbst verantwortlich?*«

Toni: »*Ja, ich bespreche mit jedem, was zu tun ist, wie viel Budget ich für die Aufgabe vorgesehen habe etc.*«

I: »*Was ist, wenn die Person dann länger braucht?*«

Toni: »*Dann schauen wir das im kleinen Rahmen an. Das liegt ja nicht am Entwickler selbst, sondern am technischen und fachlichen Problem. Wir entscheiden dann mit den Auftraggebern, wie viel Geld wir noch reinstecken und welche Funktionen wir streichen.*«

I: »*Woher kommen Arbeitspakete und Budget?*«

Toni: »*Die Arbeitspakete habe ich grob definiert und mit dem Architekten verfeinert. Dieser hat dann eine Aufwandschätzung gemacht. Ich habe dann das Gesamtbudget anhand der Prioritäten verteilt und mit dem Kunden abgesprochen.*«

Das Gespräch mit Toni ist sehr aufschlussreich. Ist Ihnen aufgefallen, dass Toni die Verantwortung für den Projekterfolg praktisch alleine trägt und sich in die Sandwich-Position zwischen Auftraggeber und Team hineinmanövriert hat? Er bestimmt Arbeitspakete, Budget und Zeit. Er bestimmt, welches Teammitglied diese abarbeitet. Er vermittelt bei Überschreitungen zwischen Entwicklung und Auftraggeber. Er nimmt Ansprüche und Rückmeldung des Umfelds entgegen und verteilt es auf die einzelnen Personen. Die Leute im Team haben nur die Verantwortung für die eigene Arbeit. Toni schaltet damit die Treiber für die Teamdynamik aus. Der von ihm gewünschte »Teamgeist« bildet sich deshalb nicht heraus.

Interessant ist übrigens die Aussage von einigen Personen im Team, dass Toni in der Zeit um die Inbetriebnahme unter hohem Stress stehe. Er mache viele Überstunden, sei gereizt und nervös.

> **Teams entwickeln sich**
>
> Ein Team wird nicht erschaffen. Ein Team wächst vielmehr aus dem Zusammenwirken der Teammitglieder als Reaktion auf Ansprüche und Feedback zu den gelieferten Ergebnissen.

Aufgabenorientierung

Aufgabenorientierung ist ein Konzept der Arbeits- und Organisationspsychologie [Marcus 2010]. Handeln Menschen aufgabenorientiert, dann bewältigen sie die Aufgabe selbstverantwortlich und selbstständig.

Ausgangslage für die Arbeit ist eine Arbeitsaufgabe. Diese legt die Ziele und Ausführungsbedingungen fest wie zum Beispiel Verantwortlichkeiten, Entscheidungsbefugnis, Zusammenarbeit oder Arbeitsmittel. Die ausführende Person bildet sich davon eine gedankliche Repräsentation. Diese ist eine subjektive Neudefinition des Arbeitsauftrags und hat in erster Linie den Zweck, den Auftrag in eigene Handlungen umzusetzen.

Die Aufgabenorientierung, so die Theorie, wird dabei insbesondere durch eine angemessene Aufgabe erzeugt. Die Angemessenheit der Aufgabe ist durch folgende Aspekte charakterisiert:

- Die Aufgabe ist ganzheitlich, vielfältig und sinnhaft.
- Soziale Interaktion wird ermöglicht und ist gefordert.
- Genügend Freiheit ist vorgesehen, inklusive auch zeitlichen Spielraums.
- Die Aufgabe stellt eine passende Herausforderung dar, sodass Lern- und Entwicklungsmöglichkeiten bestehen.

Die Angemessenheit einer Aufgabe ist allerdings sehr individuell: Eine Aufgabe kann eine Person langweilen, die andere überfordern und eine andere wiederum zum Aufblühen bringen. Für die Gestaltung der Arbeit stehen grob die folgenden Ansatzpunkte zur Verfügung:

- Qualität des Auftrags: Unter anderem sind dies Komplexität, Spielraum, Gefährdungen und Abhängigkeiten nach außen.
- Arbeitsbedingungen und Hindernisse: Mittel, Räumlichkeiten, Prozessvorgaben, Arbeitspensum, Intensität, Entlohnung, Betriebsklima und Image.
- Mitarbeiterauswahl und -entwicklung: Wissen, Können, Belastbarkeit, emotionaler Zustand und Selbstwirksamkeit.

Aufgabenorientierung fördert Selbststeuerung des Teams

Die Forschung zu komplexen Systemen zeigt, dass sich diese generell nur sehr schwer von außen steuern lassen [Backhausen & Thommen 2007]. Die vielen Abhängigkeiten und die komplexe Dynamik im

Team, die Feinheiten der Teamkultur und der Kommunikation im Team führen zu einer nicht linearen Reaktion auf Einflussnahmen von außen. Konkret kann das bedeuten, dass nach einer vielleicht gut gemeinten Anweisung ans Team – beispielsweise Features in einem bestimmten Format zu spezifizieren – die Produktivität sinkt. Dies geschieht beispielsweise, weil sich das Team vorher anders verständigt hat und es nun den neuen Ansatz zuerst verstehen und konsistent umsetzen muss. Besser ist wohl der Weg, Teams anhand von Zielgrößen zu regeln. Teams steuern sich im Rahmen dieser Zielvorgaben weitgehend selbst.

Hier haken die Erkenntnisse aus der Arbeits- und Organisationspsychologie ein. Teams lassen sich am besten regeln, wenn eine sogenannte Aufgabenorientierung entsteht. Toni hat in seinem Projekt die Ganzheitlichkeit der Aufgabe sehr stark eingeschränkt: Planung, Ressourceneinsatz, Koordinierung der Teammitglieder macht er allein. Er vergibt individuell Aufgaben und bewertet die einzelnen Personen. Die Verantwortung für die Teamleistung übernimmt er praktisch alleine. Toni hat die Aufgabenorientierung des Teams durch individuelle Aufgabenorientierung ersetzt.

Ein Team erkennt die gemeinsame Aufgabe

Evelyn, Softwarearchitektin, beschreibt den Wendepunkt in ihrem Projekt folgendermaßen:

»Der Schlüssel war eine bestimmte Sitzung. Der Chef hat uns erklärt, wo er den Markt für das Produkt sieht und wie seine Marktstrategie aussieht. Wir haben alle sofort erkannt, dass dies sehr viel Sinn macht. Und von da an ging es bergauf. Die Leute haben sich diesem Ziel quasi untergeordnet. Es wurden Entscheidungen möglich, die vorher undenkbar waren. Ausschlaggebend war, dass wir alle ein und dasselbe greifbare und nutzbringende Ziel vor Augen hatten. Zusammen mit der Einsicht, dass wir dieses Ziel nur zusammen erreichen können.«

In Evelyns Team entstand ein Zustand der Aufgabenorientierung. Die Voraussetzung dafür ist die Identifikation der Teammitglieder mit der Teamaufgabe und der Wille, als Team die Aufgabe zu lösen. Die Teammitglieder ziehen am selben Strick und legen so die Basis für produktive Teamarbeit. Dazu gehört zwingend die gemeinsame Interpretation der Aufgabe. Teamwissen und Teamkultur müssen herausgebildet sein. Auftraggeber müssen das Team auch mit der entsprechende Gestaltungsfreiheit und Verantwortung ausstatten: Eine ganzheitliche Teamaufgabe ist notwendig.

Aufgabenorientierung erzeugen

Aufgabenorientierung führt zu einem selbstverantwortlich handelnden Team. Die Aufgabenorientierung basiert auf einer angemessenen, sinnhaften und ganzheitlichen Aufgabe für das Team.

Die Selbststeuerung von Teams

Teammitglieder sollen koordiniert vorgehen, Wissen kommunizieren, sich gegenseitig unterstützen, kritisieren, gemeinsam Entscheidungen fällen und auf Änderungen des Umfelds reagieren. Die Mitglieder dürfen sich also nicht nur auf die eigene Arbeit konzentrieren, also aufgabenbezogene Funktionen einnehmen, sondern müssen gewisse Teamfunktionen wahrnehmen. Solche Teamfunktionen sind beispielsweise:

- ***Informieren,***
  wie Informationsweitergabe über Rahmenbedingungen, Änderungen im Kontext etc.
- ***Zeit und Ressourcen verteilen,***
  um für eine ausgeglichene Arbeitslast und einen vernünftigen Zeitdruck zu sorgen.
- ***Raum schaffen***
  für Teamentwicklung und Koordination.
- ***Motivation herstellen,***
  beispielsweise einen ausgeglichenen Mix zwischen individuellen und Teamzielen herstellen.
- ***Teamprozesse überwachen und entwickeln,***
  beispielsweise um auf Fehler und Auslassungen reagieren zu können.

Toni, Projektleiter, meint dazu:
»Diese Teamfunktionen sind natürlich in erster Linie meine Aufgabe. Meine Leute sollen sich um ihre Arbeit kümmern, ich sorge mich um das Team. Hmm. Oder geht das jetzt so gar nicht?«

Natürlich gibt es verschiedene Typen von Menschen und nicht jedem liegt Teamarbeit gleich gut. Doch [Kozlowski & Ilgen 2006] sehen einen eindeutigen Zusammenhang:

»[...] teams with better individual teamwork competencies will be more effective.«

Tonis Zweifel an seiner Aussage sind also gerechtfertigt: Die Teamfunktionen obliegen allen Teammitgliedern, nicht nur einer Führungsperson. Damit sich die für die Regelung komplexer Systeme erwünschte Selbststeuerung bei Teams einstellt, sind die folgenden drei Voraussetzungen zu schaffen:

- Die ***ganzheitliche Teamaufgabe*** setzt das zu erreichende Ziel und bietet genügend Spielraum, um den Weg auszugestalten. Als gemeinsame Aufgabe an alle erfordert es ein Zusammenspiel der Mitglieder.
- Die ***Interaktion mit dem Kontext*** erschließt die Treiber für die Teamdynamik. Das Team erhält dadurch die Möglichkeit, Ansprüche, Lücken, Irrtümer und Veränderungen zu erkennen und darauf zu reagieren.
- Mit der ***Einnahme der Teamfunktionen*** beherrscht das Team die Teamdynamik, kann also die Teamaufgabe bewältigen und sich entwickeln.

Abbildung 5–5 stellt diese Zusammenhänge dar:

Abb. 5–5
Prozess der Selbststeuerung

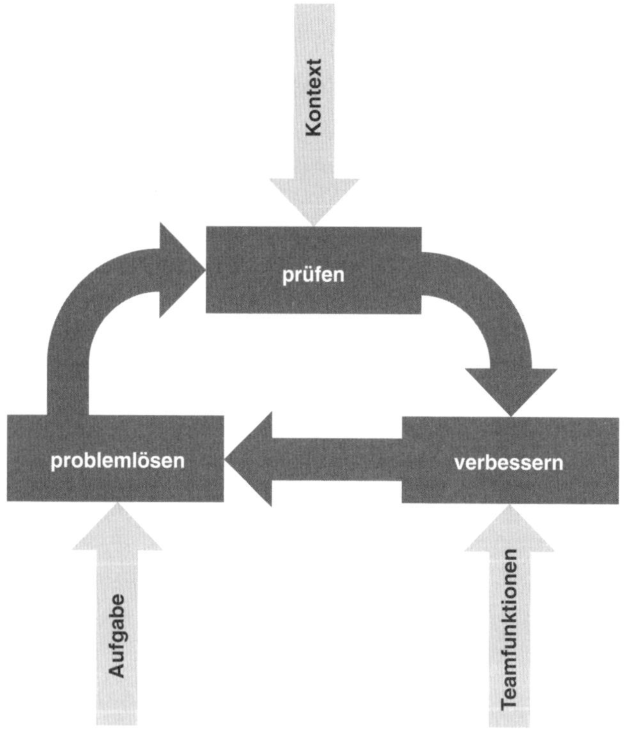

Teams steuern sich selbst

Selbststeuerung ist ein für den Erfolg eines Teams kritischer Teamprozess. Die ganzheitliche Aufgabe, die Interaktion mit dem Kontext und die Einnahme der Teamfunktionen ermöglichen diesen Prozess.

Offensichtlich sind für die angestrebte Synergie gut ausgeprägte Teameigenschaften notwendig. Das trifft bei Wissensarbeit auch auf die Arbeitsteilung zu. Für Koordination und Wissenstransfer ist gute Kommunikation notwendig. Und diese gelingt besser mit starken Teameigenschaften.

Hier besteht übrigens ein elementarer Unterschied zur Fließbandarbeit in der Fabrik. Dort ist Wissenstransfer während der Arbeit nicht notwendig, denn jeder Arbeitsschritt hängt allein vom aktuellen Zustand des Produkts ab. Die Koordinierung ist in den ausgeklügelten Produktionsprozess einprogrammiert und läuft automatisiert ab. Nicht so in der Softwareentwicklung: Der Bedarf an Wissenstransfer ist groß und die Fähigkeiten der Menschen im Team dominieren die Prozesse. Kommunikation ist ein Schlüsselaspekt. In der Fabrik sorgt also der Produktionsprozess für eine kontrollierbare Qualität, in der Wissensarbeit sind dies die Individuen und das Team.

5.3 Kommunikation ist die Voraussetzung

Im Vergleich zum individuellen Problemlösen in Kapitel 4 ist Problemlösen im Team um einen wesentlichen Aspekt reicher: die für die Zusammenarbeit notwendige Kommunikation.

Kommunikation kann nicht einfach nur als das umgangssprachliche miteinander Reden verstanden werden. Kommunikation ist einerseits unmittelbar: Sobald zwei Menschen sich wahrnehmen können, kommunizieren sie beispielsweise durch ihr Verhalten oder ihre Körpersprache [Watzlawik et al. 1969].

Kommunikation ist andererseits auch viel umfassender und kann über eine lange Zeitspanne verschiedene kommunikative Mittel einbeziehen. Denken Sie beispielsweise an die Marketing Maschinerie großer Unternehmen.

Über Kommunikation und Soft Skills besonders auch im Umfeld der Softwareentwicklung gibt es bereits sehr gute Literatur, wie z. B. [Vigenschow et al. 2011]. Wir wollen hier in diesem Abschnitt einige für die Teamarbeit wichtige Aspekte herausgreifen und verweisen für Details auf die angeführte Literatur.

Zwischenmenschliche Kommunikation

Zwischenmenschliche Kommunikation ist sehr viel breiter als nur reine Informationsweitergabe. Beispielsweise nennt [Schulz von Thun 1981] vier Kanäle, die mit jeder Äußerung durch den Empfänger ausgewertet werden:

- *Sach-Ohr:*
  Der sachliche Inhalt, über den informiert wird.
- *Selbstoffenbarungs-Ohr:*
  Was der Sender mit der Kommunikation über sich preisgibt.
- *Beziehungs-Ohr:*
  Was der Sender vom Empfänger hält; wie die beiden zueinander stehen.
- *Appell-Ohr:*
  Wozu der Sender den Empfänger veranlassen möchte.

Toni, Projektleiter, erzählt schmunzelnd:
»Wir nennen dies Sabrina-Mode. Jedes Mal, wenn aus einer Frage oder Aussage der anderen Entwickler auch nur ein Hauch von Kritik anklingt, ist Sabrina gleich an der Decke: ›Das war sicherlich nicht ich, du unterstellst mir hier etwas …‹ Irgendwie scheint es, dass Sabrina dann die sachlich gemeinte Botschaft gar nicht mehr mitbekommt.«

Bei den Betrachtungen zur Kommunikation gehen wir in diesem Buch in erster Linie auf das Sach-Ohr ein. Es ist aber offensichtlich, dass bei Teamarbeit die ganze Breite der Kommunikation eine Rolle spielt. Für Sabrina ist offenbar die Beziehungsebene sehr wichtig. Diese dominiert die Sachebene.

Also egal, was wir auch immer sagen oder nur durch unsere Anwesenheit ausdrücken, wir kommunizieren immer. In der zwischenmenschlichen Kommunikation gilt der von Paul Watzlawik geprägte Satz [Watzlawik et al. 1969]:

»Man kann nicht nicht kommunizieren.«

Jeder im Team und auch Berater, die Teams weiterbringen möchten, erzielen eine deutlich bessere Wirkung, wenn sie mit solchen Aspekten umzugehen wissen.

Gemeinsames Verständnis durch Kommunikation

Für jemanden, der in der Softwareentwicklung arbeitet, ist eine Variante der Kommunikation besonders interessant: Kommunikation mit dem Ziel, ein gemeinsames Verständnis zu erzeugen. Grundsätzlich gilt das in Abbildung 5–6 dargestellte Kommunikationsmodell: Kommunikation ist die Wechselwirkung zwischen Sender und Empfänger.

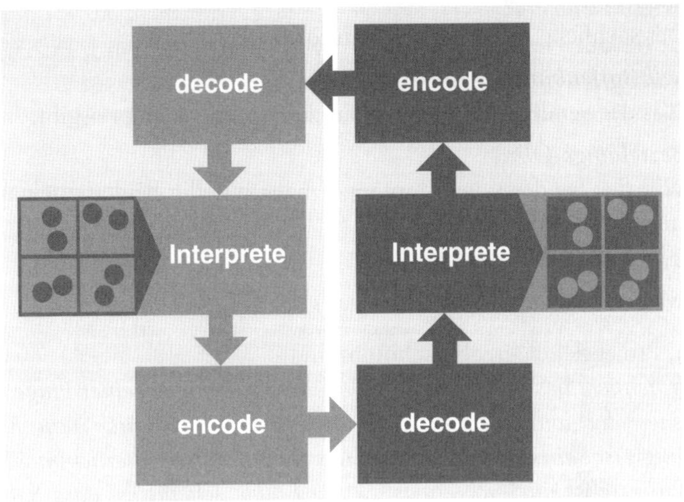

Abb. 5-6
Kommunikationsmodell von Ronald L. Applbaum [Applbaum 1973]

Beispiel

Abbildung 5-7 illustriert die Wechselwirkung zwischen Sender und Empfänger anhand der symbolisierten Information. Die Person auf der linken Seite will der Person rechts einen Sachverhalt kommunizieren. Dazu muss das Wissen im Kopf beispielsweise in sequenzieller Sprache codiert werden. Die Person auf der rechten Seite empfängt die Symbole und versucht diese zu verstehen, indem sie die empfangene Information decodiert und in die eigene Struktur einbaut. Dies gelingt hier nicht auf Anhieb, schließlich stimmt das zur Interpretation herangezogene Wissen nicht völlig überein. Die Person rechts formuliert deshalb eine Frage. Dies verrät der Person links etwas über das Wissen vom Gegenüber und sie wird nun das eigene Wissen anpassen. Dieser Kreislauf setzt sich nun weiter fort, bis beide Personen der Meinung sind, dass sie einander verstanden haben. Wie Sie beim letzten Austausch sehen, ist das tatsächliche Wissen bei beiden Personen nicht ganz gleich. Dennoch glauben beide, dass dies der Fall ist, da auch dies wiederum bei beiden Personen von der Interpretation abhängt.

Die folgenden Aussagen sind unserer Meinung nach fundamental für effektiven Wissenstransfer innerhalb eines Projektteams:

- Jeder Empfänger interpretiert aufgenommene Information anders. Die Interpretation hängt insbesondere vom Wissenstand des Empfängers ab.
- Gerade verfolgte Ziele oder der emotionale Zustand lenken die Aufmerksamkeit und somit die Selektion der aufgenommenen Informationen.
- Missverständnisse sind in einer nicht trivialen Kommunikation unvermeidbar, eine Rückkopplung ist notwendig.

- Je unterschiedlicher das Wissen der Beteiligten ist, das zur Interpretation der empfangenen Information eingesetzt wird, desto aufwendiger wird die Kommunikation.
- Die Kommunikation verändert das mentale Modell beider Seiten.

Abb. 5–7
Wissenstransfer als Kommunikation

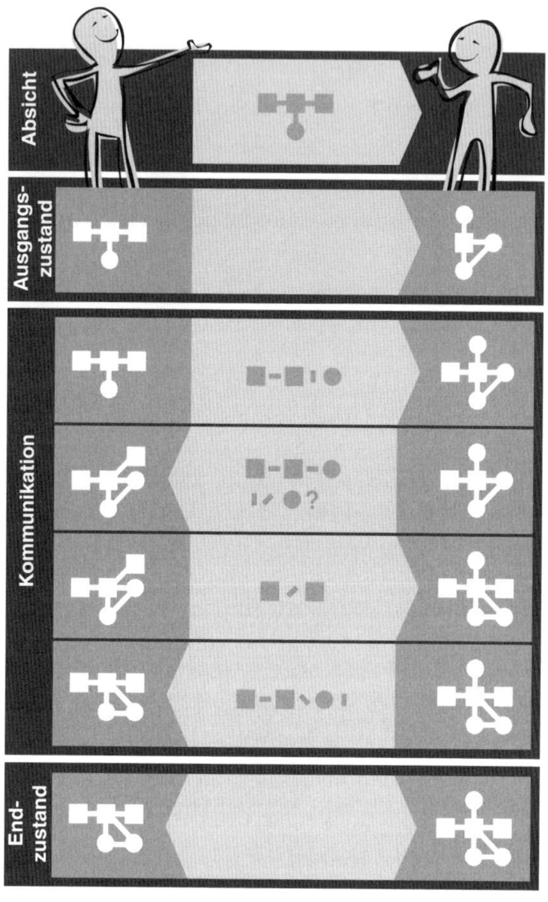

Projektteams in der Softwareentwicklung kommunizieren intensiv. Insbesondere wird viel Wissen weitergegeben, um eben Nutzen aus der Teamarbeit in Form von Synergie und Arbeitsteilung ziehen zu können. Zusammenfassend lässt sich nun festhalten:

Wissenstransfer ist gegenseitiges Lernen

Wissen kann nicht ausgetauscht werden. Ein Sender kann nur Informationen weitergeben und beim Empfänger einen Lernprozess bewirken und aufrechterhalten. Durch die Rückmeldung des Empfängers durchläuft der Sender ebenfalls einen Lernprozess.

Didaktik

Es gelten also alle in Kapitel 4 erwähnten Mechanismen zum Thema Lernen. Übrigens gelten in einem Lernprozess auch didaktische Grundsätze. Der Sender muss sich beispielsweise über die folgenden Dinge Gedanken machen:

- *Wirkung:*
  Was die Kommunikation bei Empfänger und Sender bewirken soll.
- *Vorwissen:*
  Welchen Wissensstand bzw. welche Fähigkeiten der Empfänger besitzt.
- *Inhalt:*
  Welche Information somit kommuniziert werden muss.
- *Aufbau:*
  Wie der didaktische Aufbau und die Methodik dazu auszusehen haben.

Die in Kapitel 4 beschriebenen Unterschiede zwischen symbolischem und operativem Lernen spielen auch hier wieder eine Rolle. Gerade in Teams, die an Problemstellungen gemeinsam arbeiten, bietet eine Kombination aus symbolischem Lernen mit Erklärungen und Beispielen sowie der schrittweisen Umsetzung durch den Lernenden mit Unterstützung des Experten die besten Lernmöglichkeiten.

Eingespielte Teams

In einem eingespielten Team ist die zu überbrückende Wissensdifferenz typischerweise klein: Das Teamwissen ist stark ausgeprägt, die gemeinsame Sprache gut entwickelt und jeder kennt die unterschiedlichen Fähigkeiten des anderen. Die Reaktionen der Kollegen im Team lassen sich antizipieren. Die Teamprozesse sind darauf eingespielt. Die Kommunikation ist informell, auf den Punkt gebracht und geht schnell vonstatten. Gut ausgeprägte Teameigenschaften vereinfachen die Kommunikation im Team.

Teameigenschaften befähigen zur Kommunikation

Je besser die Teameigenschaften und insbesondere das Teamwissen ausgeprägt sind, desto effektiver ist die Kommunikation und damit die Zusammenarbeit, die Koordination und der Wissenstransfer.

Kommunikation gegen außen

In einem Softwareentwicklungsprojekt kommuniziert das Team ebenfalls sehr intensiv mit Personen im Umfeld. Die Wissensdifferenz ist hier typischerweise groß und Eigenschaften ähnlich zu Teameigenschaften sind kaum bis gar nicht vorhanden. Wie kann unter diesen schwierigen Umständen kommuniziert werden? Wie kann ein Auftraggeber dem

Entwicklungsteam beispielsweise mitteilen, was eine Software können sollte und was nicht?

Das Kommunikationsmodell besagt: Um so viele Details korrekt zu übermitteln, ist gegenseitiges Lernen notwendig – und zwar schrittweise. Schließlich bezweckt diese Kommunikation nichts weniger, als das Team zum korrekten Umsetzen detaillierter, fachlicher Anforderungen zu bewegen. Das Team muss entsprechendes Wissen aufbauen. Die Kommunikation soll aber auch auf Auftraggeberseite wirken. Der Auftraggeber benötigt beispielsweise Sicherheit, dass das Team den Auftrag gut umsetzen wird, und Rückmeldung, wie gut sich die Wünsche realisieren lassen. Dahinter liegt auch ein Gespür für das Team, wie es arbeitet und welche Stärken und Schwächen es hat. Erfahrung in der Zusammenarbeit ist zwingend. Toni, Projektleiter, erzählt:

»Ich war kürzlich in einem Ultrakurz-Projekt involviert. Von null auf produktiven Betrieb in drei Monaten. Sehr hektische drei Monate. Nach dem Projekt haben sich Kunde und Team dann tatsächlich langsam verstanden und hätten nun produktiv und im gegenseitigen Vertrauen miteinander arbeiten können.«

Drei wesentliche Punkte zur Kommunikation

Hier lohnt sich eine kurze Pause, um drei wesentliche Punkte zur Kommunikation hervorzuheben. Wesentlich, weil sie in Softwareprojekten besonders gerne vergessen werden:

- ***Feedback:***
  Soll Kommunikation eine nicht triviale Differenz im Wissensstand beider Personen überbrücken, dann ist eine Rückkopplung notwendig.
- ***Gespür:***
  Soll Kommunikation beim Empfänger ein Gespür für eine Situation erzeugen, also intuitives Handeln ermöglichen, dann muss die Kommunikation beim Empfänger einen passenden Erfahrungsschatz erzeugen.
- ***Problemlösen:***
  In der Wissensarbeit ist der Lernprozess vom Problemlöseprozess nicht klar trennbar (vgl. Kapitel 4). Problemlösen verlangt damit nicht nur nach Kommunikation, sondern gestaltet einen Prozess, in dem zielführende Kommunikation erst möglich wird.

Fast unbegrenzte Gestaltungsmöglichkeiten der Kommunikation

Gerade der dritte Punkt weist darauf hin: Innerhalb des Problemlöseprozesses sind den Gestaltungsmöglichkeiten der Kommunikation kaum Grenzen gesetzt!

Beispielsweise kann ein Entwicklungsteam einen GUI-Entwurf, auch Mock-up genannt, auf Papier entwerfen und auf diesem basierend mit Fachvertretern über viele Detailanforderungen sprechen.

Selbst Problemlösen kann ein Mittel der Kommunikation sein. Der Sender gibt Information und veranlasst den Empfänger, diese in einem Problemlöseschritt zu verwenden und beide diskutieren das Resultat. Dies ist eine typische Vorgehensweise im Usability Engineering, z.B. beim Usability Testing.

Selbst Erfahrung im Anwendungsgebiet lässt sich oft genug mit einfachen Mitteln an Unerfahrene weitergeben: Wie wäre es, wenn ein Hersteller der neuen Generation von Insulinpumpen dem Entwicklungsteam aktuelle Geräte abgeben würde mit der Aufforderung, diese eine Woche lang zu tragen? Dies bedeutet nur wenig Aufwand, wäre aber ein Meilenstein in der Kommunikation der Erfahrung.

Geschichten und Beispiele – bewährte Mittel der Kommunikation

Interessant aus Sicht der Kommunikation sind Geschichten und Beispiele. Geschichten haben in der Menschheitsgeschichte immer eine große Rolle gespielt. Seien es biblische Gleichnisse, Märchen, Lieder, Theaterstücke und mehr. Das Canadian Museum of Civilization präsentiert auf seiner Webseite [Canadian Museum 2009] eine Online-Ausstellung mit dem durchaus ernst gemeinten Anspruch: »Storytelling: the art of knowledge«. Die Ausstellung thematisiert, wie Wissen über Tiere, Pflanzen, Religion, das Zusammenleben in der Gemeinschaft und anderes mehr mittels Geschichten weitergegeben wurde – und zwar über Generationen hinweg.

Beispiele sind ein wichtiger Bestandteil des Lernprozesses. Gerade bei Kindern ist dies augenfällig. Kindern nur mit Worten beizubringen, was ein Chamäleon von einer Eidechse oder einem Frosch unterscheidet, ist kaum möglich. Trotzdem lernen Kinder ohne größere Schwierigkeiten, diese Tiere zu differenzieren, wenn sie diese auf Bildern sehen.

Doch das gilt nicht nur für Kinder. Es ist nämlich eine charakteristische Fähigkeit natürlicher Intelligenz, in Beispielen und Geschichten Muster und Zusammenhänge zu erkennen. Diese eignen sich deshalb hervorragend zur Kommunikation. Leider werden im abstraktionsgläubigen Software Engineering Beispiele geradezu sträflich vernachlässigt und als nichtig deklariert. Einen interessanten Artikel dazu finden Sie in [Richter 2008].

Eigenschaften guter Beispiele

Gute Beispiele erhöhen die Wirksamkeit der Kommunikation. John Locke, 1632–1704, englischer Philosoph, meinte zu Beispielen:

»Nichts macht auf den Geist des Menschen einen sanfteren und tieferen Eindruck als ein Beispiel.«

Ein gutes Beispiel vermittelt einem Empfänger ein Stück praktische Erfahrung, fast wie wenn dieser sie selbst gemacht hätte. Damit dies gelingt, ist ein gutes Beispiel ...

- *... aus dem Leben gegriffen:*
  Es ist charakteristisch und menschlich: So würden sich Menschen verhalten.
- *... fokussiert und detailliert:*
  Es greift nur einen Ausschnitt aller wesentlichen Fakten auf, zeigt dafür aber auch Details. Letztere sollen Nähe zur Realität bringen und machen das Beispiel glaubhaft.
- *... führt vom Bekannten zum Neuen:*
  Es bestätigt dem Empfänger bereits Bekanntes und immer noch Gültiges, knüpft daran an und zeigt auf das Neue.
- *... betont das Neue:*
  Ein gutes Beispiel fordert den Empfänger auf, sich mit dem Neuen zu befassen und die eigene Wirklichkeit zu überdenken.
- *... ist erlebbar:*
  Ein gutes Beispiel lässt sich »erleben«. Ein Zuhörer wird an eigene, erlebte Situationen erinnert und kann die neue Situation damit vergleichen.
- *... steht nicht alleine:*
  Ein gutes Beispiel ist in einem Kontext eingebunden, z.B. andere Beispiele, ein theoretisches Modell und insbesondere auch bereits erworbene Erfahrung beim Empfänger.

Für die Wirkung von Beispielen ist die Erlebbarkeit eine wichtige Eigenschaft. Den abstrakten Zusammenhang alleine zu verstehen fällt Menschen deutlich schwerer. Zuhörer müssen sich erst selbst konkrete Situationen dazu konstruieren und dies, ohne die Abstraktion selbst unbedingt verstanden zu haben. Der Interpretationsspielraum bei abstrakter Kommunikation ist wesentlich größer als bei konkreten Beispielen aus einer Welt, die der Empfänger der Information bereits kennt.

Kommunikation = alle Register ziehen

Wenn Sie kommunizieren, ziehen Sie alle Register: Kombinieren Sie konkrete Beispiele und theoretische Grundlagen; bringen Sie die Empfänger zum Ausprobieren und zum Sammeln von Erfahrungen; interagieren Sie und gestalten Sie die Kommunikation gemeinsam. Schnelles Feedback zeigt, ob die Kommunikation funktioniert oder ob Sie etwas ändern müssen.

Wenn Sie sich also noch einmal in Softwareprojekte Ihres Erfahrungsschatzes zurückversetzen: Wie wurden die Anforderungen kommuniziert und wo sehen Sie Verbesserungspotenzial?

5.4 Gemeinsam Probleme lösen

Bei der Softwareentwicklung geht es um Problemlösen. Der Einsatz von Teams ändert nichts an der Tatsache, dass es eine dialektische Barriere zu überwinden gilt: Ausgangslage, Ziel, Operationen und Lösungsweg sind nicht vollständig bekannt. Die Elemente des individuellen Problemlösens aus Kapitel 4 spielen also auch im Team eine große Rolle. Wo findet sich nun aber die für das individuelle Problemlösen so wichtige gedankliche Repräsentation und wie funktioniert das zweifache Handlungsfeld im Team?

Verteilte gedankliche Repräsentation

Die gedankliche Repräsentation, vergleichen Sie dazu Abschnitt 5.2, findet sich im Teamwissen: Das gemeinsame mentale Modell enthält die von allen geteilte Repräsentation, und das transaktive Gedächtnis (»Ich weiß, was du weißt«) ermöglicht den Zugriff auf individuelle Teile der Repräsentation, die nur in den Köpfen Einzelner zu finden sind. Ein Teil der gedanklichen Repräsentation, die notwendig ist für die Problemlösung im Team, ist also verteilt. Dies ist, so die Folgerung aus Abschnitt 5.1, die Konsequenz aus der mit Arbeitsteilung und Synergie einhergehenden Spezialisierung.

Aufgrund der verteilten gedanklichen Repräsentation kann kein Teammitglied das Problem als Ganzes lösen. Das zweifache Handlungsfeld muss erweitert werden. Kommunikation mit den anderen Problemlösern im Team ist notwendig, um die individuellen Teillösungen abzustimmen bzw. eine Gesamtlösung zu finden. Abbildung 5–8 zeigt das »dreifache Handlungsfeld«. Dreifach deshalb, weil zur gedanklichen Simulation im verteilten Referenzhandlungsfeld und dem faktischen Handeln eine dritte Handlungsebene etabliert wird: Kommunikation innerhalb des Teams.

Verteilte gedankliche Repräsentation

Im Team ist die gedankliche Repräsentation teilweise verteilt. Also ist das Gesamtproblem nur im Team lösbar und Kommunikation ist die notwendige dritte Handlungsebene.

Abb. 5–8
Das dreifache Handlungsfeld der Teamarbeit

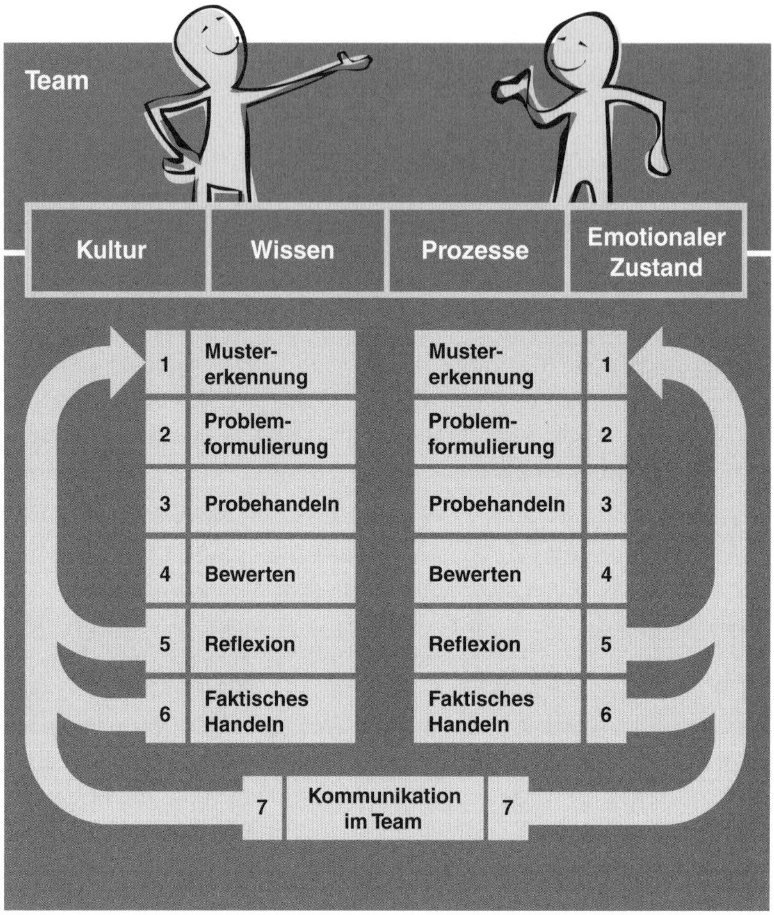

Beispiel: zwei Gehirne im Verbund

Hierzu ein Ausschnitt aus einer gemeinsamen Problemlösung. Evelyn, Softwarearchitektin, und Rolf, GUI-Entwickler, diskutieren am Whiteboard:

Rolf: »*Ich brauche hier eine ganze Menge von Kundenadressen. [Rolf deutet auf den UI-Mock-up]. Mein Problem ist nun, dass ich vom Server zwar die Kunden als Liste kriege, aber dann jede Adresse einzeln über diese Schnittstelle hier [Rolf zeigt auf Skizze der Architektur] holen muss. Das dauert locker zehn Sekunden, ist also viel zu lange. Kannst du die Liste nicht entsprechend erweitern?*«

Evelyn: »*Tja, den Use Case haben wir wohl noch nicht abgedeckt. Die Schnittstelle möchte ich hier aber nicht erweitern. Du könntest dir aber eine zusätzliche Schnittstelle bauen. [Evelyn erklärt Rolf hier, wie die Basisklasse für die zusätzliche Schnittstelle funktioniert.]*«

Rolf: »*Das heißt, ich muss das asynchron machen? Das ist etwas blöd. Das macht mir oben im GUI ziemlich Mühe.*«

Evelyn: »*Wie hast du's denn gelöst?*«

Rolf: *[Zeichnet das Klassendiagram grob auf dem Whiteboard auf und erklärt Evelyn dies].*

Evelyn: »*Könntest du nicht hier den Async-Listener einhängen? [Evelyn zeichnet dies gleich ein.] Der synchronisiert dir die Meldungen vom Server.*«

Rolf: »*Könnte gehen. Ich müsste dann vom Server aber noch das Timestamp haben.*«

Evelyn: »*Stimmt. Wie machst du das bei einer Exception vom Server?*«

Rolf: »*Öh. Kann ich die hier fangen? [Rolf stellt das Klassendiagramm um] Ich könnte sie dann in eine Client Exception umwandeln und ins GUI bringen.*«

Das Gespräch zwischen Rolf und Evelyn ist ein Beispiel für eine kollaborative Problemlösung und zeigt einige Elemente dazu auf. Die beiden wechseln zwischen individuellem Problemlösen und Kommunikation ab. Tatsächlich führt die sofortige Kommunikation zu direktem Feedback und Denkanstößen. Im Idealfall entsteht ein schnelles Wechselspiel. Die beiden Gehirne werden dann quasi zusammengekoppelt. Assoziationen springen von Gehirn zu Gehirn, das Wissen beider ist im Verbund verfügbar. Sowohl Rolf als auch Evelyn tragen maßgeblich zur Lösung bei. Diese lässt sich auch nicht mehr auf die Individuen zurückführen, sondern ist das Resultat der durch die enge Kommunikation entstandenen Synergie.

Stärkung der Teameigenschaften

Die Teilnehmer einer kollaborativen Problemlösung gleichen die gedankliche Repräsentation des Problems miteinander ab und verbessern so das Teamwissen. Auch lernen sie die Fähigkeiten der anderen besser kennen, das transaktive Gedächtnis wird gestärkt. Sie regeln weiterhin und meist implizit, wer für welche Aspekte des Problems zuständig ist, wieweit und wann andere in diese Zuständigkeit eingreifen, und etablieren somit Teamprozesse. Die Teilnehmer kommunizieren auch ihre Werte. Eine Diskussion und Veränderung der Teamkultur findet statt. Schließlich führt eine solche Zusammenarbeit zu Erfolgserlebnissen und stärkt beispielsweise das Vertrauen in das Team.

Die Frage, wer denn nun die tolle Idee gehabt hat, die in der Lösung umgesetzt wurde, ist nicht wichtig und kann die Teameigenschaften wie zum Beispiel die Teamkultur sogar negativ beeinflussen. Auch wenn eine Person diese Idee letztendlich eingebracht hat, die Idee entstand nur durch das Zusammenwirken der Personen, die mit den dritt- und zweitbesten Ideen die Grundlage für die schließlich beste Idee gelegt haben.

Das dreifache Handlungsfeld im Einsatz

Die kollaborative Problemlösung ist in heutigen Softwareprojekten nicht der Normalfall. Die meiste Zeit wird ein Projektteam arbeitsteilig entwickeln. Die Einzelnen sind also mit individueller Problemlösung beschäftigt. Sie kommunizieren erst, wenn überhaupt, falls sie selbst das Problem und die Lösung bereits durchdacht haben. Dies beeinflusst nun ebenfalls die Teameigenschaften. Beispielsweise driftet die gedankliche Repräsentation auseinander und das Teamwissen wird geschwächt.

Um diesem Effekt entgegenzuwirken, wird das Team Dinge wie Reviews, Koordinationssitzungen und mehr einführen, also die Teamprozesse anpassen. Dies ist eine kooperative Problemlösung. Evelyn, Softwarearchitektin, meint dazu:

»Hmm. Spannend. Das würde wohl die Doppelspurigkeiten erklären. Der Kunde hat auch schon den Kopf geschüttelt. Es sei ihm unklar, warum ein Team keine in sich konsistente Lösung zustande brächte. Er meint natürlich das GUI. Jeder UI-Entwickler hat nämlich so seine Vorstellungen entwickelt, wie ein Dialog zu implementieren sei, und das äußert sich dann auch im Aussehen und Verhalten. Wir müssten also unsere Lösungen vermehrt miteinander erarbeiten. Macht Sinn. Würde auf lange Sicht wohl sogar billiger kommen. Und garantiert besser funktionieren, als wenn ich die ganze Zeit die böse Frau spielen muss.«

Einem effektiven Team gelingt also der Spagat zwischen den drei Handlungsfeldern Probehandeln, faktisches Handeln und Kommunikation. Wie zeitnah ist die Kommunikation zur individuellen Problemlösung? Wie tief befassen sich die Leute mit individueller Problemlösung, bis eine Kommunikation stattfindet? In diesem Wechselspiel liegt eine ganze Bandbreite von sehr unterschiedlichen Vorgehensweisen mit Auswirkungen auf Produktivität, konzeptionelle Integrität der Lösung und Teameigenschaften.

Teamnutzen durch das dreifache Handlungsfeld

Um mittels Synergie und Arbeitsteilung vom Team zu profitieren, finden produktive Teams die richtige Balance zwischen kollaborativer und kooperativer Problemlösung. Sie vermeiden damit ein zu starkes Auseinanderdriften der verteilten gedanklichen Repräsentation und entwickeln die Teameigenschaften.

Moderierte Problemlösung im Team

Natürlich ist das geschilderte Gespräch zwischen Evelyn und Rolf nur eine Variante der kollaborativen Problemlösung. Wenn Sie im Internet und in Fachbüchern zum Stichwort »Problemlöseprozess« etwas stöbern, werden Sie eine ganze Reihe von moderierten Methoden finden. Diese strukturieren einen Problemlöseprozess und legen insbesondere die zu beachtenden Aspekte des Problems, die zeitliche Reihenfolge und die Moderationstechnik fest. Dies könnten sein: Erstens die heutige Situation grafisch darstellen, zweitens Kernprobleme mit einer Ursachenanalyse verstehen, drittens Sollziele in einer Zielhierarchie formulieren, viertens im kreativen Brainstorming Lösungsalternativen finden und fünftens die beste mit einer Entscheidungstabelle auswählen.

Vergleichen Sie den beschriebenen Ablauf mit dem Problemlöseprozess in Abbildung 4–13 aus Kapitel 4. Der Ablauf enthält bis auf den Schritt 6 alle Schritte, jedoch wird der Problemlösekreislauf nur einmal durchlaufen. Die Reflexion über die gewählten Lösungskandidaten müsste aber eigentlich neue Erkenntnisse auch zu den vorhergehenden Punkten zutage gefördert haben. Diese werden in diesem linearen Ablauf jedoch nicht mehr aufgenommen und ohne Iteration auch nicht einfließen, eigentlich schade.

Wenn Sie im Internet nach NABC (Needs, Approach, Benefit, Competition) suchen, werden Sie aus Sicht der Problemlösung im Team ein sehr viel interessanteres Vorgehensprinzip finden: Ein Team teilt sich in Kleingruppen auf und diese entwickeln erste Lösungsideen. Mit diesen Ideen holen sich die Teilnehmer Feedback vom ganzen Team und lassen sich von den Lösungen der anderen inspirieren. So entwickeln sich iterativ mehrere Lösungsideen.

Sehr strukturierte Ansätze können also aus Sicht des Problemlösens dazu führen, dass die Dynamik des Problemlösekreislaufs träge wird. Dies behindert das Vertiefen der gedanklichen Repräsentation und wird im Allgemeinen zu weniger guten Lösungsansätzen führen. Damit eine gemeinsame Problemlösung überhaupt funktionieren kann, ist aber nicht nur ein dynamischer Problemlösekreislauf erforderlich, sondern es werden noch weitere Voraussetzungen benötigt:

- *Expertise:*
  Selbstverständlich benötigt das Team für das Problem adäquates Wissen. Ansonsten gilt das Garbage-in-Garbage-out-Prinzip.
- *Ziel:*
  Alle kennen das zu lösende Problem und wollen dieses lösen. Die dafür notwendige Aufgabenorientierung führt die Diskussion von der Ego- auf die Sachebene.

- *Vertrauen:*
  Das Vertrauen, nicht bloßgestellt, zurückgewiesen oder sogar bestraft, sondern respektiert zu werden. Dies ist eine Voraussetzung, dass die Teilnehmer offen diskutieren und überhaupt eine gemeinsame Problemlösung entstehen kann.
- *»Gleichlange Spieße«.*
  Gemeinsames Problemlösen funktioniert nur, wenn alle beitragen können. Bei zu großen Unterschieden, beispielsweise in Expertise, Auffassungsgabe oder Macht, entsteht eine Dominanz Einzelner. Dies verhindert gemeinsames Problemlösen.

Egal wie beeindruckend ein Moderator also mit einer strukturierten Methodik, Pinnwänden und Indexkarten hantiert: Die gemeinsame Problemlösung steht und fällt mit dem Vorhandensein des notwendigen Wissens, guten Teameigenschaften und der Dynamik des gemeinsamen Problemlösekreislaufs.

5.5 Lernende Teams

Aristoteles: »[...] die Dinge, die wir erst lernen müssen, bevor wir sie tun, lernen wir beim Tun.«

Lernen ist sowohl in der individuellen Problemlösung (siehe Kapitel 4) als auch in der Problemlösung im Team ein Schlüssel zur Produktivität. Beispielsweise muss inhaltliches Wissen zu Problem und Lösung aufgebaut und laufend umstrukturiert werden sowie methodisches Vorgehen erlernt werden. In der Teamarbeit kommen nun die Arbeit im Team und die Teameigenschaften hinzu.

In Abschnitt 5.2 haben wir alle wesentlichen Elemente für ein lernendes Team bereits aufgezählt. Damit ein Team überhaupt lernen kann, müssen erstens die Mitarbeiter lernen, und zwar über ihre Rolle im Team, die anderen Personen, die Zusammenarbeit, die Teamfunktionen und die Teamkultur. Zweitens sind es die Ansprüche von außen an das Team, die die Richtung der Weiterentwicklung vorgeben. Drittens sind die Reaktionen des Kontexts ein wichtiger Treiber.

Lernen ist die Voraussetzung für Selbststeuerung

Die Selbststeuerung funktioniert dann, wenn sich das Team aufgrund der Reaktion des Umfelds auf die gelieferten Ergebnisse weiterentwickelt und verbessert.

Führungsaufgabe: lernende Teams

Rolf, GUI-Entwickler, erzählt:
»Die Entwickler sind bei uns eigentlich in zwei Teile zerfallen. Wir vom GUI und die vom Server. Die Zusammenarbeit war alles andere als einfach. Beide Seiten haben ihre eigene Suppe gekocht und sich viel zu wenig abgesprochen. Das merkt man nun leider auch der Software an – die Performance ist furchtbar.«

Rolfs Bericht ist in seiner Art typisch für die große Mehrheit der Teams. Verbesserungspotenzial bleibt ungenutzt, die Selbststeuerung des Teams funktioniert nur teilweise.

Teameigenschaften und Zusammenarbeit zu beobachten und zu fördern ist eine wichtige Führungsaufgabe. Bei Mannschaftssportarten gehört selbst in den unteren Regionalligen ein Trainer zum Standard. Dieser trainiert die individuellen Fähigkeiten der einzelnen Spieler, aber auch das Zusammenspiel im Team. Jede Sportart hat über die Jahre hinweg Trainingsprogramme und Übungen aufgebaut, die gezielt Aspekte der Sportart vermitteln und auch das Spiel im Team trainieren. Jede Sportart hat Ausbildungsprogramme für Trainer geschaffen, um eine entsprechende Qualität der Trainings zu erreichen.

Obwohl Wissensarbeit anders geartet ist, fällt die Abwesenheit solcher Strukturen in der Ausbildung auf. Oder wie es [Kozlowski & Ilgen 2006] ausdrücken:

»We school our children as individuals. We hire, train, and reward employees as individuals. And, yet, we have great faith that individuals thrown together into a team [...] will be effective and successful.«

Und dies, obwohl Firmen, zumindest den Stellenausschreibungen zufolge, nur teamfähige Personen einstellen. Um noch einmal den Vergleich mit Sportmannschaften zu wagen: Eine Mannschaft in einer unteren Regionalliga absolviert vielleicht dreißig Spiele in einer Saison und trainiert dafür ein- bis zweimal die Woche, also etwa fünfzig- bis hundertmal pro Jahr. Ein Profiteam trainiert das Drei- bis Siebenfache. Einem typischen Softwareteam steht oft keine einzige Trainingseinheit zu.

Lernen benötigt Raum

Wie dem auch sei, auf jeden Fall benötigt die Entwicklung eines Teams Raum. Raum zum Kennenlernen, Raum für Reflexion, Raum für persönliche Weiterentwicklung, Raum für Verbesserungsmaßnahmen, Raum für Fehler, um aus diesen zu lernen. Toni, Projektleiter, meint dazu:

»Ha, dass ich nicht lache. Raum. So schnell wie möglich jede Menge Features sehen, das fordern die Manager. Beim letzten Projekt hat einer sogar explizit verboten, ein Architekturdokument zu schreiben, um ein Feature auf einen bestimmten Meilenstein zu erhalten. Die Entwickler sollen Funktionen programmieren und nicht über irgendwelche Konzepte brüten, so die Kampfansage. Wir haben nach dem Meilenstein das ganze Zeugs gleich weggeworfen und nochmals gemacht und der Manager hat den Architekten ausgewechselt.«

Der von Toni erwähnte Manager setzt unrealistische Terminvorgaben und greift tief in das Innere des Teams ein. Keine Spur einer angemessenen und ganzheitlichen Aufgabe und kein Raum für Entwicklung und Selbststeuerung. Der Manager tut dies jedoch nicht einmal aus böswilliger Absicht, sondern – wie er meint – aus einer Notwendigkeit heraus. Er möchte unbedingt sicherstellen, dass das Team das benötigte Resultat erreicht.

Hier gelangt die Diskussion nun an einen zentralen Punkt, der sich festzuhalten lohnt: Ein Projektteam kann nur dann ein Problem gut lösen, wenn es die Teameigenschaften aufbauen kann. Ein Projektteam kann nur dann auf die Rückmeldung und die Veränderung des Umfelds reagieren, wenn es Raum für Entwicklung hat. Ein Projektteam kann nur dann effektiv und effizient arbeiten, wenn es dazulernt. Ein Projektteam muss lernen: einerseits bezüglich des eigentlichen Problems und andererseits bezüglich des Teams.

Und es lohnt sich, dem Team eine Person beizustellen, die diese Selbststeuerung mit dem Team zusammen entwickelt.

Nur lernende Teams sind produktiv

Es ist eine Führungsaufgabe, lernende Teams zu schaffen und insbesondere die Selbststeuerung des Teams zu fördern.

Fallgruben der Teamarbeit

Führung ist ein wichtiges Instrument, um ein lernendes Team zu schaffen. Das Team soll sich weiterentwickeln und typische Fallgruben vermeiden oder zumindest überwinden. Hier ein paar dieser Fallgruben:

- *Gruppendenken:*
  Ein Team trifft schlechte und realitätsfremde Entscheidungen, weil der Konsens in der Gruppe, also eine Gruppenmeinung, so stark dominiert, dass kein Raum für kritisches und andersartiges Denken mehr vorhanden ist.

- *Gefahr überhöhter Risikobereitschaft:*
  Dies entsteht dadurch, dass einzelne Personen, beispielsweise um sich Gehör zu verschaffen, extreme Positionen einnehmen und das Team mitreißen.
- *Individuelle Motivationsverluste:*
  Dies kann beispielsweise passieren, wenn der persönliche Beitrag im Team nicht ersichtlich wird oder weil ungleiche Beiträge zum Gefühl von Ausbeutung führen.

Ansatzpunkte für Führung

Doch wie bereits erwähnt, kann eine Führungskraft nicht einfach beliebig in das Team eingreifen. Um von außen auf das Team zu wirken, stehen verschiedene Ansatzpunkte zur Verfügung. Hier sind die wichtigsten:

Aufgabengestaltung:
- Sinnhafte Ziele und eine ganzheitliche Aufgabe für das Team
- Raum für Lernen, auch durch Misserfolge, Reflexion und Verbesserung

Teamgestaltung:
- Teamzusammensetzung und Rollenbesetzung aufgrund von Charakter, Wissen und Fähigkeiten der Individuen
- Strategische Vorgaben: Beispielsweise ist im agilen Prozess Scrum die strategische Vorgabe Commitment verankert. Die Teammitglieder stimmen der gemeinsamen Aufgabe zu und verpflichten sich, die bestmögliche Lösung zu erreichen. Wird dieser Ansatz zur Teamkultur, kann ein Manager dem Team auch Vertrauen entgegenbringen und von Eingriffen in das Team absehen.

Förderung:
- Feedback zur Teamleistung, Feedback zur individuellen Leistung
- Team-Coaching, insbesondere bezüglich Teamleistung, gemeinsamen Problemlösens, Selbststeuerung, Kommunikation und generell zu den Teameigenschaften
- Individuelle Entwicklung, insbesondere zum persönlichen Beitrag, dem eingebrachten Wissen und den Fähigkeiten

Eskalation:
- Mediation: Das Team beim Auflösen von Konflikten unterstützen, die nicht selbstständig bewältigt werden können.
- Beseitigen von Hindernissen, die außerhalb der Macht des Teams stehen.

Selbststeuerung und Einwirkung von außen

Äußere Einflüsse wirken nur sehr langsam auf das Team. Beispielsweise benötigt ein Softwareteam ohne Weiteres drei Monate, um ein neues Teammitglied zu assimilieren. In dieser Zeit stört das neue Teammitglied die Entwicklung, es absorbiert Zeit, verletzt eingespielte Prozesse oder hinterfragt getätigte Entscheidungen. Kein Wunder, schließlich gibt es sowohl für das neue Mitglied wie auch für das Team viel zu lernen. Wird also zu früh erneut eingegriffen, haben frühere Maßnahmen noch gar nicht die volle Wirkung entfaltet, das Team kommt nicht in die Phase Performing. Mehr zum Thema Management von Teams ist aber nun definitiv Kapitel 8 vorbehalten. Abbildung 5–9 fasst das Gesagte nochmals bildlich zusammen:

Abb. 5–9
Ein lernendes Team entwickelt sich weiter

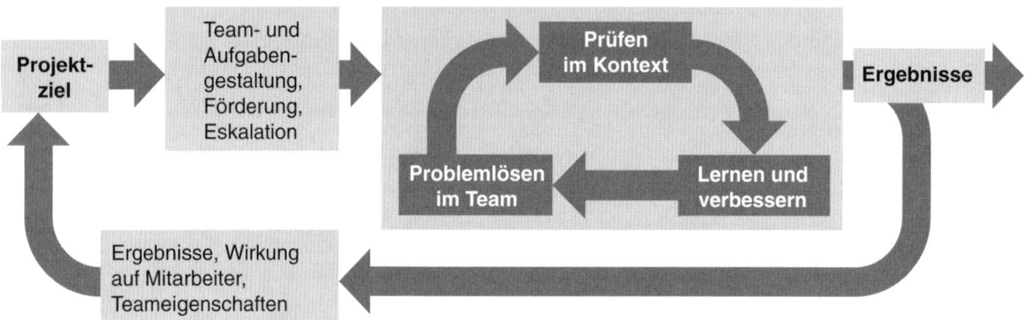

5.6 Teams und komplexe Problemlösung

Softwareentwicklung befasst sich mit einem dialektischen Problem: Ausgangszustand, Zielzustand, Operationen und damit der Lösungsweg sind unbekannt. Softwareentwicklung ist auch ein komplexes Problem: Die vielen Abhängigkeiten zwischen Kontext, Team, Individuen und Ergebnissen, je mit einer gewissen Eigendynamik, führen zu vielschichtigen Wechselwirkungen.

Toni, Projektleiter, meint:
»Was uns das Genick bricht, sind die fehlenden Entscheidungen: Auf welche Technologie sollen wir setzen, ist die Architektur so oder so, sollen wir lieber diesen oder jenen Weg gehen? Jemand, der gute und von den Leuten akzeptierte Entscheidungen trifft, macht alles sehr viel einfacher, da wir nur so einen Schritt weiterkommen.«

Entscheidungen

Toni bringt eine wichtige Erkenntnis auf den Punkt: Wenn keine oder nur sehr zögerlich Entscheidungen getroffen werden, funktioniert der Problemlösekreislauf nicht. Damit sieht es auch mit der Produktivität des Teams schlecht aus. Bill Buxton spricht im Rahmen von User Experience Design ein ähnliches Problem an [Buxton 2007]:

»Design is choice, and there are two places where there is room for creativity: 1. the creativity that you bring to enumerating meaningfully distinct options from which to choose 2. the creativity that you bring to defining the criteria, or heuristics, according to which you make your choices.«

Auswahl

Bill Buxton wählt hier den viel treffenderen Begriff Auswahl anstelle von Entscheidung. Dies charakterisiert nämlich die eigentliche Problematik: Es ist oftmals die Qual der Wahl aus mehreren, scheinbar gleichwertigen Lösungsmöglichkeiten, die das Entscheiden so schwierig macht. Das ist insbesondere so, wenn keine Variante die erstrebten Ziele vollumfänglich erfüllt, viele Unsicherheiten vorhanden sind und die Dynamik des komplexen Problems das Ziel jederzeit verändern kann.

Die Kunst des Entscheidens liegt bei Bill Buxtons zweitem Punkt. Wie kann ich Kriterien aufstellen, um die Auswahl möglichst schnell auf eine passende Lösung einzugrenzen? Dies ist ebenfalls ein kreativer Prozess und wird nicht auf Anhieb das gewünschte Ergebnis bringen. Hier zeigt sich nun die Qualität des Teams. Ist es möglich, eine noch unausgereifte Entscheidung zu treffen, diese umzusetzen und zu sehen, ob das funktioniert? Kann das Team einen geeigneten Problemlöseschritt ausführen und daraus lernen, zum Beispiel die Kriterien für die Lösungsauswahl besser zu definieren? Und kann das Team dies auch so kommunizieren?

Problemlösen im Team unterscheidet sich in diesem Sinne nicht vom individuellen Problemlösen. Der Hauptunterschied liegt in der zusätzlichen Komplexität, die durch das Team eingeführt wird und die es zu beherrschen gilt.

- Die verteilte gedankliche Repräsentation benötigt zusätzlich Kommunikation als Handlungsebene für das Problemlösen. Externe Mittel sind wichtige Katalysatoren dazu.
- Teameigenschaften müssen entwickelt werden. Das Team durchläuft dazu einen kontinuierlichen Lernprozess und die Individuen übernehmen zusätzlich auch Teamfunktionen.
- Der Prozess der Selbststeuerung ist auf Teamebene ein Schlüssel für produktive Teams. Der Problemlösekreislauf muss ständig in Schwung gehalten werden und die Teammitglieder müssen das Auseinanderdriften der gedanklichen Repräsentation verhindern. Die Interaktion mit dem Umfeld zeigt dem Team, wo und in welche Richtung es sich weiterentwickeln muss.

- Führung bezieht sich nicht nur auf Ergebnisse und Mitarbeiter, sondern fördert die Teameigenschaften und unterstützt das Team beim Treffen von Entscheidungen.

Abbildung 5–10 zeigt den Problemlöseprozess im Team, wie hier diskutiert, im Zusammenhang.

Abb. 5–10
Der Problemlöseprozess im Team

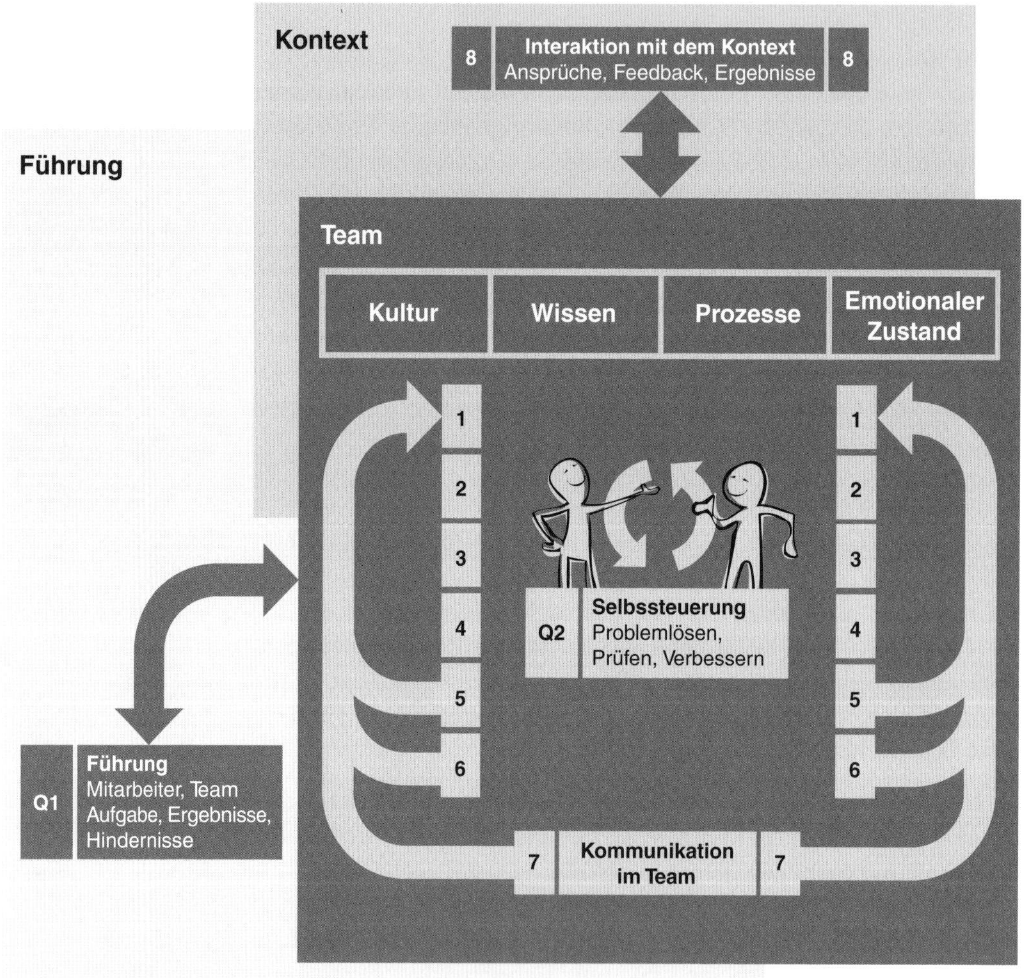

5.7 Zusammenfassung

Softwareentwicklung geschieht im Team, weil die gestellten Anforderungen für eine Einzelperson typischerweise zu umfangreich oder zu komplex sind. Die Idee: Parallelisierung mittels Arbeitsteilung sorgt für die gewünschte Geschwindigkeit und Synergieeffekte durch die Zusammenarbeit der Spezialisten für die benötigten Ergebnisse.

Doch Teams realisieren diese Idee nicht einfach so. Es kann nur gelingen, wenn das »Ökosystem« Team fähig wird, das gestellte, komplexe Problem zu lösen und die passenden Entscheidungen zu treffen. Denn die für die Problemlösung notwendige gedankliche Repräsentation ist nun auf die Köpfe im Team verteilt. Das Gesamtproblem kann nur noch mit intensiver Kommunikation der Teammitglieder gelöst werden.

Die Problemlösefähigkeit dieses »Ökosystems« ist durch die Qualität der Teameigenschaften bestimmt:

- Dem *emotionalen Zustand* entspringt die Tatkraft des Teams.
- *Teamkultur* sorgt für eine gemeinsame, strategische Ausrichtung und einer geteilten Ansicht von »richtig« und »falsch«.
- Das *Teamwissen* enthält insbesondere die verteilte gedankliche Repräsentation und ist somit die Grundlage für die Problemlösung.
- Durch gefestigte *Teamprozesse* kann das Team Arbeitsteilung und Zusammenarbeit wie selbstverstandlich leben und sich kontinuierlich weiterentwickeln.

Das Fördern dieser Teameigenschaften ist denn auch eine Schlüsselaufgabe für die Führung von Teams. Diese Teameigenschaften sind jedoch emergent und entstehen in der Zusammenarbeit der Teammitglieder als Reaktion auf die Interaktion mit dem Kontext. Führung stützt sich deshalb auf eine effektive Selbststeuerung durch das Team selbst ab.

Damit diese Selbststeuerung geschehen kann, ist einerseits eine Aufgabenorientierung des Teams und der Teammitglieder erforderlich. Diese kann entstehen, wenn dem Team eine angemessene und ganzheitliche Aufgabe gestellt wird. Andererseits sind die Teameigenschaften das Resultat eines Lernprozesses im Team. Das Erzeugen eines guten Lernprozesses ist deshalb auch eine Hauptaufgabe für die Führung eines Teams.

Das fünfte Kapitel beschäftigte sich mit dem typischen Problemlöser in einer Softwareentwicklung, dem »Ökosystem« Team. Somit haben wir Ihnen die drei Kernelemente, nämlich das zu lösende Problem (in Kapitel 3 und 4), den Problemlöseprozess (in Kapitel 4) und den Problemlöser (Kapitel 5), detailliert vorgestellt. Damit ist der Weg nun frei, und wir können Sie mit der Frage, wie wird Softwareentwicklung produktiver, konfrontieren.

Der erste Baustein dazu sind die Hilfsmittel, die in der Softwareentwicklung verwendet werden. Externe Mittel können den Problemlöseprozess im Team behindern oder fördern. Das nun folgende Kapitel 6 befasst sich deshalb mit der Wirkung dieser externen Mittel auf Problemlöser und Problemlöseprozess.

6 Externe Mittel – Hilfe fürs Gehirn

Problemlöser setzen nicht nur ihr Gehirn ein, sondern auch Arbeitsmittel. Wir nennen diese hier externe Mittel der Problemlösung. Auch die Softwareentwicklung kennt eine Vielzahl von externen Mitteln: Dokumente, integrierte Entwicklungsumgebungen, Papier und Bleistift, Modelle etc. Dieses Kapitel befasst sich mit der Frage, was ein gutes externes Mittel für eine Problemlösung im Team ausmacht.

6.1 Externe Mittel – wozu?

Softwareprojekte sind ohne externe Mittel nicht denkbar. Entwicklungsumgebungen, UML-Werkzeuge, kommentierter Programmcode, automatisierte Testfälle, Benutzerhandbücher, Whiteboards, Papier, Wegwerfprototypen, Excel-Tabellen, Bug-Tracking-Tools, Dokumente und viele andere Mittel ermöglichen einem Team überhaupt erst, die Komplexität zu bewältigen.

Nur: Sind alle externen Mittel gleich gut geeignet? Wozu benötigen wir externe Mittel überhaupt? An diesen Fragen scheiden sich die Geister und die Vertreter von linearen, geplanten, iterativen, benutzerzentrierten und agilen Vorgehen postulieren jeweils und vehement völlig unvereinbare Positionen.

Nehmen Sie einmal die bisher dargestellte Sichtweise der Wissensarbeit ein. Finden Sie bereits Antworten auf die folgenden Fragen?

- Hat ein Team zuerst ein Anforderungsdokument zu schreiben oder soll es direkt Programmcode erstellen?
- Wozu benötigen wir überhaupt Dokumente, der Programmcode sagt doch bereits alles?
- Macht es wirklich Sinn, einen Mock-up der zu bauenden Benutzungsschnittstelle zu entwerfen?
- Was ist eigentlich ein externes Mittel der Problemlösung und was macht ein gutes aus?

Externe Mittel werden aus Sicht der Wissensarbeit für drei unterschiedliche Tätigkeitsfelder verwendet:

- in der individuellen Problemlösung,
- in der gemeinsamen Problemlösung,
- in der Interaktion mit dem Kontext.

Bevor wir tiefer auf diese Tätigkeitsfelder eingehen, möchten wir Sie auffordern, sich im folgenden Abschnitt eingehender mit Sinn und Zweck eines sehr weit verbreiteten externen Mittels zu beschäftigen: den Dokumenten. Da Ihnen die Verwendung von Dokumenten in Projekten mit Sicherheit bekannt ist, lassen sich hier als Einstieg in die Thematik viele Effekte der Wissensarbeit diskutieren.

6.2 Der Einsatz von Dokumenten

Das Resultat eines Softwareprojekts ist in erster Linie die Software selbst. Dennoch scheint kein Projekt ohne intensiven Einsatz einer Textverarbeitung auszukommen. Entsprechende Vorlagen gehören zum Standardrepertoire eines jeden Softwareprozesses. In pawlowscher Manier verlangen gewisse Personen zuerst eine passende Vorlage, bevor sie sich an die Arbeit machen. Die so erstellten Dokumente würden ausgedruckt Bücherregale füllen.

Unterschiedliche Vorstellungen

Ein Blick auf Vorgehensmodelle der traditionellen und der agilen Welt offenbart eine erstaunliche Unstimmigkeit über die Bedeutung von Dokumenten. In einer traditionellen Softwareentwicklung erstellt ein Team eine Vielzahl von Dokumenten, typischerweise als Zwischenschritte auf dem Weg zur fertigen Software. In Projekten dieser Art ist gelegentlich gar zu beobachten, dass den Dokumenten mehr Gewicht eingeräumt wird als dem eigentlichen Programmcode.

Komplett anders gehen agile Methoden vor. Diese verzichten so weit wie möglich auf Dokumente und stellen lauffähige Software in den Mittelpunkt der Projektarbeit. Im Extremfall entsteht kein einziges Dokument, sondern nur unzählige Zeichnungen an Whiteboards, die nach Gebrauch wieder gelöscht werden.

Ein interessanter Diskussionspunkt: Welche Rolle spielen Dokumente in der Wissensarbeit tatsächlich?

Die Rolle von Dokumenten heute

Aber zuerst die Frage: Welche Rolle wird den Dokumenten denn zugewiesen? In den eher traditionellen Prozessen sind dies insbesondere die folgenden Aspekte:

- *Wissenstransfer im Team:*
  Bei sequenzieller Arbeitsteilung erstellen beispielsweise Business-Analysten Dokumente, um die Anforderungen an die Entwickler und Tester zu kommunizieren.
- *Wissenserhalt bei Fluktuation:*
  Teams schreiben Dokumente, um Wissen an neue Mitarbeiter und Nachfolger weiterzugeben.
- *Kommunikation nach außen:*
  Externe Stakeholder prüfen in einem Review die Ergebnisse eines Projektteams anhand der Dokumente.
- *Vertrag:*
  Auftragnehmer und Auftraggeber halten die vereinbarten Leistungen vor der Entwicklung schriftlich fest.
- *Qualitätssicherung:*
  Dokumente dienen z.B. zur Überprüfung der Prozesskonformität, was als Indiz für gute Qualität gilt.

Viele Softwareentwicklungsprozesse definieren eine große Zahl von Ergebnisdokumenten, die an bestimmten Meilensteinen abzugeben sind, und bieten die entsprechenden Vorlagen dazu an.

Dokumente ⇔ Prozess

Traditionelle Vorgehensmodelle stützen den Prozess auf die Dokumente ab: Management und Kommunikation von Wissen, Kommunikation gegen außen, Verträge und Qualitätssicherung werden (de facto) zu großen Teilen darüber geregelt.

Der andere Ansatz agiler Vorgehensweisen

Dort wo traditionelle Vorgehensweisen sich auf Dokumente stützen, setzen agile Projekte in erster Linie auf Interaktion zwischen den Parteien [Pichler 2008].

- *Wissenstransfer im Team:*
  Die Kommunikation soll so direkt wie möglich, d.h. mündlich sein. Das gesamte Team, inkl. Fachvertreter, arbeitet deshalb vor Ort. Da alle Beteiligten zusammenarbeiten, findet der Wissenstransfer durch die Zusammenarbeit statt.
- *Wissenserhalt bei Fluktuation:*
  Die gemeinsame Arbeit im Team hilft auch, neue Mitarbeiter ins Team einzubinden, unterstützt durch Techniken wie Pair Programming.

- *Kommunikation nach außen:*
  Kunden und Benutzern zeigen agile Teams in kurzen Abständen zunehmend vollständigere Versionen der zu erstellenden Software. Dies sei die beste Art, Feedback zu holen.
- *Vertrag:*
  Agile Prozesse setzen hier auf die intensive Interaktion zwischen Kunde und Team. Vor jeder Iteration wird der Vertrag für die nächste Iteration diskutiert und nach jeder Iteration vom Kunden abgenommen. User Stories sind das Mittel der Wahl, den eingegangenen »Vertrag« festzuhalten.
- *Qualitätssicherung:*
  Selbst dazu setzen agile Prozesse auf Interaktion und das Team: Qualität ist nicht verhandelbar – das Team plant nur so viele Features für eine Iteration, wie möglich sind, ohne die Qualität zu gefährden.

Interaktion ⇔ Prozess

Agile Vorgehensmodelle stützen den Prozess auf das Team ab: Management von Wissen, Kommunikation gegen außen und Qualitätssicherung basieren auf der direkten Interaktion der Beteiligten.

Agile Vorgehensmodelle stellen die Interaktion der Beteiligten in den Mittelpunkt, dabei reduzieren kurze Entwicklungszyklen den Schaden eventueller Missverständnisse.

Ist bei agilen Projekten ein Dokument notwendig, beispielsweise ein Softwarearchitekturdokument, so wird das Projektteam versuchen, immer zum Ende eines Sprints oder einer Iteration genau die Aspekte der Architektur dokumentiert zu haben, die tatsächlich auch gebaut wurden.

Wissenstransfer im Team

Die Erkenntnisse aus Kapitel 4 und 5 werfen ein neues Licht auf die traditionelle und die agile Position. Wenn Sie sich beispielsweise den Abschnitt 5.3 zur Kommunikation im Team vor Augen führen, sollte der folgende Schlagabtausch zwischen Rolf, GUI-Entwickler, und Roman, Business-Analyst, zum Thema Kommunikation im Team nicht wirklich erstaunen:

Rolf: »*Wir hatten wirklich Schwierigkeiten mit den Anforderungen. Die Anforderungsleute haben zwar ein riesiges Spezifikationsdokument geschrieben – da stand über 7500-mal der Satz »Das System soll ...« drin. Man dachte, mit solchen subatomaren Anforderungen würde man das System sehr exakt und auch testbar spezifizieren. Tatsächlich haben aber weder die Tester noch wir Entwickler verstanden, wie das alles zusammenhängen soll. Unsere Architekten haben dann selbst ein Lösungskonzept definiert, mit dem wir in der Entwicklung arbeiten konnten. Allerdings wussten davon weder die Tester noch der Kunde etwas.«*

Roman: »*Egal wie ich die Anforderungen festhalte. Es gibt in jedem Team ein paar Entwickler, die alles noch einmal und völlig redundant in einem eigenen Dokument aufschreiben. Liefere ich Use Cases, leiten sie funktionale Requirements ab. Liefere ich dann Letztere, schreiben sie Use Cases auf. Halte ich beides fest, formulieren sie Tausende von Kleinst-Use-Cases und verknüpfen das Ganze mit Skizzen der Benutzerschnittstelle.*«

Rolf: »*Natürlich schreiben wir unsere eigenen Dokumente. Wenn wir es nicht tun, werden wir im Nachhinein immer an den Dokumenten der anderen aufgeknüpft. Da sei es doch geschrieben, sagen die uns dann. Leider war das Geschriebene, wenn nicht komplett unverständlich, dann wenigstens sehr missverständlich und ganz sicher nicht konsistent. Wir haben so gleich lange Spieße: Geschriebenes steht Geschriebenem gegenüber.*«

Dokumente enthalten niedergeschriebene Information. Das ist zwar kein schlechter Anfang. Es reicht aber in den allermeisten Fällen nicht, um bei einem Leser – mit zwangsläufig individuellem Hintergrund an Erfahrungen – dieselbe gedankliche Repräsentation entstehen zu lassen, wie es der Autor beim Schreiben des Dokuments im Kopf hatte.

Mit anderen Worten: Die Tatsache allein, dass etwas aufgeschrieben ist, genügt noch lange nicht, um von einem funktionierenden Wissenstransfer auszugehen. Diese eigentlich naive Annahme liegt jedoch vielen Projektvorgehen zugrunde. Damit sich Empfänger das gleiche mentale Modell wie der Autor eines Dokuments erarbeiten können, müssen sie sich mit der Materie auseinandersetzen und sie brauchen Rückmeldung.

Aus diesem Grund erstellen Romans Entwickler wohl auch ihre eigenen Dokumente. Durch das Neuformulieren können sie das Verständnis aufbauen und Roman zur Prüfung vorlegen. Es entsteht eine Kommunikation wie im Kapitel über Teams (siehe Abschnitt 5.3) beschrieben – wenngleich wohl eine wenig effiziente.

Aus niedergeschriebener Information entsteht erst nach einem meist nur auf symbolischem Lernen basierten Prozess echtes Wissen im Kopf des Lernenden. Wie schon bereits in Abschnitt 4.6 beschrieben, ist die Kombination aus symbolischem und operativem Lernen die beste Art, sich neues Wissen anzueignen. Viele Schwierigkeiten in Projekten mit einem dokumentengetriebenen Vorgehen resultieren aus einem vernachlässigten Lernprozess, da die Projektmitarbeiter davon ausgehen, dass in Dokumenten festgehaltene Information sehr einfach zwischen Personen übertragbar ist. Dass dies nicht funktioniert, ist insbesondere deshalb tragisch, weil das zu vermittelnde Wissen das Ziel der nachfolgenden Handlungen des Lesers direkt beeinflussen soll – beispielsweise soll ja das Entwicklungsteam möglichst exakt das bauen, was die Analysten spezifiziert haben. Roman meint:

»Eigentlich sollten die Entwickler und ich die Anforderungen zusammen aufschreiben. Wir hätten also das gleiche Dokument und die Doppelspurigkeit wäre weg. Dabei würde auch gleich der Wissenstransfer stattfinden, denn wir würden ja miteinander diskutieren. Ich würde dann zuvor für mich wohl nur noch die Zusammenhänge im Business aufzeichnen. Darüber muss ich mal nachdenken.«

Wissenstransfer bei Fluktuation

Toni, Projektleiter, meint:
»Aber Dokumente sind nicht wirklich dafür gedacht, mit jemandem zu kommunizieren, der gleich um die Ecke sitzt. Ich fordere von meinen Teams z.B. immer ein ausführliches Architekturdokument und auch die Javadoc muss immer up to date sein. Damit kann ein neuer Mitarbeiter sofort produktiv einsteigen.«

Gute Dokumente helfen sicherlich, dass sich neue Mitarbeiter in ein Projekt einarbeiten können. Doch ist auch hier ein Lernprozess notwendig und Tonis Aussage wohl etwas sehr optimistisch. Evelyn, Softwarearchitektin, geht hier ein Stück weiter:

»Meiner Meinung nach sind unsere automatisierten Tests eines der wichtigsten Mittel für eine langfristige Weiterentwicklung einer Software. Zwar ist es anfangs sehr aufwendig, aber das zahlt sich sehr schnell aus. Man weiß sofort, wenn man etwas verbockt hat.«

Neue Mitarbeiter in einem Team müssen das komplexe und dynamische System der Software verstehen lernen. Sie müssen eine gedankliche Repräsentation über die Software aufbauen. Dies ist, so die Erkenntnisse aus Kapitel 4, am besten durch eine Kombination aus Nachdenken mit Probehandeln und Ausprobieren möglich. Automatisierte Tests ermöglichen genau das. Entwickler können am Programmcode ändern und mit den automatisierten Tests eine Rückmeldung erhalten. Schlägt ein Test fehl, können sie reflektieren und die gedankliche Repräsentation anpassen. Die wichtige Umstrukturierung der Gedächtnisinhalte benötigt schnelles Feedback. Ohne diese Tests fehlt das Feedback und das Erkennen von Fehlern ist sehr viel aufwendiger oder gar nicht möglich.

Evelyn, Softwarearchitektin, meint:
»Ich sehe das Problem vor allem darin, dass neue Entwickler die Prinzipien hinter einer Software nicht genügend gut begriffen haben. Sie stellen dann Dinge um, die gar nicht notwendig waren, und mühen sich andererseits mit Abstraktionen ab, die dringend geändert werden müssten. Da soll das Architekturdokument helfen.«

Während der gesamten Dauer eines Entwicklungsprojekts entwickelt ein Team die gemeinsame, gedankliche Repräsentation von Aufgabe und Lösung. Dabei gilt es zu bedenken, dass diese gedankliche Repräsentation in einem sehr teamspezifischen Prozess entsteht und ein anderes Team sich eine andere Repräsentation formen wird.

Ein neuer Mitarbeiter muss sich nun diese gemeinsame, gedankliche Repräsentation zuerst erarbeiten. Dazu kann das Lesen eines Dokuments helfen. Doch ein neuer Mitarbeiter verändert das Team. Das veränderte Team muss sich neu bilden: Teamkultur, Wissen, Teamprozesse werden sich mehr oder weniger ändern.

Der Motor für diese Anpassung ist (siehe Kapitel 5) die Interaktion im Team. Die zu starke Fokussierung auf Dokumente kann unter Umständen diese wichtige Interaktion zwischen dem bisherigen Team und neuen Mitarbeitern behindern.

Die Erkenntnis aus der Wissensarbeit ist: Um ein neues Teammitglied in ein Team zu integrieren, ist es wichtig, dieses möglichst schnell und aktiv in den gemeinsamen Arbeits- bzw. Problemlöseprozess einzubinden. Durch direkte Kommunikation lernen neue Mitarbeiter besser als durch Dokumente, und das Ökosystem Team kann sich als Ganzes anpassen.

Dies ist ein Grund, warum XP Pair Programming als Erfolgskonzept nennt.

Dokumente als Evaluationsmittel

Toni, Projektleiter, berichtet:
»Ein wichtiges Anliegen sind die Reviews unserer Dokumente. Leider ist das Feedback oft enttäuschend. Normalerweise beanstandet der Q-Verantwortliche das Nichteinhalten einer Vorlage, es gibt ein paar Schreibfehler zu korrigieren und irgendein Steckenpferd eines VIPs zu berücksichtigen. Die Fehler finden wir dann, wenn wir es implementiert haben.«

Toni hat hier natürlich etwas übertrieben. Doch ein Review anhand einer abstrakten Beschreibung durchzuführen ist für die Prüfer nahezu unmöglich. Zudem gibt es keine Garantie, dass alle unter dem Inhalt das Gleiche verstehen – oder anders gesagt, ob alle aus der niedergeschriebenen Information dieselbe gedankliche Repräsentation gewonnen haben. Und tatsächlich geschieht dies auch nicht.

Evelyn, Softwarearchitektin, schildert:
»Wir hatten einen Usability-Experten im Projekt, der in enger Zusammenarbeit mit den Auftraggebern konkrete Abläufe und Beispiele mit Skizzen des User Interface entwickelt hat. Wir haben dies am Anfang des Anforderungsdokuments aufgenommen und nachher eine Spezifikation mit Use Cases geschrieben. Die Rückmeldung der Auftraggeber war, die Szenarien und Skizzen seien wie vereinbart, die Use Cases würden dann wohl auch stimmen.«

Benutzer müssen beurteilen, wie sich die neue Software auf ihre Arbeit auswirken wird. Dabei gilt: Je besser Prüfer ein Zwischenresultat testen und ausprobieren können, desto fundierteres Feedback ist möglich. Testen und Ausprobieren ist mit Dokumenten nicht möglich. Einem Leser steht lediglich eine gedankliche Simulation durch Probehandeln im Referenzhandlungsfeld zu Verfügung. Ein Dokument, so die Lehre von Evelyn, ist ein denkbar schlechtes Mittel, mit Personen außerhalb des Projektteams zu sprechen.

Vertragsverhandlungen

Toni, Projektleiter, befragt nach einer häufigen Schwierigkeit:
»Ganz klar: Ausschreibungen der öffentlichen Hand. Man erhält einen dicken Ordner voll mit Dokumenten und Anforderungen. Es ist unheimlich schwer abzuschätzen, was wirklich gefordert ist. Das Ausschreibungsverfahren ist sehr formal und Fragen lassen sich kaum in genügender Tiefe diskutieren, da sie nur schriftlich eingereicht werden dürfen und man lange auf die Antwort warten muss. Man erstellt also ein Angebot nach bestem Wissen und Gewissen und muss dann die nächsten drei Jahre die Missverständnisse managen.«

Die Ineffektivität dieses Vorgehens sollte Sie nicht mehr überraschen. Einmal mehr fehlt ein gemeinsames mentales Modell. Oder allgemeiner: Die in Abschnitt 5.2 beschriebenen Teameigenschaften zwischen Auftraggeber und Auftragnehmer.

Dabei haben beide künftigen Partner schon für sich genommen ein großes Problem zu lösen. Der Angebotsersteller versucht in erster Linie eine Lösung zu konzipieren und abzuschätzen, welche die gestellten

Anforderungen möglichst erfüllt. Der Auftraggeber hingegen versucht herauszufinden, welcher der potenziellen Auftragnehmer die Bedürfnisse am besten zu erfüllen vermag.

Damit beide diese Probleme gut lösen können, sind gute Teameigenschaften zwischen den Vertragspartnern notwendig, und diese entstehen in der gemeinsamen Problemlösung nur, wenn der Auftraggeber ein Teil des Teams ist. Der formale Prozess anhand von Ausschreibungsunterlagen und schriftlichem Angebot verhindert dies weitestgehend.

Fazit

Dokumente werden für viele der oben beschriebenen Zwecke verwendet – trotz der immer wieder auftretenden Schwierigkeiten. Unsere Erfahrung zeigt, dass Dokumente für viele Tätigkeiten in einem Softwareprojekt nicht das Mittel der Wahl sein sollten.

- Leser müssen die Informationen wieder mithilfe eines Lernprozesses in Wissen umwandeln. Dieser läuft rein symbolisch ab und nur die verdichteten Informationen sind verfügbar. Eine solche Kommunikation ist ineffizient und Missverständnisse sind vorprogrammiert.
- Zudem trennen Dokumente Ersteller und Leser räumlich und zeitlich voneinander. Dokumente fokussieren folglich die Arbeit einer Person auf das Verdichten und Festhalten von Informationen anstatt auf das Zusammenarbeiten mit anderen Personen. Teameigenschaften leiden oder bilden sich gar nicht erst heraus.
- Die mangelnden Teameigenschaften erschweren die Kommunikation zwischen den beteiligten Parteien zusätzlich. Konflikte sind nicht zu vermeiden.

Wohlgemerkt, die Diskussion hier bezieht sich auf Dokumente als Werkzeug zum Wissenstransfer, so wie sie in sehr vielen Fällen eingesetzt werden. Natürlich müssen viele der Informationen in einem Projekt auf irgendeine Art aufgeschrieben werden – kein Mensch und kein Team kann sich alles merken. Die Frage ist aber: Gibt es bessere Möglichkeiten, als mit Dokumenten zu kommunizieren?

Natürlich ist dem so. Die folgenden Abschnitte sollen Ihnen zeigen, auf was Sie achten können.

6.3 Die Wirkung externer Mittel

Evelyn, Softwarearchitektin, erzählt:
»Der Finanzmathematiker hat uns seine Formeln in einer Tabellenkalkulation zur Verfügung gestellt, inklusive einer großen Menge von Testdaten, mit denen er selbst die Formeln erstellt hat. Wir haben dann mit diesen Testdaten unsere Software gegen seine Tabelle laufen lassen und logischerweise in beiden Fehler gefunden und gemeinsam behoben.«

Im Licht der im vorherigen Abschnitt diskutierten Dokumente fällt an diesem Bericht ein Punkt besonders ins Auge. Die zwischen Finanzmathematiker und Projektteam ausgetauschte Tabelle enthält nicht einfach nur ein paar Formeln, vielmehr ist dies auch ein Prototyp des Rechenkerns inklusive ausführbarer Testfälle.

Ein Hilfsmittel für eine gemeinsame Problemlösung

Der Finanzmathematiker hat lediglich sein externes Mittel der Problemlösung dem Entwicklungsteam überreicht und diese haben es als externes Mittel ihrer Problemlösung eingesetzt. Sie haben die Stärke des externen Mittels für ihre Zwecke ausgenutzt.

- Der Finanzmathematiker konnte die mathematischen Zusammenhänge erarbeiten und verbessern. Es sind nicht nur die Formeln anpassbar, sondern die Testfälle sind ausführbar und Feedback über die Güte ist sofort vorhanden.
- Die Testdaten dienten auch für die Tests des Rechenkerns. Das Team hatte immer einen detaillierten Vergleich zwischen dem geforderten und der implementierten Lösung. Die Spezifikation war auch gleich der Test.
- Im Gegensatz zu einem ausgearbeiteten Dokument – »Es steht alles da, man muss nur lesen!« – wird eine Excel-Tabelle mit vielen Formeln nicht als selbsterklärend angesehen. Die Interaktion zwischen Mathematiker und Team durfte stattfinden.
- Das Team konnte damit nicht nur seinen entwickelten Rechenkern prüfen, sondern auch Fehler in der Excel-Tabelle, d.h. der Spezifikation, aufdecken und die Testdaten entsprechend erweitern. Das externe Mittel erzeugte Synergie.
- Selbstredend bestand die Abnahme des neuen Rechenkerns darin, dass die vom Finanzmathematiker erstellten Testfälle korrekt ausgeführt wurden.

Überlegen Sie einmal: Wie hätte dieser Vorgang nach einem typischen, dokumentenbasierten Vorgehen ausgesehen? Welche Dokumente wären dabei entstanden?

Was externe Mittel bewirken sollen

Die Wahl des externen Mittels beeinflusst offensichtlich stark, wie Leute in einem Team zusammenarbeiten und wie der Problemlöseprozess selbst stattfindet. Ein Berater, der ein Projektteam unterstützt, kann das Team also dazu bewegen, seine externen Mittel zu überdenken, dadurch Einfluss auf die Teamprozesse nehmen und diese nachhaltig verändern.

Dazu lohnt es sich, ein paar Kernaussagen aus Kapitel 4 und 5 aufzugreifen und daraus zu schließen, wo ein externes Mittel wirken sollte:

- *Ausprobieren und reflektieren:*
  Den Problemlöseprozess günstig beeinflussen, das Ausprobieren von Alternativen ermöglichen und die Reflexion darüber fördern.
- *Problem umformulieren:*
  Helfen, das Problem in seiner Komplexität zu reduzieren, in Teile zu zerlegen und unterschiedliche Aspekte zu vernetzen.
- *Synergie erzeugen:*
  Die individuellen Stärken der Teammitglieder kombinieren und so bessere Lösungen ermöglichen.
- *Arbeitsteilung ermöglichen:*
  Problem zerlegbar machen, Teameigenschaften auch bei Arbeitsteilung aufrechterhalten und Interaktion im Team fördern.
- *Lernumfeld schaffen:*
  Reflexion der Individuen und die Selbststeuerung des Teams fördern.
- *Interaktion mit dem Kontext verbessern:*
  Insbesondere die schlecht ausgeprägten oder fehlenden Teameigenschaften als Kommunikationshürde überbrücken helfen.

Die Wahl externer Mittel

Natürlich bewirkt nicht jedes externe Mittel alle diese Dinge gleichermaßen. Die Excel-Tabelle hat beispielsweise die sehr gute Arbeitsteilung zwischen Finanzmathematiker und dem Entwicklungsteam bewirkt. Der Finanzmathematiker konnte sich auf seine Problemstellung konzentrieren – wie soll die Mathematik funktionieren – und das Resultat einfach an die Entwickler kommunizieren. Diese hatten es dann recht leicht, ihr Problem – nämlich das Entwickeln eines zuverlässigen und performanten Rechenkerns – zu lösen. Ein anderes externes Mittel hätte vielleicht mehr die Synergie gefördert, indem es Entwicklungsteam und Finanzmathematiker zum Zusammenarbeiten gebracht und dadurch vielleicht eine noch bessere mathematische Grundlage geschaffen hätte.

Das wäre wohl dann interessant gewesen, wenn das Entwicklungsteam selbst über gutes finanztechnisches Wissen verfügt hätte.

Hier dringt nun eine wichtige Erkenntnis an die Oberfläche: Selbstverständlich sind nicht in jeder Situation dieselben externen Mittel geeignet. Beispielsweise hatte der Finanzmathematiker nicht die Möglichkeit, den Rechenkern in der geforderten Qualität in Bezug auf Wartbarkeit und Performance selbst zu entwickeln. Ebenfalls fehlte dem Entwicklungsteam das notwendige fachliche Wissen, um die mathematische Grundlage zu erarbeiten. Das gewählte externe Mittel geht genau auf diese Herausforderung ein. Die folgende Aussage ist die Quintessenz aus dieser Betrachtung:

Jedes Projekt benötigt andere externe Mittel

Die optimalen externen Mittel hängen vom Problem und insbesondere auch vom Team und den Wissensdifferenzen der Teammitglieder ab und sind damit für jedes Projekt verschiedenen.

Denken Sie daran, wenn Sie das nächste Mal ein Template ausfüllen sollen.

6.4 Externe Mittel im Kreisprozess der Problemlösung

Externe Mittel sollen den in Abschnitt 4.6 vorgestellten Problemlösekreislauf (siehe Abb. 4–13) unterstützen. Falls Sie diesen jetzt nicht mehr vor Augen haben, sollten Sie kurz zurückblättern. So sind Sie gewappnet, um sich mit den nun folgenden »schlechten Gerüchen« in der Softwareentwicklung zu befassen.

Moderne Softwareentwicklungsumgebungen

Wenn Sie schon längere Zeit keine Softwareentwicklungsumgebung mehr verwendet haben, lassen Sie sich doch einmal eine moderne Umgebung von einem Entwickler vorführen. Es ist erstaunlich, welche Features diese Umgebungen heutzutage bieten.

In der Softwareentwicklung gibt es Indizien für schlechte Programmierung, sogenannte Code Smells. Ein solcher Code Smell kann beispielsweise eine zu große Klasse, gleicher Code an mehreren Stellen oder auch toter Code sein, der nicht mehr verwendet wird. Solche Code Smells können, sind die Entwicklungswerkzeuge entsprechend konfiguriert, noch während der Programmierung visualisiert werden, beispielsweise als Warnung oder sogar Fehler.

Diese Fähigkeit der Werkzeuge verändert die individuelle Problemlösung auf vielfältige Weise:

- Der Mustererkennung in unserem Gehirn stehen zusätzliche Informationen zu Verfügung. Code Smells können einfach wahrgenommen werden und müssen nicht mehr erinnert werden.
- Warnungen und Fehler haben für Entwickler ein hohes Aufmerksamkeitspotenzial. Sie gelangen so schnell in das Zentrum der Problemlösung.
- Entwickler formulieren auf diese Weise das Problem um: Es soll Quellcode entstehen, der keine Warnungen und Fehler mehr erzeugt.
- Entwickler suchen nun nach neuen Handlungen, um dieses umformulierte Problem zu lösen.
- Ist beispielsweise redundanter Code vorhanden, werden Entwickler versuchen, diese Redundanz zu entfernen, vielleicht sogar von Anfang an zu vermeiden.
- Dabei wird die Anzahl erzeugter Warnungen und Fehler eine wichtige Kennzahl. Entwickler bewerten also den Quellcode mit anderen Kriterien.
- In der Reflexion lernen Entwickler nun Muster und Lösungen kennen, die sich besonders gut eignen, Quellcode ohne Warnungen und Fehler zu erzeugen.

Sie sehen also, wie tief ein externes Mittel in die Problemlösung eingreifen kann. In diesem Beispiel ist es insbesondere die sofortige Rückmeldung über die Zielerreichung bzgl. Codequalität, die diesen Eingriff bewirkt.

Effektive und schnelle Zielüberprüfung durch Bewertung

Gerade bei komplexen Problemen, die schwierig zu erfassen und auf Anhieb kaum vollständig zu verstehen sind, kann ein externes Mittel helfen, schnell eine effektive Zielüberprüfung auszuführen. Das ermöglicht das iterative Herantasten an eine Lösung.

Die Excel-Tabelle des Finanzmathematikers erreicht dies, indem eine große Menge von Testfällen automatisiert ausgeführt wird und die Auswirkungen einer Veränderung der Berechnung sofort sichtbar werden. Bei den Code Smells übernimmt das externe Mittel die aufwendige Suche im Sourcecode und ersetzt auch gleich eine Checkliste, anhand der die Entwickler den Code im Kopf prüfen müssten.

Genau denselben Anspruch erfüllen auch die in vielen Projekten verwendeten automatisierten Tests. Sie helfen dem Team bei der Bewertung eines Lösungskandidaten, indem die Tests schnell und zuverlässig die Veränderung überprüfen und als Fehler, Statistiken und Trends zurückmelden.

Externe Mittel geben Feedback zur Zielerreichung

Ein externes Mittel gibt möglichst sofort aussagekräftiges Feedback zum Grad der Zielerreichung. Es unterstützt damit die Bewertung von Lösungskandidaten.

Die Bewertung der Lösungskandidaten kann so explizit sein, wie in den Beispielen mit den Testfällen in der Excel-Tabelle und den Code Smells gezeigt. Doch unterstützen externe Mittel die Bewertung von Lösungskandidaten auch über die Wahrnehmung.

Katarina, Interaction-Designerin, erklärt den Wert von Sketching: *»Ich skizziere praktisch alle Ideen auf Papier oder in einer Software. Damit sehe ich sofort, ob eine Idee funktioniert oder nicht.«*

Durch das Zeichnen auf einem Stück Papier nutzt Katarina die mächtige Mustererkennung der Wahrnehmung aus. Sie erkennt in der Skizze gutes und schlechtes Design, denn als Profi hat Katarina viele Muster gespeichert. Die Musterkennung lenkt die Aufmerksamkeit auf bestimmtes Wissen im Gedächtnis. Dies beinhaltet nicht nur gute und schlechte Punkte, sondern auch Verbesserungsmöglichkeiten und Bewertungskriterien. In vielen Fällen wird Katarina also gleich mögliche Lösungskandidaten vor Augen haben, diese kurz bewerten und auf das Papier bringen.

Die Wahrnehmung dient als Auslöser für Katarinas Intuition. Katarina erkennt aufgrund ihrer großen Erfahrung sofort, wie gut das in einer Skizze dargestellte Produkt funktioniert und welche Verbesserungen möglich sind. Dazu verwendet die Mustererkennung eines Experten viele nur intuitiv im Langzeitgedächtnis vorhandene Merkmale zur Überprüfung.

Externe Mittel beflügeln die Mustererkennung

Ein externes Mittel ermöglicht es einem Problemlöser, seine Mustererkennung zu nutzen und weiterzuentwickeln und so intuitiv Lösungskandidaten zu entdecken und zu bewerten.

Ausprobieren

Das Bewerten eines Lösungskandidaten ist nur ein Aspekt, der einem Problemlöser das Ausprobieren ermöglicht. Die beiden anderen Aspekte sind:

- Die Möglichkeit, schnell zu handeln.
- Es gibt ein Zurück.

Je schneller ein externes Mittel erstellt und auch verändert werden kann, desto schneller kann ein Problemlöser auch Feedback einholen – der Kreisprozess konvergiert schneller. Sketching ermöglicht eine äußerst kurze Feedbackschleife, die durchaus im Bereich von ein paar Sekunden liegen kann.

Auf der anderen Seite gelingt Ausprobieren nur, wenn es auch ein Zurück gibt. Beim Schachspielen ist es zwar strikt untersagt, auch nur eine Figur zu berühren, außer der Spieler will mit dieser Figur ziehen. Doch stellen Sie sich kurz ein Schachspiel vor, in dem Sie die Figuren beliebig ändern könnten, solange sie diese vor Ihrem Zug wieder in die Ursprungsposition zurückbringen. Die Schwierigkeit ist Ihnen sicherlich aufgefallen, schon nach kurzer Zeit würde es den meisten Leuten sehr schwerfallen, die Ausgangsposition zu rekonstruieren. Somit kann ein Spieler auch nicht ausprobieren. Schachcomputer können dieses Problem übrigens beheben.

Reflektieren

Evelyn, Softwarearchitektin, beklagt sich:
»*Was ich wirklich hasse, sind schrittweise Anleitungen, wie man sie in gewissen Büchern sieht. Klicken Sie hier und dann da und tun Sie dies und das. Natürlich komme ich dann zum Ziel. Aber wirklich begriffen habe ich nichts. Das einzige was ich kann, ist diese doofe Anleitung zu befolgen. Wenn aber etwas nicht geht, habe ich keine Ahnung, was zu tun ist.*«

Die von Evelyn erwähnten Rezepte stellen mögliche Operatoren für die Problemlösung dar. Eigentlich müsste Evelyn diese nur erlernen und dann, je nach Situation, das richtige Rezept hervorholen und anwenden. Evelyns Erfahrung ist aber, dass diese Rezepte in der Praxis nicht für alle Fälle genügen. Und in diesen stolpert Evelyn dann über das fehlende konzeptionelle Wissen. Anhand der Rezepte kann Evelyn die gedankliche Repräsentation nicht genügend aufbauen.

Ganz anders ist das externe Mittel der Code Smells. Dieses gibt Feedback zur Zielerreichung, nämlich ob gewisse Regeln für qualitativ guten Code eingehalten wurden. Das fordert die Entwickler dazu auf, sich mit der Frage zu beschäftigen, was qualitativ guter Code ist und wie sie sich hier verbessern können. Code Smells fördern die Reflexion im Problemlösekreislauf und die Fähigkeit der Entwickler, qualitativ guten Code zu erzeugen.

Externe Mittel fördern Reflexion

Ein externes Mittel fordert Problemlöser auf, über die eigene Problemlösung zu reflektieren und sich zu verbessern.

6.5 Im Team: Synergie und Arbeitsteilung

Problemlösen im Team unterscheidet sich vom individuellen Problemlösen dadurch, dass die im Team verteilte gedankliche Repräsentation die Kommunikation der Teammitglieder erfordert. Rolf, GUI-Entwickler, meint:

»Mir graut vor diesen Meetings mit Beamer, bei denen zehn Personen einem armen Tropf zuschauen, wie der sich mit der Tabellenkalkulation abmüht.«

Guter Hinweis. An dieser Stelle deshalb eine kleine Denksportaufgabe an Sie: Wieso sind Computer und Beamer, bewährte Hilfsmittel in vielen Sitzungen, eine große Herausforderung für gemeinsames Problemlösen – neben Lärm, schlechtem Licht und stickiger Luft?

Eine Sitzung mit Beamer

Der Kern der Problematik lässt sich aus folgendem verbalen Protokoll eines Meetings erkennen:

»Hier ist die Beschaffungsliste für die Vertriebsabteilung. Könnt ihr es lesen? Es ist etwas klein geschrieben.«

»Die Liste ist aber nicht korrekt.«

»Was stimmt denn nicht?«

»Auf Zeile 15. Das haben die im Vertrieb nicht, dass muss zum Einkauf rüber.«

»Zeile 15. aha. Die Großbildschirme für die Events. Macht Sinn.«

»Hol mal die Liste vom Marketing hervor.«

»Moment, das habe ich gleich. Hmm. Nein doch nicht. Aha. Ich hab's da hingetan. Voilà.«

»Da sind zwei Listen. Für die Eventmanager und den Rest vom Marketing.«

»Nimm mal den Eventmanager hervor.«

»Moment, kommt gleich.«

»Sieht es jemand?«

»Scroll mal etwas nach rechts.«

»Kannst du nicht suchen?«

»Wo ist denn die Suche?«

»Drück mal Ctrl und F.«

»Ctrl + F. Was ist den Ctrl? Ach ja die Strng-Taste. So. Suche mal nach Bildschirm.«

»Nö, kein Treffer.«

»Hast du richtig gesucht? Das muss doch da drauf sein!«

Wie anders eine Kommunikation vonstattengehen kann, hat die gemeinsame Problemlösung von Evelyn und Rolf in Abschnitt 5.4 gezeigt. Die Erkenntnis aus diesem Abschnitt war, dass Evelyn als Teil ihrer Problemlösung mit Rolf kommuniziert, beispielsweise mündlich. Via Rolfs Mustererkennung verändert die Kommunikation dessen Problemlösung und umgekehrt. Rolf und Evelyn arbeiten dazu intensiv mit Darstellungen von Problem und Lösung, also den Skizzen der Benutzerschnittstelle und Klassendiagrammen. Die gedankliche Repräsentation, und das ist der Schlüssel des externen Mittels, ist beiden vor Augen.

Synergie fördern

Vergleichen Sie diese beiden Gespräche einer Problemlösung. Der Unterschied ist eklatant und liegt in erster Linie im unterschiedlichen externen Mittel. Hier einige der besonders auffälligen Unterschiede:

- *Geschwindigkeit:*
  Das Whiteboard ist schnell und problemlos veränderbar. Rolf und Evelyn unterhalten sich praktisch ausschließlich über das Problem. Nicht so die Tabellenkalkulation: Viel Zeit geht in der Diskussion über die Benutzung der Software verloren.
- *Flaschenhals Protokollführer:*
  Evelyn und Rolf zeichnen beide im schnellen Wechsel oder manchmal sogar gleichzeitig auf dem Whiteboard. Nicht so am Computer. Hier müssen die Teilnehmer dem Protokollführer mühsam erklären, was zu tun ist.
- *Freiheit der Darstellung:*
  Das Whiteboard erlaubt eine sehr freie Darstellung und gibt so Evelyn und Rolf ein großes Spektrum an Ausdrucksmöglichkeiten. Nicht so die Tabellenkalkulation: Nur in Tabellen angeordnete Texte und Zahlen sind hier möglich, sonst nichts.
- *Erweiterter Funktionsumfang:*
  Ein Computer würde ermöglichen, in Sekundenschnelle Unmengen von Daten darzustellen, zu verdichten, zu kopieren etc. Diese Fähigkeit ist hier aber nicht relevant.

Synergie durch gemeinsamen Handlungsraum

Ein externes Mittel lässt sich gleichzeitig von allen Personen im Team einsehen und verändern – einfach und ohne über das externe Mittel nachzudenken. Somit fördert es gemeinsames Problemlösen und verstärkt Synergieeffekte.

Gerade wenn Sie die Beschränkungen des Arbeitsgedächtnisses und der sensorischen Speicher aus Abschnitt 4.6 einbeziehen, können Sie erkennen, wie hinderlich z.B. der Protokollführer als Flaschenhals für eine gemeinsame Problemlösung ist.

Stellen Sie sich Rolf und Evelyn am Whiteboard vor, und nur Evelyn kann die Zeichnung verändern: Während Evelyn zeichnet und spricht, folgen Rolfs Gedanken ihren Ausführung und stoßen Ideen und Lösungsmöglichkeiten an. Sobald Rolf aber nun Evelyn erklären muss, was sie zu zeichnen hat und wie dies mit dem Werkzeug möglich ist, setzen sich Evelyn und Rolf nur noch beschränkt mit dem Problem auseinander. Der mündliche Wissenstransfer zwischen Rolf und Evelyn dominiert die Interaktion und das externe Mittel verliert sehr viel von seiner möglichen Wirkung. Die Problemlösung wird immer wieder unterbrochen, wodurch insbesondere das in Abschnitt 5.4 beschriebene gegenseitige Assoziieren verhindert wird.

Zettelwirtschaft

Rolf, GUI-Entwickler, erzählt:
»Wir hatten einen Usability-Experten im Team und haben, unter seiner Anleitung, alle wichtigen Aussagen der Benutzer auf Klebezetteln aufnotiert, auf einem großen Packpapier umsortiert und mit unseren dadurch gewonnenen Erkenntnissen ergänzt. Schritt für Schritt ist ein tolles Verständnis für das Anliegen der Benutzer entstanden und wir haben wirklich den Kern des Problems erkannt. Es war erstaunlich.«

Das Team hat ein Affinity-Diagramm erstellt. Abbildung 6–1 zeigt ein solches.

Abb. 6–1
Affinity-Diagramm (Ausschnitt)

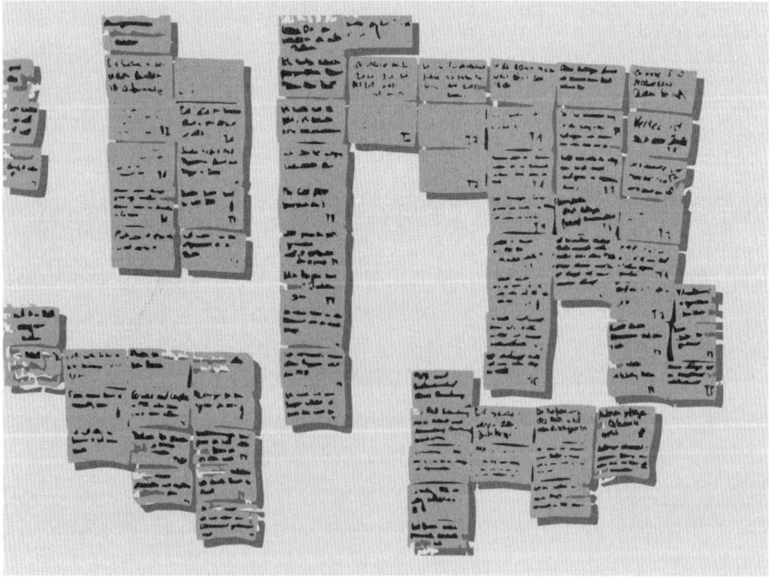

Im ersten Moment erscheint eine solche Zettelwand überwältigend. Doch müssen Sie als Leser bedenken, dass die Wand durch das gemeinsame Umsortieren der Teilnehmer entstanden ist, beginnend mit einigen wenigen Haftnotizen, die fortlaufend mit jedem analysierten Interview ergänzt wurden. Die Zettelwand verändert nun die gemeinsame Problemlösung auf vielfältige Weise:

- Die Zeiger ins Langzeitgedächtnis sind sichtbar. Somit können die zusammengetragenen Informationen über die Benutzer zuverlässig aus dem Langzeitgedächtnis abgerufen werden und werden nicht vergessen.
- Die Aussagen der Benutzer sind allen vor Augen. Diese gelangen so in den Fokus der Aufmerksamkeit, verdrängen persönliche Meinungen und ermöglichen eine Diskussion aus Benutzersicht. Lösungssuche und -bewertung nehmen einen ganz anderen Verlauf.
- Das vom externen Mittel vorgegebene Ziel besteht darin, die vielen Detailzettel gemeinsam zu verdichten, sodass die wesentlichen Aussagen aus ein paar wenigen Kernaussagen für alle ableitbar sind. Das externe Mittel fordert zu einem gemeinsamen Lernprozess auf, und es fördert das Bilden eines gemeinsamen mentalen Modells.

Das gemeinsame mentale Modell eines Teams ist allen vor Augen und so wird Problem und Lösung plotzlich überblickbar. Jeder im Team kann die Wand verändern.

Das gemeinsame mentale Modell überblickbar machen

Ein externes Mittel visualisiert die Details und Zusammenhänge der gedanklichen Repräsentation und bietet die Möglichkeiten, diese im Team weiterzuentwickeln und zu stärken.

Überlegen Sie weiter: Der Usability-Experte aus Rolfs Schilderung tippt nun die Haftnotizen in eine Tabelle ab und wirft die Plakatwand weg. Was bedeutet das für das Team, das bei der Erstellung dabei war und nun das Worddokument mit der großen Tabelle als externes Mittel erhält?

Unsere Erfahrung zeigt, dass wir Menschen mit dem eigentlichen Inhalt der einzelnen Zettel noch sehr viele andere Informationen verbinden. Darunter sind zum Beispiel die Position der Zettel auf der Wand, die Zettel, die links und rechts angebracht sind, oder die Farbe der Zettel. All diese Informationen speichern wir mit dem Inhalt ab und diese dienen auch dazu, die Informationen im Gedächtnis wiederzufinden. Optimal ist deswegen, das Orginalplakat aufzubewahren und als Basis für die weitere Bearbeitung zu nehmen. Falls dies nicht geht, sind meist Protokolle mit Fotos, die mit einer hochauflösenden Kamera gemacht wurden, ein gutes Mittel. Je mehr die Teilnehmer dann in der weiteren Beschäftigung mit dem Thema die Inhalte selbst vernetzen, desto weniger relevant werden die optischen und räumlichen Informationen.

Arbeitsteilung

Arbeiten im Team ist, wie in Abschnitt 5.1 vertieft wurde, nicht nur Zusammenarbeit. In vielen Fällen bearbeiten die Teammitglieder eine Teilaufgabe unabhängig voneinander und fügen ihr Ergebnis in das Gesamtergebnis ein. Damit dies möglich ist, benötigt ein Softwareteam auch Werkzeuge wie eine Versions- und Konfigurationsverwaltung. Evelyn, Softwarearchitektin, erklärt:

»Eine wesentliche Anforderung an die Architektur einer Software ist, dass wir uns im Team beim Programmieren nicht zu stark beeinträchtigen. Dabei muss man durchaus beachten, wie groß das Team mal werden könnte und wie die Zusammenarbeit aussehen kann. Entsprechend versuchen wir beispielsweise, unabhängige Pakete zu schnüren, inklusive der dazugehörenden Unit Tests. Die nötigen internen Schnittstellen müssen wir natürlich miteinander entwickeln.«

Kurz und gut: Bei der Wahl und Gestaltung der Arbeitsmittel muss ein Team auch mögliche Arbeitsteilung in Betracht ziehen.

Externe Mittel und Teameigenschaften

Evelyn, Softwarearchitektin, meint:
»Das mit den Code Smells ist etwas sehr idealisiert beschrieben. Bei uns erzeugt zwar toter Code einen Compilerfehler und muss zwingend behoben werden, genau wie beschrieben. Doch gerade so etwas wie die Klassengröße führt immer zu Diskussionen im Team. Und duplizierten Code können wir im Moment gar nicht prüfen, obwohl wir das gerne täten.«

Vielleicht ist Ihnen auch die Zweischneidigkeit des externen Mittels in Bezug auf die Code Smells aufgefallen. Dadurch, dass Code Smells als Fehler oder Warnungen direkt beim Tippen für die Entwickler sichtbar werden, erhält das Beseitigen dieser Code Smells eine hohe Priorität. Dies kann einerseits dafür sorgen, dass die Entwickler schnell lernen, Code mit hoher interner Qualität zu erzeugen. Doch könnten Ihnen andererseits die folgenden möglichen Szenarien aufgefallen sein:

- Was ist, wenn ein Code Smell, beispielsweise eine übergroße Klasse, nicht einfach so behoben werden kann, sondern eine gemeinsame Anstrengung mehrerer Entwickler benötigt?
- Was ist, wenn die Code Smells diskutabel sind und die verschiedenen Entwickler unterschiedliche Ansichten über den Wert gewisser Code Smells äußern?

- Was ist, wenn das Beheben der Code Smells den nächsten Termin gefährdet, weil vielleicht die Zeit generell etwas knapp ist?
- Was ist, wenn Entwickler nicht reflektieren, also nicht lernen, wie durch Vermeidung von Code Smells qualitativ besserer Code erzeugt wird, und sie deshalb nicht befähigt werden, diese selbst zu bereinigen?

Jedes dieser Szenarien stellt genügend Sprengstoff in einem Projektteam dar und kann zu durchaus heftigen Auseinandersetzungen führen. Der folgende Bericht von Toni, Projektleiter, zeigt nicht nur, was die Gefahren bewirken, sondern auch einen Lösungsansatz:

»Zuerst habe ich dem Team vorgeschrieben, welche Code Smells wie zu behandeln seien. Das hat viele Diskussionen gegeben, gerade weil einige Dinge eben wirklich nicht so eindeutig sind. Alles in allem hat es nur schlecht funktioniert. Wir hatten mehrere Tausend Warnungen, die alle ignoriert wurden, und die Fehlermeldungen wurden von den Entwicklern durch ein paar Tricks ausgehebelt. Ich habe das eigentlich schon abgehakt gehabt.

Dann habe ich aber das Team dazu aufgefordert, sich selbst ein paar Code Smells zu definieren, die sie dann aber auch einzuhalten hätten. Soviel ich noch weiß, hat das Team mit drei einfachen angefangen. Siehe da, es hat geklappt. Dann hat das Team selbstständig noch einige dazugenommen, die eben in der Teamarbeit aufgetaucht sind. Heute werden gewisse Code Smells sofort vom Entwickler bereinigt, andere bleiben stehen und werden dann jeweils gegen Ende einer Iteration in Teamarbeit bewertet und bereinigt. Ich bin sehr zufrieden.«

Toni hat mit seiner ersten Vorschrift tief in die Problemlösung der Entwickler und in die Teamentwicklung eingegriffen, ohne wirklich die Zusammenhänge zu berücksichtigen. Die Reaktion des Teams ist in diesem Licht nachvollziehbar: Wenn die Vorschrift kaum einhaltbar ist, warum sich Mühe geben? Tonis zweiter Eingriff in die Teamprozesse war deutlich geschickter: Toni forderte das Team auf, über Code Smells zu reflektieren und die eigenen externen Mittel entsprechend umzugestalten. Das Team erhielt Raum für eine Weiterentwicklung.

Generell lässt sich eine Wechselwirkung zwischen Teameigenschaften und externen Mitteln beobachten. Das Erstellen des externen Mittels der Code Smells veränderte insbesondere die Teamprozesse, aber auch den emotionalen Zustand des Teams, die Teamkultur und das gemeinsame mentale Modell, also das Teamwissen. Generell lässt sich daraus die folgende Erkenntnis gewinnen:

Externe Mittel wachsen mit den Teameigenschaften

Ein externes Mittel lässt sich vom Team an die sich ändernde Situation im Team anpassen. Externe Mittel wachsen mit den Teameigenschaften.

Ein externes Mittel, so gut es auch die Problemlösung beeinflussen könnte, ist in der Praxis nur so gut, wie es in die Teamprozesse eingebaut ist oder – etwas allgemeiner – wie gut es mit den Teameigenschaften harmoniert. Und das bedeutet, dass ein Team auch über die externen Mittel und wie diese in der konkreten Situation einzusetzen sind, selbst bestimmen kann und muss.

Rolf, GUI-Entwickler, meint:
»Das sage ich mal den Leuten in meiner Firma, die immer auf ihren Vorlagen beharren. Oder noch besser gleich dem Typ, der sich laufend beklagt, warum wir sein Anforderungsmanagement-Tool nicht einsetzen würden, das sei doch vorgeschrieben.«

6.6 Interaktion mit dem Kontext

Teams verfolgen in der Kommunikation nach außen vielerlei Zwecke: Kritik äußern oder einholen, Verhalten verändern, Stoßrichtung beeinflussen, Entscheidungen treffen, Übereinkunft erzielen oder Informationen weitergeben. Die Kommunikation mit Personen außerhalb des Teams ist jedoch schwierig:

- *Fehlende Teameigenschaften:*
  Teameigenschaften, insbesondere ein gemeinsames mentales Modell, fehlen. Somit fehlt die Grundlage für eine gute Kommunikation, wie gleiche Sprache, Problemverständnis oder gegenseitiges Rollenverständnis.
- *Asymmetrische Ziele:*
  Kommunikationspartner verfolgen nicht per se gleiche und auch nicht immer miteinander verträgliche Ziele. Konflikte sind vorprogrammiert.
- *Kurze, sporadische Interaktion:*
  Personen außerhalb des Teams sind für gewöhnlich nur selten und jeweils kurz mit dem Projekt konfrontiert. Entsprechend ist wenig Wissen über das Projekt vorhanden.

Projektteams verwenden zur Unterstützung dieser Kommunikation externe Mittel, oft sind dies Dokumente und Präsentationen.

Roman, Business-Analyst, erzählt:
»Wir haben die Fachvertreter über das neue System informiert und dazu ein Storyboard eingesetzt. Also eine beispielhafte Bildergeschichte, wie die Benutzer künftig arbeiten werden. Man sieht, was das System grob macht, auch ein paar einfache Skizzen des User Interface sind dabei. Es war erstaunlich, wie gut wir damit die Neuerungen und sogar verschiedene Varianten der künftigen Arbeitsweise diskutieren konnten. Dabei wollten wir nur die Software besprechen.«

Stakeholder beschäftigen sich mit zwei Problemen

Roman wollte eigentlich Kritik zur vorgestellten Software erhalten. Tatsächlich haben aber die Fachvertreter darüber diskutiert, wie das neue System benutzt werden sollte. Dies betont einen interessanten Punkt: Werden Leute außerhalb des Projektteams einbezogen, dann werden diese Personen mit zwei Problemen konfrontiert. Erstens erfahren sie mehr über die Problemstellung des Projekts selbst und zweitens über die Auswirkungen des Projekts auf ihre eigenen Tätigkeiten.

Das Projekt kann zum Beispiel bewirken, dass ein Benutzer sich vielleicht seine Arbeitsprozesse und Hilfsmittel passend zur beschriebenen Software neu gestalten muss, oder sein Linienvorgesetzter muss gegebenenfalls Prozesse, Organisation und Arbeitsplätze umstellen. Beobachten Sie selbst einmal: Wenn ein Projektteam mit einem Stakeholder kommuniziert, in welchen Fällen ist auf Stakeholderseite eine Barriere zu überwinden, und welche?

Es geht um Bedürfnisse, nicht um Lösungen

Es liegt typischerweise in der Verantwortung des Projektteams, die Kommunikation mit den Stakeholdern zu gestalten und die passenden externen Mittel zu entwerfen. Wenn Sie die am Anfang des Abschnitts aufgestellten Schwierigkeiten der Kommunikation anschauen, sollte eines klar werden: Stakeholder, die selten und nur sehr kurz mit dem Projekt in Berührung kommen, haben kaum die Möglichkeit, ein vernünftiges Feedback zur Problemlösung des Teams abzugeben. Diese Stakeholder können besser beim eigenen Problem gepackt werden.

Dazu möchten wir Sie nochmals auf die Abbildung 4–16 in Abschnitt 4.7 hinweisen: Die Bedürfnisse der Stakeholder auf der einen Seite bilden den Problemraum und die technische Umsetzung auf der anderen Seite den Lösungsraum.

Die Interaktion mit Personen aus dem Kontext sollte sich, so unser Schluss, in erster Linie mit der Frage beschäftigen, welche Bedürfnisse diese Personen haben, wie diese im Projekt behandelt werden und wie das Projekt darüber mit den Stakeholdern kommuniziert.

Anstatt nun Informationen über die eigene Problemlösung mittels Foliensatz oder Dokumenten an die Stakeholder weiterzugeben und darauf zu hoffen, dass diese alles richtig verstehen (d.h. eine sinnvolle Problemlösung bezogen auf die eigenen Bedürfnisse durchführen), sollte das Team sich mit den Stakeholdern gemeinsam mit deren Bedürfnissen und dem Nutzen vorgeschlagener Lösungen beschäftigen.

Bedürfnisse in der gemeinsamen Problemlösung klären

Toni, Projektleiter, erzählt:
»Das Festlegen von Performance-Anforderungen fällt uns immer unheimlich schwer. Meistens stehen zwar viele Zahlen da, wieso eine Zahl aber besonders gut sein soll, weiß keiner so richtig.«

Evelyn, Softwarearchitektin, meint:
»Es gibt in jeder Architektur Punkte, wo es offensichtlich ist, dass die Performance kritisch sein könnte. Doch wenn ich die entsprechende Frage stelle, bekomme ich keine brauchbare Antwort. So schnell wie halt möglich, ist die typische Aussage.«

Roman, Business-Analyst, erklärt:
»Oft können die Stakeholder mit den Fragen der Softwareleute nichts anfangen. Wie schnell beispielsweise die Antwortzeit sein sollte, kann man nicht einfach so sagen. Das hängt von vielen Dingen ab: Wie häufig ein Fall auftritt, wie die Benutzer arbeiten und so weiter. Am einfachsten ist es oft, wenn die Entwickler sagen, was mit welchen Konsequenzen möglich ist und was nicht. Zusammen können wir so herausfinden, welche technische Lösung mit welcher fachlichen Lösung zusammenspielt und uns auf einen Weg einigen, der den gewünschten Nutzen bringt.«

Externes Mittel soll gemeinsames Problemlösen fördern

Unser Schluss aus den hier dargestellten Überlegungen ist, dass in solchen Fällen die Kommunikation mit Leuten außerhalb des Projektteams umso erfolgreicher verläuft, je besser diese in einen gemeinsamen Problemlöseprozess eingebunden sind. Die Aufgabe eines externen Mittels besteht deshalb darin, dieses gemeinsame Problemlösen zu fördern.

Das erwähnte Storyboard ist ein spannendes Mittel dazu. Auch Skizzen und Prototypen von User Interfaces helfen. Generell kommen aus dem Gebiet des Usability Engineering viele Techniken, wie sich ein Projektteam gut und einfach mit den Bedürfnissen der Benutzer auseinandersetzen kann [Richter & Flückiger 2010]. Für Qualitäts- und Leistungsattribute wie Performance ist die Darstellung und Diskussion von Szenarien ein vielversprechender Ansatz [Bass et al. 2003].

6.7 Feedbacktiefe

Am Ende des Abschnitt 4.5 haben wir eine Frage offengelassen: Ist es wirklich so wichtig, wie die Verfechter agiler Vorgehensweisen vehement behaupten, dass ein Team möglichst schnell produktionsfähigen Code entwickelt?

Sicher ist, das zeigen die vorgestellten Erkenntnisse, dass Problemverständnis und Problemlösung in gegenseitiger Abhängigkeit stehen und gemeinsam entwickelt werden müssen. Das heißt, aus dem Problemverständnis, welches Businessproblem gelöst werden soll, entwickelt das Team die Lösung, die letztendlich als ausführbare Software zur Verfügung steht. Gewisse Lösungskandidaten zu programmieren ist also ein notwendiger Schritt, um das zu lösende Problem zu verstehen und ein Ziel zu finden. Das lineare, also zeitlich sequenzielle Vorgehen vom Businessproblem über die Anforderungen zum Code ist für komplexe Probleme ungeeignet.

Externe Mittel in der Performance-Optimierung

Um etwas mehr Stoff für eine Diskussion der Frage nach dem besten externen Mittel zu gewinnen, möchten wir Ihnen eine sehr anspruchvolle Performance-Optimierung vorstellen. Bitte achten Sie auf die eingesetzten externen Mittel, auf diese gehen wir nachher wieder ein. Evelyn, Softwarearchitektin, erzählt also:

»Wir haben kürzlich, ein System gebaut, das pro Sekunde ca. 350'000 Meldungen aus knapp 500 Datenstreams verarbeiten muss. Wir mussten dabei wirklich ans Limit der Hardware und der Netzwerkinfrastruktur gehen. Dazu haben wir zusammen am Whiteboard Lösungsmöglichkeiten durchdacht. Das hat dann Hinweise auf mögliche Flaschenhälse gegeben. Um diese aber zu verstehen, setzten wir Experimente auf. So konnten wir unter anderem das Zeitverhalten beim Übergang zur Überlast messen und analysieren. Das ergab wertvolles, weil sehr genaues Zahlenmaterial für unsere Diskussionen am Whiteboard. Wir konnten damit die eine oder andere Variante sogar analytisch durchrechnen. Das hat wiederum unsere Ideen und Konzepte ergänzt. Interessante Kandidaten haben wir dann prototypisch ausprogrammiert und optimiert. So haben wir langsam die Performance-Anforderung in den Griff bekommen.«

Dazu nun Abbildung 6–2: Hier ist eine Reihe von Hilfsmitteln für die Performance-Optimierung von Softwaresystemen auf einer Kurve aufgetragen.

Abb. 6–2
Externe Mittel für Performance-Optimierung

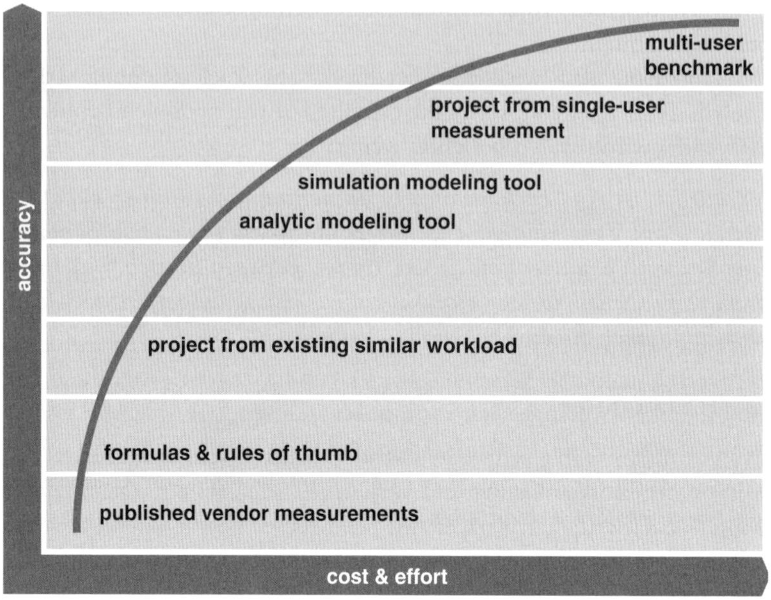

Die idealisierte Kurve spiegelt übrigens ein typisches Verhalten eines Messverfahrens wider: Je zuverlässiger und genauer das Messresultat, desto höher sind die Kosten für die Messung, wobei die Kosten überproportional steigen.

Geschwindigkeit vs. Zuverlässigkeit

Es gilt die Faustregel: Je einfacher und schneller das Feedback möglich ist, desto weniger zuverlässig ist es. Für einen Problemlöser ist diese Gegenläufigkeit eine Herausforderung. Denn Schnelligkeit und Qualität des Feedbacks sind für eine produktive Problemlösung gleichermaßen wichtig.

Jedes von Evelyn eingesetzte externe Mittel stellt einen anderen Kompromiss der beiden Größen dar. Ein Produktinkrement würde eine Zielüberprüfung mit hohem Erkenntniswert erlauben, denn das damit erstellte Teilsystem wäre das reale System und die damit ausgeführten Tests zuverlässig. Jedoch ist das Programmieren langwierig und das Feedback hat eine große Verzögerung. Evelyns Team sucht deshalb nach sehr viel günstigeren Mitteln. Das Team führt gemeinsam am Whiteboard Sketching aus, benutzt analytische Methoden und setzt Experimente sowie Wegwerfprototypen ein.

Dieses Vorgehen widerspricht einer agilen Softwareentwicklung nicht. Es zeigt aber ganz klar auf, wie relativ die Forderung nach produktivem Code inklusive kontrollierter Testabdeckung, automatisierter Build-Umgebung und erstellter Benutzerdokumentation zu verstehen ist. Denn in der geschilderten Situation wurde kein Stück Code geschrieben, das diesen Anforderungen genügt. Der Grund dahinter ist natürlich, dass das Projektteam die Anforderungen an sich in den Griff bekommen musste.

Trotzdem, das wirkliche Feedback zur Zielerreichung erhält Evelyns Team aber erst, wenn die erstellte Software von den Benutzern verwendet wird. Evelyn berichtet weiter:

»Natürlich ist eine Performance-Optimierung nicht immer auf diese Art zu lösen. Sehr häufig ist es überhaupt unklar, wie viele Benutzer eine Software benutzen und wozu. Im produktiven Betrieb findet sich dann recht schnell, welche Funktionen wie häufig ausgeführt werden – und damit auch die wirklichen Flaschenhälse.«

Fünf Feedbacktiefen

Evelyns Team wählt sehr bewusst zwischen verschiedenen externen Mitteln der Problemlösung und variiert je nach Ziel auf der in Abbildung 6–2 dargestellten Kurve. Aus Sicht dieses Buchs fallen dabei die folgenden fünf qualitativ unterschiedlichen Stufen auf. Wir bezeichnen diese fortan mit dem Begriff Feedbacktiefe:

- ***Tiefe 0: Probehandeln:***
  Einen Lösungskandidaten in Gedanken zu entwerfen und darin auf Probe zu handeln ist die schnellste Variante, Feedback zu erhalten. Doch ist Probehandeln auf ein Individuum beschränkt, verlangt hohes Vorstellungsvermögen und eine sehr gute gedankliche Repräsentation, um die Beschränkungen des Arbeitsgedächtnisses zu überwinden.
- ***Tiefe 1: Sketching:***
  Das Erstellen von beispielsweise UI-Skizzen, Klassenmodellen und mehr erlaubt Feedback über die Wahrnehmung. Ein Lösungskandidat wird sichtbar. Dies entlastet das Arbeitsgedächtnis und fördert intuitives Denken. Sketching lässt sich im Team einsetzen.
- ***Tiefe 2: Modellierung:***
  Einem Projektteam stehen viele Techniken zur Modellierung einer Software zu Verfügung: Mit einer Attrappe (engl.: Mock-up) oder einem einfachen Prototyp kann ein Softwareteam beispielsweise ein Produkt visualisieren und die Benutzung simulieren. Mit einem ausprogrammierten Spike lässt sich ein Aspekt isolieren und mit einem Experiment präzise Werte ermitteln. Anhand eines Modells kann mittels Simulation oder auch einer Analyse Verhalten untersucht und verstanden werden. So nähert sich ein Projektteam mit einer Serie unterschiedlicher Modelle einer guten Lösung an. Externe Personen lassen sich einbinden.

- *Tiefe 3: Testing:*
  Ein Produktinkrement zu erstellen dauert zwar nun schon deutlich länger, doch verhält sich dieses Teilprodukt bereits realistisch und kann so im Zusammenhang ausprobiert und getestet werden. Das Feedback kann, sofern der Benutzeralltag gut angenähert wird, bereits sehr aussagekräftig sein – gerade weil es sich um ein wirkliches Produkt handelt.
- *Tiefe 4: Benutzung:*
  Der Moment der Wahrheit: Hat ein Projektteam ein Produkt erstellt und in Betrieb genommen, dann kann zum ersten Mal Feedback aus dem realen Leben eingeholt werden. Hier zeigt sich die Tauglichkeit des Produkts. Das kann ein erstes Release, aber auch eine Pilot- oder Betaphase sein.

Abbildung 6–3 fasst die fünf Feedbacktiefen mit den beiden Unterscheidungsmerkmalen in einem Bild zusammen.

Abb. 6–3
Feedbackstufen nach Dauer und Zuverlässigkeit des Feedbacks

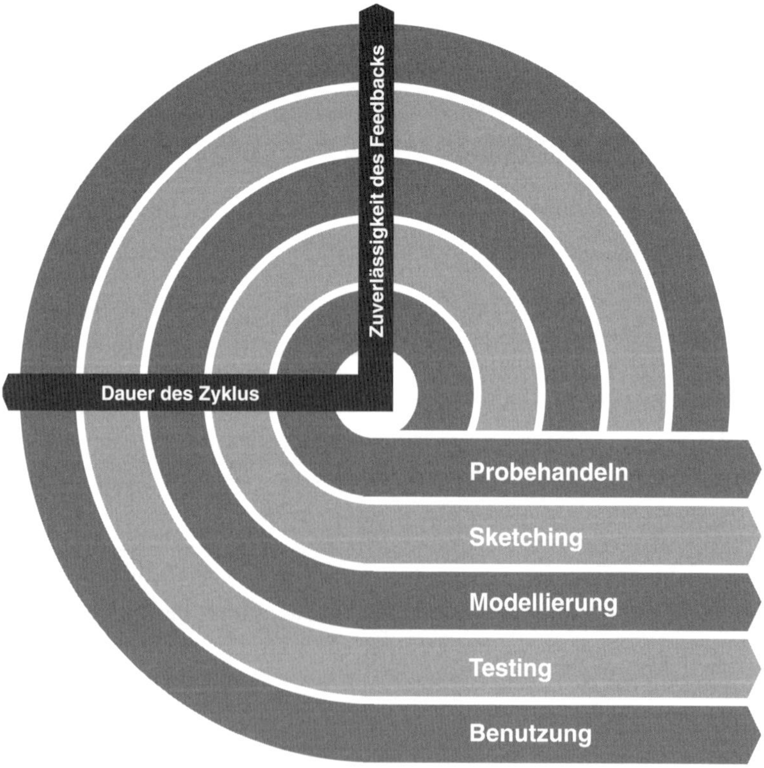

Evelyn setzt für die Performance-Optimierung externe Mittel aus allen Tiefen ein. Sketching kommt zum Einsatz, wenn alternative Lösungsansätze entdeckt, im Team durchgespielt und verglichen werden sollen. Modellierung setzt Evelyn für die eher schwierigen Teilprobleme ein. Sie kann damit schnell Unsicherheit reduzieren. Im Testing stellt Evelyn sicher, dass ein implementiertes Inkrement die Performance-Anforderungen erfüllt, auch nach der neuesten Erweiterung. Ebenfalls ist ein erstes Produktrelease manchmal notwendig, um wirklich reale Bedingungen zu schaffen.

Ein Ausflug in andere Ingenieurwesen

In den Feedbacktiefen liegt übrigens ein deutlicher Unterschied zwischen Softwareentwicklung und anderen Ingenieurdisziplinen: In der Softwareentwicklung lässt sich ein Produktinkrement – Feedbacktiefe Testing – ausprobieren. Schon recht früh können Auftraggeber und Benutzer ausgewählte Anwendungsfälle am künftigen System durchspielen und auf ihre Alltagstauglichkeit prüfen.

Andere Disziplinen haben Windkanäle, bauen Prototypen und Funktionsmuster, spielen Erdbeben im Sandkasten durch, simulieren auf dem Computer oder zeichnen Pläne. Dies, weil es nun beispielsweise beim Hausbau ganz einfach teuer und unpraktikabel ist, zuerst den Anwendungsfall »Schlafen« zu bauen und erst nachher an »Essen«, »Baden«, »Auto unterstellen« und »Drink auf der Terrasse genießen« zu denken. Bei einem Hausbau ist es dringend angeraten, alle diese Anwendungsfälle bereits im Modell zu berücksichtigen und aufeinander abzustimmen.

Leider lässt sich ein Modell eines Hauses, selbst wenn es auf dem Computer in 3D erstellt wird, zwar virtuell begehen, aber nicht austesten. Bereits einfache Fragen sind kaum zu beantworten: Wie groß ein Raum wirken wird, wie sich Großmutters Schrank darin machen wird, ob man diesen nicht besser in den Keller stellen möchte, ob die Sitzecke auch wirklich gemütlich ist, sind die Fenster nicht zu klein? Genauso verhält es sich auch mit Software, die ja noch viel abstrakter ist als ein Haus – wirklich beurteilen können die meisten Menschen diese erst, wenn sie sie sehen und benutzen.

Ein Produktinkrement lässt diese Feedbacktiefe in der Softwareentwicklung zu und soll, so der agile Gedanke, gezielt gefördert werden. Um eine fertige Software nach agilem Muster inkrementell zu entwickeln, muss die Architektur der Software ständig angepasst werden. Diese Anpassung mit dem Ziel der Minimierung der Komplexität der Architektur wird als Refactoring bezeichnet [Fowler 1999]. Damit Refactoring gelingt, ist aber eine gute Testautomatisierung notwendig. Denn nur damit lässt sich der mit dem Refactoring einhergehende Testaufwand klein genug halten. Der Lohn ist nun aber, dass Auftraggeber schon früh ausprobieren und gegebenenfalls eingreifen können.

Feedbacktiefe und Schwierigkeit

Denken Sie noch einmal an die vielfältigen Mittel, mit denen das Team in Evelyns Beispiel weiter oben die Unsicherheit bezüglich Performance reduzierte. Dies war notwendig, weil das Projektteam die technischen Möglichkeiten voll ausreizen musste. Bei einer Null-acht-fünfzehn-Anforderung hingegen hätte wohl etwas Sketching und gelegentliches Testing der Produktinkremente genügt.

Je schwieriger es ist, die Unsicherheit zu verringern, umso mehr Mittel mit unterschiedlichen Feedbacktiefen wird ein Team verwenden. Dazu kann durchaus auch eine erste Inbetriebnahme gehören.

Feedbacktiefe und Projektfortschritt

Exploration, Vision und Evolution – das ist die Grundstruktur einer Problemlösung, wie es die Softwareentwicklung darstellt.

Bei explorativen Tätigkeiten dienen Lösungskandidaten in erster Linie dazu, den Problemraum zu verstehen. Ein Projektteam benötigt externe Mittel, um rasch verschiedene Kandidaten zu entdecken und auszuprobieren. Ein Projektteam wird sich hier mit Sketching und Modellierung beschäftigen. Wenn Sie sich beispielsweise mit [Buxton 2007] auseinandersetzen, erhalten Sie viele interessante Ansätze dazu.

Bei visionsbildenden Tätigkeiten sind externe Mittel interessant, mit denen das Projektteam die Puzzleteilchen kombinieren kann. Das Team benötigt externe Mittel zur Vernetzung des Wissens und wird sich zunächst auf der Feedbacktiefe Sketching betätigen.

Bei evolutionären Tätigkeiten erzeugt das Team nun Produktinkremente und -releases. Die Feedbackstufen Testing und Benutzung geben also das zuverlässigste Feedback.

Wir lösen folglich die Frage nach dem besten externen Mittel auf, indem wir Sie auffordern, die Feedbacktiefe überlegt zu wählen.

Die Schwierigkeit des Problems bestimmt die externen Mittel

Je schwieriger die Überwindung der Barriere ist, desto mehr explorative Schritte sind notwendig und desto mehr externe Mittel aus den unterschiedlichsten Feedbacktiefen müssen kombiniert werden.

Das Team muss die externen Mittel entwerfen

Einem Projektteam steht eine Vielzahl möglicher externer Mittel zur Verfügung. Jedes betont eine andere Fragestellung. Ein Entity-Relationship-Modell betont Datengehalt und -struktur; ein Anwendungsfall zeigt die Abläufe, ein Zustandsdiagramm das Verhalten eines Objekts, eine Persona die Bedürfnisse einer Zielgruppe. Gewisse externe Mittel lösen ein Detailproblem, andere vernetzen mehrere Aspekte miteinander. Manche sind geeignet für individuelles Problemlösen, andere für Problemlösen im Team und wieder andere für die Kommunikation nach außen.

Auf Dokumenten basierende Prozesse fordern Projektteams durch ihre Gestaltung auf, vordefinierte Dokumente zu erstellen und prüfen zu lassen. Dies führt zu vielen interessanten Beobachtungen; einige sind in Abschnitt 6.1 aufgezählt. Agile Prozesse hingegen verleiten ein Projektteam, Produktinkremente zu programmieren. Beide Wege sind nicht ideal, sie genügen nur bei einer leicht zu überwindenden Barriere.

Kernfähigkeit von Teams: das Erzeugen passender, externer Mittel

Welche externen Mittel besonders geeignet sind, ist für jedes Problem, für jede Phase der Problemlösung und für jedes Team verschieden. Die Fähigkeit, sich die passenden externen Mittel für die Problemlösung zu schaffen, ist ein Schlüsselfaktor für produktive Projekte.

Aus Sicht der Wissensarbeit soll sich ein Projektteam also die geeigneten externen Mittel, angepasst an die Herausforderung, selbst schaffen.

Dies ist letztendlich genau andersherum, als es traditionelle Prozesse vorschlagen: Hier werden nicht alle, aber meist die zentralen externen Mittel in Form von Vorlagen vorgegeben. Man darf sie zwar anpassen und natürlich auch weitere Mittel entwerfen und einsetzen. Dennoch hat dies gravierende Folgen, wie Rolf berichtet:

»In unserem Projekt dreht sich alles um die Dokumente. Die Leute von der Qualitätssicherung kommen regelmäßig und prüfen diese. Den Leuten im Team ist das gar nicht mal so unrecht. Klar, die Audits nerven. Aber auf der anderen Seite ist ihr Job dadurch sehr einfach. Sie müssen einfach die Vorlagen ausfüllen, dann ist ihr Job erledigt, sogar mit geprüfter Qualität. Niemand ist mehr verantwortlich, und niemand muss mehr darüber nachdenken, ob die Kommunikation im Projekt damit tatsächlich funktioniert. Ich denke, wir sollten vielmehr interaktive Prototypen einsetzen, weil momentan wesentliche Aspekte untergehen und die Leute nach meinem Eindruck wirklich aneinander vorbeireden bzw. -schreiben. Aber die Template-Kultur hat jede Kreativität und jedes Verständnis dafür im Keim erstickt. ›You get what you measure‹, sagt mein Kollege immer – in dem Fall also sicher keine gute Software.«

Rolfs Beispiel ist vielleicht extrem – es zeigt aber, was passieren kann, wenn eine Führungsebene einem Team von außen Prozesse vorgibt und ihm so – vermeintlich Gutes tuend – einen zentralen Teil der zu leistenden Arbeit abnimmt.

Nur das Team kann die Schwierigkeit des Problems für sich letztlich beurteilen, und nur das Team kann die externen Mittel passend zu den Teameigenschaften, insbesondere den Teamprozessen, gestalten. Dies ist eine Kernfähigkeit produktiver Teams. Fördern und trainieren Sie diese Fähigkeit!

6.8 Zusammenfassung

Einem Softwareteam stehen eine große Menge möglicher Arbeitsmittel, wir nennen diese hier externe Mittel, zu Verfügung.

Diese externen Mittel können den Problemlösekreislauf beflügeln oder auch lähmen. Ein gutes externes Mittel fördert durch Mustererkennung die Anwendung des intuitiven Expertenwissens, ermöglicht schnelles Erstellen und Bewerten von Lösungskandidaten und fördert die Reflexion.

Externe Mittel beeinflussen auch die Teameigenschaften und insbesondere die Teamprozesse. Die Gestaltung der externen Mittel ermöglicht Parallelisierung und Synergie. Um die Synergie der Teamarbeit zu fördern, müssen externe Mittel ein gemeinsames Problemlösen ermöglichen. Das gelingt dann am ehesten, wenn sie einen gemeinsamen Handlungsraum bilden und insbesondere das gemeinsame mentale Modell des Teams überblickbar machen.

Auf jeden Fall gilt aber, dass externe Mittel in der Teamarbeit nur dann ihre Wirkung erzielen können, wenn sie mit den Teameigenschaften harmonisieren und wachsen. Externe Mittel werden also am besten durch das Team selbst erstellt.

Bei der Lösung komplexer Probleme sind die möglichen externen Mittel sehr vielfältig. Sie lassen sich in fünf Gruppen mit unterschiedlicher Feedbacktiefe einteilen, die die Problemlösung unterstützen können. Die Tiefen bilden unterschiedliche Kompromisse zwischen Schnelligkeit und Zuverlässigkeit des Feedbacks. Die erste Stufe, das Probehandeln, findet rein in Gedanken statt. Die Feedbackstufen Sketching und Modellierung eignen sich eher für explorative Tätigkeiten, Testing und Benutzung eher für evolutionäre Tätigkeiten.

Aus der Vielfalt der möglichen externen Mittel und den großen Auswirkungen auf den Problemlösekreislauf im Team und die Teameigenschaften lässt sich folgern, dass das Erstellen von passenden externen Mitteln eine Kernfähigkeit produktiver Teams ist. Eine Teamführung muss dies entsprechend fördern.

Das sechste Kapitel hat sich mit den Hilfsmitteln einer Problemlösung befasst und somit sind die Puzzleteilchen für die Betrachtung der Produktivität gesammelt: das komplexe Problem Softwareerstellung, der Problemlöser Team, die externen Mittel und der Problemlöseprozess. Folgerichtig konzentriert sich das nächste Kapitel nun auf die Ansatzpunkte für produktives Problemlösen.

7 Produktivität in der Wissensarbeit

In den vorangegangenen Kapiteln haben wir Ihnen viele Eigenschaften und Aspekte individuellen Problemlösens und der Teamarbeit vorgestellt. Wie können Sie nun dieses gewonnene Verständnis für die Steigerung der Produktivität in Ihrem Umfeld einsetzen?

7.1 Produktivität – was ist das eigentlich?

Produktivität in der Softwareentwicklung ist einer der Schlüsselfaktoren für die Wettbewerbsfähigkeit vieler Unternehmen. Das gilt besonders für Unternehmen, bei denen Software für die Kernfunktionalität verantwortlich ist und ein Unterscheidungsmerkmal darstellt. Auch Dienstleistungsunternehmen, deren Angebote von Software abhängig sind, wie zum Beispiel Telekommunikationsunternehmen oder Banken und Versicherungen, sind darauf angewiesen, produktiv Software zu entwickeln.

Bereits schon vor über 40 Jahren hat Peter F. Drucker die Produktivitätssteigerung der Wissensarbeit als eine der wichtigsten Aufgaben für das 21. Jahrhundert bezeichnet. Dennoch sieht es immer noch so aus, als ob wirklich grundlegende Verbesserungen bisher nicht realisiert werden konnten [Drucker 1999]:

»*The most important, and indeed the truly unique, contribution of management in the 20th Century was the fifty-fold increase in the productivity of the Manual Worker in manufacturing. The most important contribution management needs to make in the 21st Century is similarly to increase the productivity of Knowledge Work and the Knowledge Worker.*«

Toni, Projektleiter, meint zum Thema Produktivität in der Softwareentwicklung:

I: »*Was verstehst du unter Produktivität?*«

Toni: »*Naja, die Mitarbeiter sind immer dann produktiv, wenn sie genau wissen, was zu tun ist, und keine großen Hindernisse auftauchen. Wenn dann doch mal etwas nicht so läuft wie geplant, dann müssen wir eben schauen, wie wir das hinbekommen.*«

I: »*Wie hältst du in so einem Fall die Produktivität möglichst aufrecht?*«

Toni: »*Wir diskutieren dann das Problem und suchen gemeinsam nach Lösungen. Das funktioniert eigentlich ganz gut. Besonders schlimm ist es nur, wenn der ganze Prozess so gestaltet wurde, dass wir zwar gemäß Prozess das notwendige Wissen zusammengetragen haben, sich dies dann aber als falsch herausstellt.*«

I: »*Denkst du, dass deine Mitarbeiter da flexibler werden könnten?*«

Toni: »*Hmm. Lass mich mal nachdenken. Also ich denke, wir sollten nicht immer so tun, als ob wir schon alles wüssten. Aber was ich da genau machen muss ... kommt da im Buch noch etwas?*«

Wie Toni uns schön vor Augen führt, ist es nicht einfach, die Produktivität zu verbessern. Obwohl wir den Problemlöseprozess bereits aus vielen Perspektiven beleuchtet haben, müssen wir noch weiter zum eigentlichen Kern von Produktivität vordringen.

Produktivität in der Fertigung und der Wissensarbeit

In der industriellen Fertigung wird die Produktivität oft mit der produzierten Anzahl Halbfabrikate oder Produkte pro Stunde gemessen. Solche Produktivitätsmaße werden manchmal auch in der Softwareentwicklung eingesetzt. Die Anzahl Codezeilen, die ein Entwickler pro Tag schreibt, ist ein solches Maß. Es berücksichtigt ausschließlich die Quantität der geleisteten Arbeit.

Nun ist jedem, der etwas von Softwareentwicklung versteht, klar, dass die Anzahl Codezeilen ein sehr schlechtes Maß für die Produktivität ist. Es sagt nichts über die Qualität des Programmcodes aus, vielmehr zeichnet sich schlechter Code gerade durch viel Redundanz aus, was wiederum eine hohe Anzahl an Codezeilen ergibt. Solche augenscheinlich sinnlosen Maße nehmen Projektleiter aber immer wieder gerne in Anspruch, um überhaupt irgendetwas messen und beurteilen zu können. Dabei müssten Softwareprojekte eigentlich nach dem erzielten Nutzen sowie den dafür eingesetzten Ressourcen beurteilt werden.

Roman, Business-Analyst, meint:
»Es ist unheimlich schwer, Nutzen abzuschätzen. Viele dem Management präsentierte Zahlen sind mehr Augenwischerei denn verlässliche Werte. Und gerade damit möchte man doch eigentlich die hohen Kosten rechtfertigen.«

Drei Aspekte für Produktivität

Für die Softwareentwicklung, die ein Paradebeispiel für Wissensarbeit darstellt, beschreiben wir die Produktivität durch die drei Aspekte Effektivität, Effizienz und Nachhaltigkeit (Abb. 7–1).

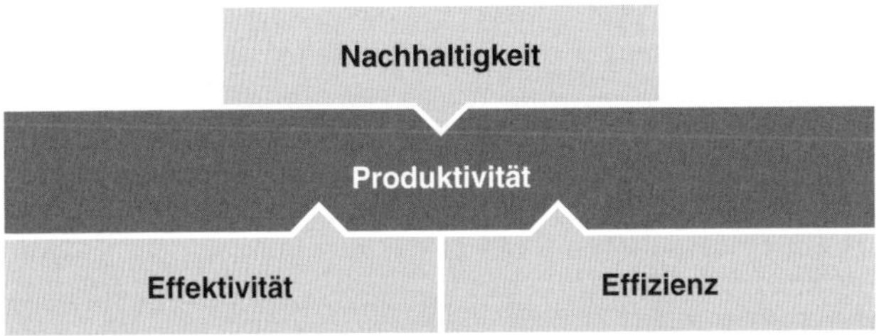

Abb. 7–1
Produktivität – ein Mix aus drei unterschiedlichen Faktoren

Effektivität

Effektivität bedeutet nichts anderes, als dass die Applikation einen hohen Nutzen erbringt, d.h. brauchbar ist. Eine unbrauchbare Lösung kann noch so effizient entwickelt werden, sie ist und bleibt unbrauchbar und damit wertlos. Typische Beispiele für mangelnde Effektivität sind fehlende Felder zur Dateneingabe oder ungenügende Performance.

Effizienz

Die Effizienz bezeichnet, wie groß oder auch wie teuer der Ressourceneinsatz für die Entwicklung ist. Je niedriger die Kosten für ein bestimmtes Ziel oder eine Aufgabe sind, desto effizienter ist die Entwicklung. Selbstverständlich ist es wichtig, Effizienz auch für die Wartung und Weiterentwicklung sowie für den Betrieb der Applikation zu berücksichtigen. Was nützt eine sehr effizient entwickelte Applikation, die sich in der Wartung und im Betrieb als »Albtraum« entpuppt? Bestimmt wird die Effizienz in erster Linie von den Kosten für Personal, Werkzeuge für die Entwicklung, Hardware, Verkauf und Betrieb in Kombination mit der notwendigen Einsatzdauer.

Nachhaltigkeit

Der Aspekt der Nachhaltigkeit beschreibt, wie groß der erzielte Wert durch die Weiterentwicklung von Mitarbeitern, Teams und der gesamten Organisation ist, sodass langfristig immer bessere Produkte entwickelt werden können.

Nachhaltigkeit bedeutet, dass die Personen im Team über die Zusammenarbeit, Erfolge und Misserfolge, die erreichten Ergebnisse und die Art und Weise, wie Wissenslücken geschlossen wurden, reflektieren und für neue Projekte lernen. Mit diesen Erfahrungen ist für ein

Team bei ähnlichen Problemstellungen in der Zukunft die Wissenslücke kleiner, was zu einer höheren Produktivität führt. Ebenso lernt das Team dabei, wie es optimal vorgehen muss, um Wissenslücken zu schließen. Beide Effekte führen dazu, dass Personen und Teams immer anspruchsvollere Projekte bearbeiten können.

Selbstverständlich hat eine in diesem Sinne nachhaltige Arbeitsweise auch bereits im laufenden Projekt einen positiven Einfluss auf die Produktivität, da gerade bei iterativen Entwicklungsprozessen gewonnene Erkenntnisse unmittelbaren Nutzen bieten können.

Toni, Projektleiter, meint dazu:
»Das ist schön und gut. Und während des Projekts kann das schon mal funktionieren. Doch wenn ein Projekt fertig ist, löst sich bei uns auch das Team auf und die Teammitglieder verstreuen sich in alle Winde. Hier Nachhaltigkeit zu erzeugen, erscheint mir sehr schwierig.«

Toni weist auf einen wichtigen Punkt hin. Während eines Projekts investiert ein Unternehmen Geld in die Entwicklung von Mitarbeitern und in das Team. Ein großer Teil der Investition in die Teams ist aber verloren, wenn das Team aufgelöst wird. Es ist somit eine spannende Frage, wie ein Unternehmen aus einer solchen Investition auch langfristig profitieren kann.

Die Antwort von CMMI auf diese Frage ist, das gewonnene Wissen in standardisierte Prozesse einfließen zu lassen. Wenn nicht die Teams, dann sind wenigstens die Prozesse mit ihrem gespeicherten Wissen beim nächsten Projekt wieder zu verwenden. Der Ansatz ist nachvollziehbar, allerdings zeigen die Erkenntnisse der Wissensarbeit, dass Projekte in ihrer Kombination aus Problemstellung und Team einmalig sind. Das Aufzwängen eines Standards kann hier – im wahrsten Sinne des Wortes – kontraproduktiv sein.

Jedes Projekt ist ein Produktivitätskompromiss

Natürlich sind Effizienz, Effektivität und Nachhaltigkeit nicht unabhängig, und davon nur einen Aspekt zu maximieren, ist sinnlos. Effektivität ohne Effizienz ergibt unbezahlbare Lösungen. Effizienz ohne Effektivität bringt Lösungen, die zwar günstig entwickelt werden, aber wenig Nutzen bringen. Die Vernachlässigung der Nachhaltigkeit verhindert, dass anspruchsvolle Projekte überhaupt bewältigt werden können, und lässt sowohl die Mitarbeiter, das Team als auch die gesamte Organisation auf der Stelle treten – ein gravierender Wettbewerbsnachteil. Wirklich komplexe Projekte sind nur mit dem langfristigen Aufbau von Teams, Wissen, Werkzeugen und Software möglich. Gerade in der von Technologien getriebenen Softwareentwicklung ist die permanente Weiterentwicklung von großer Bedeutung.

Ergo muss jedes Projekt für eine Verbesserung der Produktivität eine Kombination aus allen drei Faktoren bilden.

Produktivität = Effektivität x Effizienz x Nachhaltigkeit

Ein guter Mix aus effizienter, effektiver und nachhaltiger Entwicklung erzeugt kurz- und langfristig produktive Softwareentwicklung.

Das Streichholzbeispiel aus Sicht der Produktivität

Haben Sie das Streichholzproblem aus Abschnitt 4.4 noch vor Augen? An diesem Beispiel lässt sich sehr einfach der Kern von Produktivität erklären. Hier nochmals die Problemstellung: Drei Streichhölzer sollen so umgelegt werden, dass vier Quadrate entstehen. Alle Quadrate sollen gleich groß sein und müssen sich berühren. Kein Streichholz darf übrig bleiben. Abbildung 7–2 zeigt die Ausgangslage.

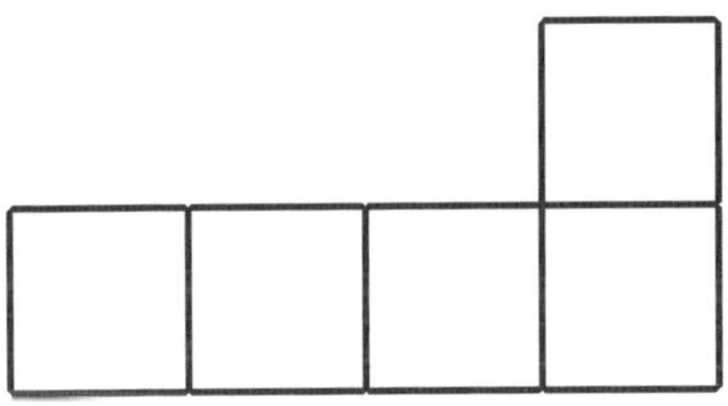

Abb. 7–2 Anfangssituation im bekannten Streichholzproblem

Die korrekte Lösung, deren Lösungsweg wir in Abschnitt 4.4 genauer beschrieben haben, zeigt Abbildung 7–3.

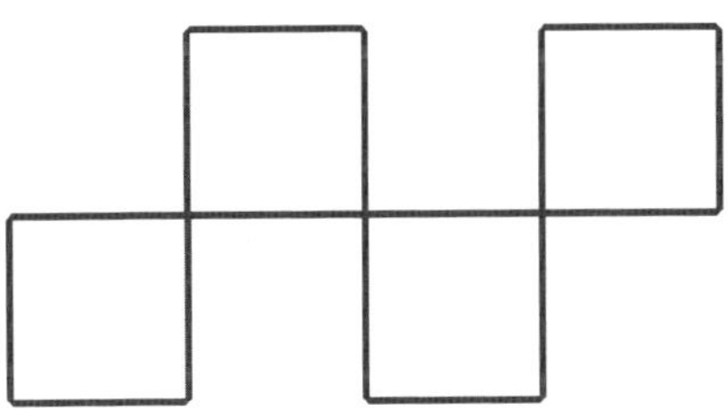

Abb. 7–3 Richtige Lösung im bekannten Streichholzproblem

Doppelverwendungen von Streichhölzern zu reduzieren, ist für die Lösung des Problems notwendig. Tatsächlich lässt sich der in der folgenden Abbildung 7–4 zu sehende Operator erkennen. Dieser erlaubt es, pro Quadrat mehr Streichhölzer zu verwenden. So lässt sich erreichen, dass bei insgesamt gleicher Anzahl der Streichhölzer die Anzahl der Quadrate reduziert wird.

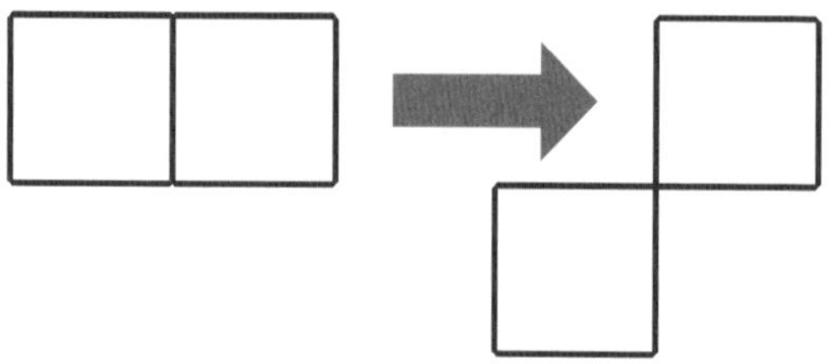

Abb. 7-4
Operator zur Reduktion von Quadraten

Die Kenntnis dieses Operators schon zu Beginn des Problemlöseprozesses verkleinert die Wissenslücke ganz entscheidend und erhöht die Produktivität:

- *Effizienz:*
  Die kleinere Wissenslücke benötigt weniger Schritte und damit auch weniger Zeit zur Lösungsfindung, als wenn der Operator erst gesucht werden muss.
- *Effektivität:*
  Kennen Problemlöser den Operator nicht, müssen sie diese Wissenslücke schließen. Gelingt dies nicht, finden Problemlöser kaum die korrekte Lösung.

Produktivitätssteigerung über geschicktes Experimentieren

Das Wissen über solche Operatoren erarbeiten sich Problemlöser in der Reflexion nach einem Lösungsversuch. Vereinfacht bauen sich Problemlöser also Muster der Form Problemstellung – Operator – Lösung auf. Für die weitere und die nächste Problemlösung stehen diese dann zur Verfügung. Dies ist ein Ausdruck der Nachhaltigkeit einer Problemlösung.

Für eine solche Operatorensuche kann es große Unterschiede in der Effizienz geben. Einen Operator zu erkennen benötigt oft geschicktes Experimentieren. Dagegen kann zu langes Verharren und Scheu vor fehlgeschlagenen Experimenten die Effizienz deutlich verschlechtern. Das Bewusstmachen der vorhandenen Operatoren und das Erkennen von Lücken ist somit ein Mittel, die Produktivität zu steigern.

Nachhaltigkeit – wozu?

Anhand des Streichholzbeispiels könnten Sie zur Ansicht gelangen, dass der perfekte Problemlöser immer alle notwendigen Operatoren kennt und nur noch auswählen muss, um das Problem zu lösen. Jedoch soll eine Software immer Fortschritt bringen und Innovation erzeugen. Das Neue kann die Entwicklung eines Algorithmus sein, eine neu eingesetzte Technologie, ein wenig bekanntes Anwendungsgebiet, spezielle Anforderungen an beispielsweise Usability, Ausfallsicherheit oder Performance.

In der Regel ist es daher kaum möglich, für jedes Projekt ein Team zusammenzustellen, das genau die gleiche Problemstellung schon einmal bearbeitet hat. Also hängen Effizienz und Effektivität nun davon ab, wie gut das Team all die noch unbekannten Operatoren zur Überwindung der Barriere entdecken kann. Problemlöser, wie auch das ganze Team, müssen also permanent an der Fähigkeit arbeiten, Barrieren zu überwinden.

Steht höchste Effizienz alleine im Vordergrund, bleibt kein Raum, um die Problemlösefähigkeit weiterzuentwickeln. Sie wird vielmehr mangels Übung mit der Zeit verkümmern. Eine mangelnde Nachhaltigkeit führt damit zumindest mittelfristig zu immer schlechterer Effizienz und Effektivität.

Effizienz und Effektivität benötigen Nachhaltigkeit

Jeder einzelne Problemlöser sowie das ganze Team müssen permanent an der Fähigkeit arbeiten, Barrieren zu überwinden.

Ein schwierigeres Streichholzproblem

Um die Produktivität mit Kenntnis des nun bekannten Operators selbst zu erfahren, fordern wir Sie auf, ein zweites, etwas komplexeres Streichholzproblem zu lösen. Bei diesem Problem besteht die Aufgabe darin, durch Umlegen von drei Streichhölzern aus 7 Quadraten 5 Quadrate zu erzeugen (Abb. 7–5). Alle Quadrate müssen sich wiederum berühren und gleich groß sein.

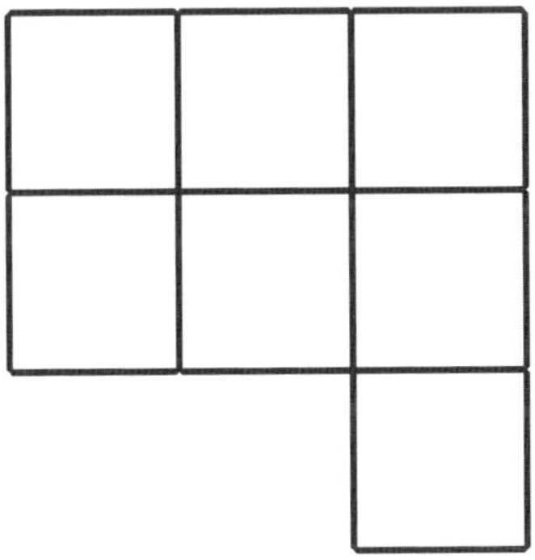

Abb. 7–5
Komplexeres Streichholzbeispiel

Versuchen Sie unter Anwendung des Operators aus dem ersten Beispiel dieses Streichholzproblem zu lösen. Denken Sie dabei auch an die Vorgehensweise, Teilziele zu erreichen, die nicht alle Anforderungen vollständig erfüllen.

Den genauen Lösungsweg, den Sie dazu beschreiten, kennen wir natürlich nicht und er wird sich vom folgenden wahrscheinlich unterscheiden. Übrigens, wenn Sie die Streichhölzer zählen, werden Sie die Zahl 20 erhalten. Damit Sie alle 20 Streichhölzer zur Bildung von fünf Quadraten verwenden, darf kein Streichholz doppelt verwendet werden. Abbildung 7–6 zeigt eine mögliche Anordnung.

Abb. 7–6
Fünf Quadrate

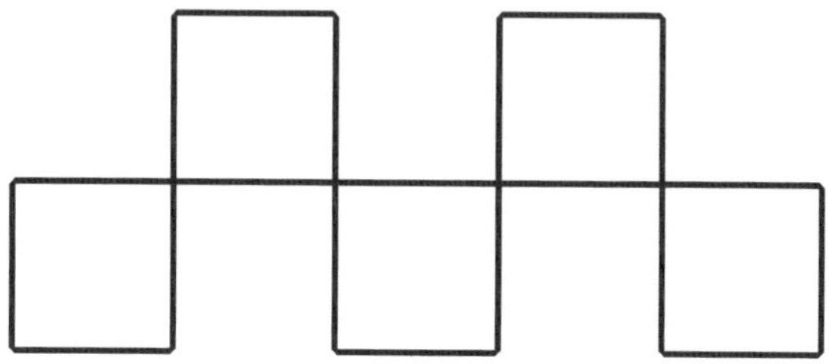

Es ist also grundsätzlich möglich, mit der vorhandenen Anzahl Streichhölzer die sieben Quadrate auf fünf zu reduzieren. Um die Formation aus Abbildung 7–6 zu erreichen, müssten Sie allerdings sehr viele Streichhölzer umlegen. Da aber nur drei Streichhölzer umgelegt werden dürfen, müssten die Quadrate wohl näher beieinander liegen. Durch Entfernen von zwei Streichhölzern lässt sich die Teillösung in Abbildung 7–7 erreichen.

Abb. 7–7
Bessere Teillösung

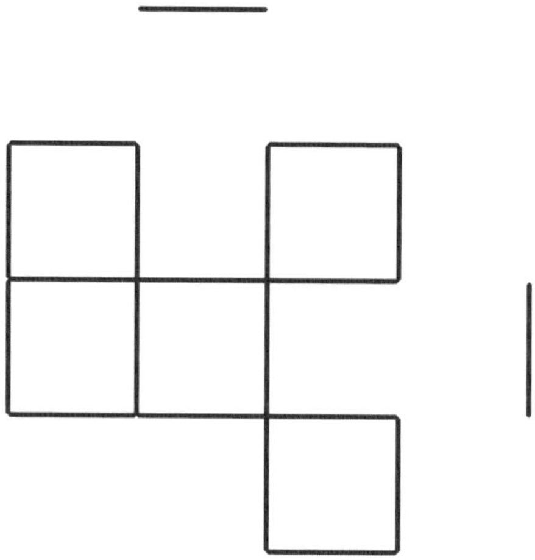

Die Teillösung enthält fünf Quadrate mit zwei übrig gebliebenen Streichhölzern. Jetzt müssen Sie nur noch die Doppelverwendung in den beiden Quadraten links auflösen und aus den drei übrig gebliebenen Streichhölzern unten links ein neues Quadrat anfügen (Abb. 7–8).

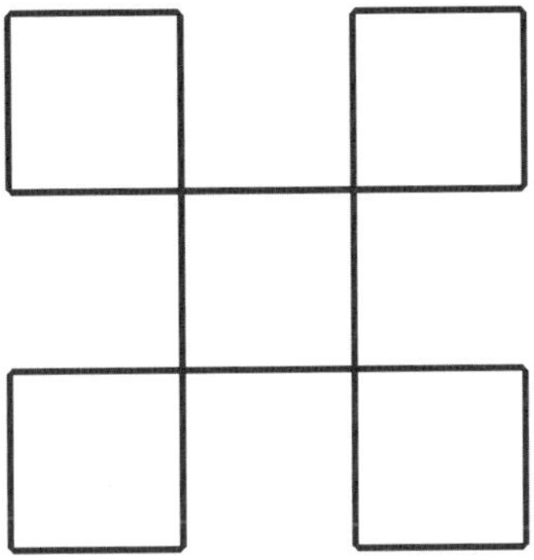

Abb. 7–8 *Gefundene richtige Lösung*

Das durch den Operator repräsentierte Mehrwissen erlaubt es Ihnen, die korrekte Lösung in wenigen Schritten zu finden. Sie werden produktiver.

Probleme in der Softwareentwicklung haben natürlich eine viel höhere Komplexität als diese recht einfachen Streichholzbeispiele. In Kapitel 4 haben wir die Unterschiede bereits dargestellt: Streichholzprobleme gehören zur Klasse der Probleme mit Synthesebarriere, d.h., nur die Operatoren sind unbekannt. Die Entwicklung von Software hingegen gehört zur Klasse der dialektischen Probleme und zeigt Merkmale komplexer Probleme.

So sind in der Softwareentwicklung auch viele Aspekte des Problems, der Lösung und des Teamverhaltens nicht nur unbekannt, sie sind auch noch untereinander vernetzt und ändern sich dynamisch. Die Wissenslücke besteht in realen Projekten somit nicht nur aus fehlenden Operatoren wie im Streichholzbeispiel dargestellt. Ein Softwareteam muss auch Lücken im Wissen über Ausgangs- und Zielzustand, Zusammenarbeit, den Einsatz externer Mittel und inhaltliche Zusammenhänge schließen. Ein wichtiges Mittel dazu ist das Schaffen von Experimentierfeldern.

Experimentierfelder

Den in den beiden Streichholzproblemen erfolgreich angewandten Operator zur Reduktion von Quadraten haben wir Ihnen in Kapitel 4 im einfacheren der beiden Probleme gezeigt. Stellen Sie sich vor, Sie müssten im komplexeren, zweiten Streichholzproblem den Operator erst entdecken. Wäre das genauso leicht gegangen wie beim einfacheren Beispiel? Vermutlich nicht. Denn typischerweise entdecken wir Menschen Operatoren in weniger komplexen Problemstellungen leichter, da die geringere Anzahl möglicher Zustände uns das Experimentieren einfacher macht.

Das lässt sich auch in der Softwareentwicklung beobachten. So versuchen Softwarearchitekten in der Regel, wichtige Qualitätsanforderungen wie Performance oder Sicherheit durch Architekturprototypen zu verifizieren. Dieses Experimentierfeld dient nicht nur zur Überprüfung der Architektur, sondern damit finden Architekten eben auch die geeigneten Mechanismen und Technologien – sprich Operatoren –, um die Anforderungen zu erfüllen. Ein Beispiel dafür ist die Art des Session Handling bei einer Webapplikation. Ein Experimentierfeld mit geringer Komplexität hilft, die richtige Technik für das Session Handling schneller zu bestimmen.

Experimentierfelder, um Wissenslücken zu schließen

Wissenslücken können in weniger komplexen Problemstellungen einfacher geschlossen werden. Passende Experimentierfelder erhöhen die Produktivität.

In diesem Zusammenhang möchten wir Sie noch einmal auf die Feedbacktiefen in Abschnitt 6.6 aufmerksam machen. Diese charakterisieren im Grunde verschiedene Klassen von Experimentierfeldern.

Tragweite von Operatoren

Rolf, GUI-Entwickler, erzählt von der Produktivität bei der GUI-Entwicklung. Achten Sie beim Lesen darauf, welche Operatoren Rolf erwähnt und wie wichtig ihm diese erscheinen.

I: »*Was macht dich bei der GUI-Entwicklung produktiver?*«

Rolf: »*Da muss ich immer höllisch aufpassen, besonders wenn alle sagen, wir wissen, was die Benutzer haben wollen. Im letzten Projekt hatten wir zwei völlig unterschiedliche Benutzerprofile: den Dauerbenutzer, der jeden Tag mit der Applikation arbeitet, und den Gelegenheitsbenutzer, der vielleicht ein paarmal im Jahr etwas abfragen muss.*«

I: »*Ein GUI für beide zu entwickeln ist herausfordernd?*«

Rolf: »*Ja, nur wussten wir das zuerst nicht. Wir haben nach langer Diskussion letztendlich dann Prototypen entwickelt und rasch gesehen, dass ein GUI für beide Gruppen niemals funktioniert. So haben wir uns sehr früh entschieden, zwei unterschiedliche GUIs zu entwickeln mit großem Erfolg.«*

I: »*Was hast du daraus gelernt?*«

Rolf: »*Naja, wenn man nicht weiß, welcher Weg der richtige ist, muss man dies so schnell wie möglich herausfinden. Am besten durch einfache Prototypen. Für zukünftige Projekte weiß ich jetzt schon, dass so unterschiedliche Benutzergruppen einfach zwei unterschiedliche GUIs benötigen, das müssen wir nicht mehr erst aufwendig abklären, sondern höchstens unsere Annahmen durch schnelles Entwickeln von Prototypen rasch verifizieren.*«

I: »*Was ist für dich Produktivität bei der technischen Lösungsfindung?*«

Rolf: »*Wichtig ist zunächst einmal, dass die gewählte Technologie auch für die Anforderungen ans GUI, also das Interaktionsverhalten der Benutzer, geeignet ist. Wenn das nicht stimmt, benötige ich viel mehr Zeit und das ganze UI wird schlecht benutzbar. Dann ist auch wichtig, dass wir eine gute interne Struktur im UI Layer erstellen. Dinge wie Wiederverwendbarkeit und Entkopplung einerseits, aber z.B. auch die Möglichkeit, automatische UI-Tests durchzuführen. Sehr hilfreich sind auch immer Codebeispiele für die Controls. Die kann ich sehr schnell für die Programmierung von Prototypen oder auch später für die Entwicklung der Applikation einsetzen.*«

Im Gegensatz zum einfachen Streichholzbeispiel gibt es bei einer Softwareentwicklung mehrere Ebenen von Operatoren. An erster Stelle stehen für Rolf die unterschiedlichen Zielgruppen. Deren Bedürfnisse zu verstehen – und diese auch richtig zu gewichten – sind Schlüsselentscheidungen für seine Arbeit. Auf der zweiten Stufe steht für Rolf das Interaktionsverhalten, denn dieses bestimmt die Architektur und die GUI-Technologie. Erst dann kommen der interne Aufbau und die verwendeten GUI Controls.

Operatoren haben also eine unterschiedliche Tragweite und sind deshalb unterschiedlich wichtig. Je wichtiger ein Operator, desto früher möchte Rolf diesen identifiziert haben.

Eckpfeiler der Produktivität

Die Wissenslücken sowie die Art und Weise, wie diese geschlossen werden, entscheiden über die Produktivität. Toni hat das im Interviewausschnitt ganz einfach zum Ausdruck gebracht:

»*Die Mitarbeiter sind immer dann produktiv, wenn sie genau wissen, was zu tun ist, und keine großen Hindernisse auftauchen.*«

Die groben Eckpfeiler für produktive Wissensarbeit lassen sich also wie folgt benennen:

- Je größer die Wissenslücke, desto größer ist die Barriere und umso stärker sind Effizienz und Effektivität beeinträchtigt.
- Passende Experimentierfelder erlauben, Wissenslücken schnell zu schließen.
- Bewusstes Reflektieren über Operatoren, Experimentierfelder und über das Schließen von Wissenslücken sorgt für eine kontinuierliche Verbesserung und legt den Grundstein für einen nachhaltigen Wissensaufbau.

Aufbauend auf diesen Eckpfeilern gehen die beiden folgenden Abschnitte nun auf die Produktivität für die individuelle Problemlösung und auf die Produktivität im Team genauer ein. Dazu bauen wir auf den Problemlösekreislauf im Team aus Abschnitt 5.6 auf. Wir haben diesen in Abbildung 7–9 der Einfachheit halber nochmals dargestellt.

Abb. 7–9
Der Problemlösekreislauf im Team

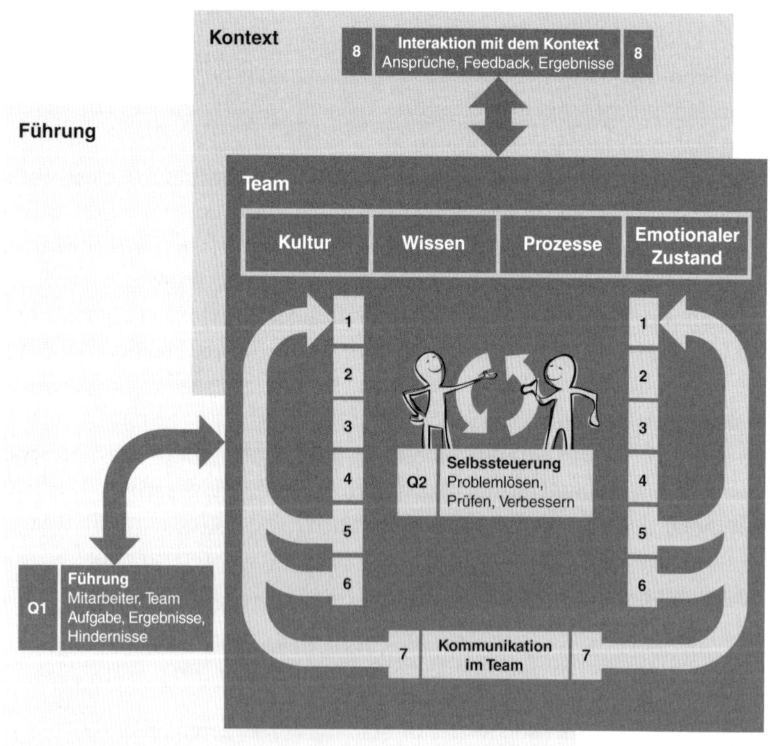

7.2 Individuelle Produktivität

Jeder einzelne Schritt des Problemlösekreislaufs hat Einfluss auf die Produktivität eines Problemlösers. In jedem gibt es Wege, um Produktivität zu fördern oder auch negativ zu beeinflussen. In den folgenden Abschnitten möchten wir Ihnen diese für jeden Schritt im Problemlösekreislauf zeigen.

Schritt 1: Mustererkennung

In der Mustererkennung werten wir die empfangenen Sinnesreize aus und ordnen den erkannten Mustern eine Bedeutung zu. Die Mustererkennung erfolgt aufgrund der Erfahrung und der dadurch gespeicherten Information im Langzeitgedächtnis. Wichtig hierfür sind gute externe Mittel, die die Muster erkennbar machen. Visuelle Darstellungen sind förderlich, rein textuelle Beschreibungen, wie etwa in Dokumenten, machen es dagegen dem Gehirn schwerer.

Mit der Mustererkennung eng gekoppelt ist die Aufmerksamkeit: Sie lenkt einerseits die Wahl der aufgenommenen Informationen, umgekehrt können aber erkannte Muster auch die Aufmerksamkeit erregen. Um neue Muster zu entdecken, ist es manchmal hilfreich, bewusst für neue Stimuli zu sorgen und so die Aufmerksamkeit zu lenken. Genau hier setzen Kreativitätstechniken an. Andere externe Mittel, also neue Darstellungen des Sachverhalts, können ebenfalls helfen, frischen Wind in die Gedanken zu bringen.

Auf einer funktionierenden Mustererkennung baut auch intuitives Denken, also das implizite Anwenden von Expertenwissen, auf. So können Problemlöser gute Lösungskandidaten quasi erkennen. Die Technik des Sketchings (Abschnitt 6.4) ist ein sehr gutes Beispiel einer Technik, um unsere Mustererkennung zu nutzen und die Intuition mit den nötigen Grundinformationen zu versorgen. Dies gelingt natürlich nur, wenn erkannte Muster und die damit im Expertenwissen abgespeicherten Lösungsansätze auch zum aktuellen Problem passen. Deshalb lohnt es sich selbst für Experten, die Intuition zu hinterfragen, beispielsweise durch Einholen von Feedback, und die Mustererkennung zu trainieren, zum Beispiel in der kritischen Auseinandersetzung mit fremden Lösungen.

Nachfolgend finden Sie jeweils zu den einzelnen Schritten eine Übersicht über mögliche Produktivitätskiller auf der einen und über produktivitätsfördernde Maßnahmen auf der anderen Seite.

Produktivitätskiller	Maßnahmen für mehr Produktivität
Keine oder schwache externe Mittel	Bemühen um passende externe Mittel Langfristig das Erstellen von externen Mitteln trainieren
Übersehen von wichtigen Mustern Aufmerksamkeit für unpassende Muster	Kreativitätstechniken einsetzen Bewusst nach Alternativen suchen Darstellungsformen variieren
Zu wenige Muster bekannt Unpassende Muster erkannt	Iterativ vorgehen und Feedback einholen Eigenes Wissen hinterfragen Andere Lösungen kritisieren und so neue Muster erlernen

Schritt 2: Problem formulieren und Suchstrategie festlegen

Im zweiten Schritt bricht ein Problemlöser nun die noch zu komplexe Problemstellung in ein in diesem Schritt lösbares Teilproblem auf. Eine geschickte Problemformulierung wirkt sich dabei direkt auf den Nutzen eines Problemlöseschritts aus.

Die Mustererkennung, und somit indirekt das externe Mittel, bereitet dafür den Weg vor. Denn zusammen mit dem mentalen Zustand lenken die erkannten Muster die Aufmerksamkeit auf bestimmte, hervorstechende Teilprobleme. Ein geschickt gewähltes externes Mittel fördert also eine passende Problemformulierung.

Gelegentlich dreht sich die Problemlösung im Kreis, es ist kein nennenswerter Fortschritt zu beobachten. Dies ist ein Anzeichen für ein zu komplexes Problem. Hier lohnt es sich, bewusst über die Problemformulierung nachzudenken. Aufteilen eines Problems, Kreativitätstechniken, strukturierte Problemlösetechniken und auch einfach einen ersten Schritt tun, geben einer Problemlösung neue Impulse.

Produktivitätskiller	Maßnahmen für mehr Produktivität
Festgefahrene Problemlösung oder Suchstrategie Das ganze Problem auf einmal lösen wollen Sich im Kreise drehen → Problemlösung stockt	Teilprobleme formulieren, eventuell mit Kreativitätstechniken Einen ersten, explorativen Schritt tun Techniken des strukturierten Problemlösens verwenden Fortschritt prüfen und hinterfragen Andere, ähnliche Problemstellungen und Lösungen untersuchen Experten hinzuziehen
Fokus auf Nebensächlichkeiten Kritische Aspekte spät betrachten	Fokus hinterfragen Andere Meinungen einholen Problemverständnis vertiefen, beispielsweise mit explorativen Schritten

→

Produktivitätskiller	Maßnahmen für mehr Produktivität
Beschäftigung nur mit der Lösung, aber nicht mit der Problemstellung und dem Ziel → Lösung wird nicht zum Ziel passen	Bewusst Schritte zur Exploration und Vision einbauen Umfassendes Feedback einholen

Schritt 3: Operatoren suchen und Probehandeln

Mit einer zur Wissenslücke passenden Problemformulierung beginnt nun die Suche nach Operatoren und das Probehandeln. In diesem Schritt finden wir Lösungskandidaten. Welche Operatoren aus dem Langzeitgedächtnis abgerufen werden, ist wiederum nicht deterministisch.

Je mehr mögliche Operatoren erkannt und berücksichtigt werden können, umso besser kann ein Problem gelöst werden. Experimentierfelder können dabei helfen, Operatoren zu identifizieren. Ebenso hilfreich können das Abschauen von anderen Problemlösungen sein und das Hinzuziehen von Experten, die entsprechendes Wissen mitbringen.

Produktivitätskiller	Maßnahmen für mehr Produktivität
Keine passenden Operatoren gefunden Fixierung auf eine ausgewählte Menge von Operatoren Generelle Blockade beim Erkennen von Lösungskandidaten → Kein Lösungskandidat steht zur Verfügung, der Problemlöseschritt bricht ab	Wissen über Operatoren aufbauen: ■ ähnliche Probleme und Lösungen analysieren ■ Experimentierfelder schaffen ■ Expertenwissen einholen Kreativitätstechniken für Operatorensuche verwenden Prüfen, ob das Problem evtl. zu komplex ist
Unpassende Operatoren gefunden Operatoren mit hoher Tragweite nicht entdecken → Die Problemlösung geht unbemerkt in die Irre	Feedback einholen

Schritt 4: Lösungskandidat bewerten

In diesem Schritt wird ein gefundener Lösungskandidat den angestrebten Zielen gegenübergestellt und dadurch bewertet. Dies geschieht mit dem in Kapitel 4 angesprochenen Soll-Ist-Vergleich im Kopf. Wie bei der Suche nach Operatoren in Schritt 3 beruht auch die Effektivität dieses Schritts auf Wissen. Ein Softwarearchitekt, der zu wenig Wissen über die Architektur oder das konkrete Problem hat, wird die gefundenen Lösungskandidaten vermutlich auch falsch bewerten. So starten die nachfolgende Reflexion und der nächste Zyklus der Problemlösung mit schlechten Voraussetzungen.

Bewerten ist bei komplexen Problemen wie der Softwareentwicklung sehr anspruchsvoll. Ein Problemlöser darf sich hier nicht auf die eigenen Bewertungskriterien verlassen, diese beschreiben nur einen Teil der komplexen Zusammenhänge korrekt und würden die Problemlösung in eine falsche Richtung lenken. Ein Problemlöser muss zwingend Feedback einholen, beispielsweise durch Sketching auf Papier oder ein anderes Experimentierfeld oder auch durch andere Personen wie Teammitglieder oder Benutzer. Damit dies gelingt, lohnt es sich sehr, mit entsprechenden Feedbacktiefen und externen Mitteln zu experimentieren.

Produktivitätskiller	Maßnahmen für mehr Produktivität
Keine passenden Bewertungskriterien → Schlechte Kandidaten werden für die weitere Problemlösung selektiert	Bewertungskriterien entwickeln: ■ mit verschiedenen Feedbacktiefen experimentieren ■ andere Lösungen kritisch untersuchen ■ explizit Bewertungsmöglichkeiten mit anderen diskutieren
Zu geringe Feedbacktiefe, z.B. Bewertung nur in der Vorstellung ausführen → Risiko der Wahl schlechter Kandidaten ist groß	Feedbacktiefe erhöhen: ■ mit Sketching ■ Benutzer und andere Stakeholder hinzuziehen
Ungenügende Bewertung durch andere → Schlechte Lösungskandidaten werden weiterverfolgt	Externe Mittel verfeinern Langfristig das Bewerten von Lösungskandidaten trainieren
Fehlender Zugang zu wichtigen Personen wie Benutzern und Fachexperten → Aussagekraft der Bewertung sinkt	Möglichkeiten des Zugangs schaffen Langfristig entsprechende Prozesse schaffen

Schritt 5: Reflexion

In der Reflexion erkennen und erlernen Problemlöser neue Muster und vertiefen die gedankliche Repräsentation. Dies ermöglicht es, in der nächsten Runde einen noch besseren Lösungskandidaten zu finden, und führt letztendlich zur Lösung des Problems.

Reflexion benötigt etwas Raum und Bereitschaft, nicht nur auszuprobieren, sondern auch einen Schritt zurückzutreten und nach Zusammenhängen zu suchen.

Bei einem komplexen Problem wie Softwareentwicklung sind die zu verdichtenden Informationsmengen groß. Externe Mittel können das Aufbauen der gedanklichen Repräsentation gut unterstützen, vor allem wenn sie helfen, die vielen Details aus verschiedenen Blickwinkeln zu betrachten.

Produktivitätskiller	Maßnahmen für mehr Produktivität
Keine Zeit für Reflexion nehmen → Zusammenhänge bleiben unklar	Bewusst einen Schritt zurücktreten und nach Zusammenhängen suchen
Problem ist zu komplex Arbeitsgedächtnis mit vielen Details überfordert → Zusammenhänge bleiben unklar	Blickwinkel wechseln oder erweitern Problem vereinfachen Experimentieren und einzelne Aspekte isoliert betrachten Externe Mittel verbessern: ▪ gedankliche Repräsentation sichtbar machen ▪ Details überblickbar und abstrahierbar machen ▪ andere Darstellungsformen verwenden Mit anderen Personen diskutieren und Feedback einholen
Mangelnde Fähigkeit, Abstraktionen zu bilden Falsche Abstraktionen → Gefundene Lösungskandidaten sind evtl. fehlerhaft	Iterativ vorgehen und Feedback holen Eigene gedankliche Repräsentation immer hinterfragen

Schritt 6: Faktisches Handeln

Das faktische Handeln erzeugt und verändert externe Mittel. Diese erzeugen damit Feedback und wirken so wieder direkt auf die Problemlöseschritte eins bis fünf. Darüber hinaus beeinflussen sie die Interaktion mit Team und Kontext.

Das Zweigespann Gehirn und externes Mittel ist eine mächtige Kombination. Gut gewählte externe Mittel können die Problemlösung auf vielerlei Arten beeinflussen. Damit dies aber gelingt, muss ein Problemlöser das Handwerk beherrschen und sich die passenden externen Mittel schaffen. In Kapitel 6 haben wir dazu eine Reihe von Gestaltungszielen genannt. So soll ein externes Mittel leicht veränderbar sein, die Mustererkennung beflügeln und auch einen Soll-Ist-Vergleich einfach ermöglichen. Doch die Fähigkeit muss trainiert und erlernt werden. Insbesondere fehlt oft eine Kultur des Sketchings und das Wissen, wie mit Papier und Bleistift oder am Whiteboard effektiv gearbeitet werden kann.

Produktivitätskiller	Maßnahmen für mehr Produktivität
Ungenügendes Handwerk, zu wenig Übung Externes Mittel aufwendig zu verändern → Feedback wird langsam	Handwerk erlernen und verbessern Externe Mittel passend auswählen Langfristig auch die Fertigkeiten und Flexibilität beim Umgang mit externen Mitteln erhöhen
Nur mit perfekten externen Mitteln Feedback einholen Angst, unfertige Dinge zu zeigen	Kultur des Sketchings entwickeln

Bericht aus der Praxis

Wir fragen Toni, Projektleiter, welche Erfahrungen er mit diesen Produktivitätskillern gemacht hat:

I: »*Kommen dir die Produktivitätskiller bekannt vor?*«

Toni: »*Oh ja, da haben wir schon einige davon mehrfach erlebt. Wenn ich nur an das Projekt im letzten Jahr denke, als wir die Problemstellung für die Portfolioverwaltung nicht richtig verstanden hatten und auch aktiv nichts dafür taten, um uns an die Anforderungen heranzutasten. Die Folge davon war dann, dass wichtige Elemente der Geschäftslogik viel mehr Zeit gekostet haben.*«

I: »*Also ihr habt schließlich die Effektivität auf Kosten einer schlechten Effizienz gerettet?*«

Toni: »*Äh ja. Wir mussten ja etwas Funktionierendes abliefern. Dafür haben wir am Ende ordentlich draufgezahlt. Gemessen an Zeit und Geld hätte das Projekt schon vorbei sein sollen. Wir mussten einfach sehen, dass wir das Ganze irgendwie zum Laufen bekamen.*«

I: »*Wie hättest du die Entwickler mit den oben genannten Hinweisen produktiver machen können?*«

Toni: »*Hmm. Wir hätten früh erkennen müssen, dass wir, statt stur den vom Auftraggeber vorgegebenen Meilensteinplan zu erfüllen, aktiv das Problem hätten umformulieren müssen. Anstatt an wachsweichen Anforderungen wie Flexibilität zu arbeiten, hätten wir zuerst mal die Funktionalität besser verstehen müssen. Das System war zwar groß, ließ sich aber eigentlich recht gut in unabhängigen Teilen betrachten. Wenn wir dafür Teillösungen gebaut und damit Feedback eingeholt hätten, dann hätten wir sicher auch die Komplexität der Domäne in den Griff gekriegt. Auch die externen Mittel zur Kommunikation zwischen Auftraggeber und uns als Auftragnehmer hätten interaktiver sein müssen. Die waren halt Papier gewohnt, und wir haben uns angepasst. So konnten die aber nicht wirklich bewerten, was wir vorhatten, und wir haben mangelhaftes Feedback bekommen.*«

7.3 Produktivität im Team

Die Produktivität von Teams hängt zuerst einmal von der individuellen Produktivität der Teammitglieder ab. Diese war das Thema des vorherigen Abschnitts. Für die produktive Teamarbeit in diesem Abschnitt sind zusätzlich nun die Teameigenschaften, die Kommunikation im Team und die Interaktion mit dem Kontext relevant. Vielleicht schauen Sie noch einmal kurz auf Abbildung 7–9 etwas weiter vorne und holen sich die Zusammenhänge wieder ins Gedächtnis.

Problemlösekreislauf im Team

Toni, Projektleiter, gibt einen ersten Einblick:

I: »*Wie machst du dein Team produktiver?*«

Toni: »*Das gehört zu meinen Kernaufgaben und da bin ich bisher ziemlich erfolgreich gewesen. Ich schaue z.B., dass sich die Leute gut kennenlernen, organisiere Social Events und schaue auch, dass das Team wenn immer möglich am selben Ort arbeitet. Natürlich gibt es eine Kaffeemaschine und ich bringe auch immer mal wieder etwas Leckeres zum zweiten Frühstück oder für zwischendurch mit.*«

I: »*Inwiefern macht dies ein Team produktiver?*«

Toni: »*Das fördert eben den Teamzusammenhalt und so. Hauptsache die Leute reden miteinander.*«

I: »*Ok, aber du hast die Kapitel bis hierhin auch gelesen. Siehst du nun weitere Ansätze für Produktivität?*«

Toni: »*Hmm. Kalt erwischt. Lass mich mal nachdenken. Eine Sache habe ich begriffen: Kommunikation über Dokumente allein geht nicht wirklich. Weil man eben nicht auf Anhieb verstehen kann, was in einem Dokument steht. Also muss man die Leute zusammenbringen.*«

I: »*Was möchtest du damit erreichen?*«

Toni: »*Naja, ich möchte das Lernen fördern. Da man das Problem und die Lösung nicht von Anfang an verstehen kann, muss man lernen. Und je schneller man lernt, desto besser ist das für die Produktivität, da fehlendes Wissen schnell verfügbar ist. Und dann gibt es natürlich auch noch das Team. Das habt ihr auch genügend betont. Ich brauche ein funktionierendes Team. Und das muss ich fördern, indem ich wirklich eine Teamaufgabe stelle und nicht alles auf die einzelnen Leute aufteile wie bisher. Dazu gehört natürlich auch, dass ich nicht alles detailliert vorausplane. Das habe ich gemacht, damit die Leute sich auf ihre Aufgabe konzentrieren können. Aber da betrügt man sich wirklich selbst. Und insbesondere verleitet das dazu, dass man sich an einem*

Plan festhält, anstatt auf das, was man gelernt hat, zu reagieren. Also, mir scheint, da gibt es eine ganze Reihe von Hebeln, an denen ich schalten kann. Aber was genau ist der Schlüssel für Produktivität im Team?«

Schritt 7: Kommunikation im Team

Die Kommunikation im Team – das ist Schritt 7 aus Abbildung 7–9 – ermöglicht Teammitgliedern effektiv zusammenzuarbeiten und trotz der verteilten gedanklichen Repräsentation das anstehende Problem zu lösen. Mit schneller und fehlerfreier Kommunikation erhöht ein Team die eigene Produktivität. Wie Kapitel 5 gezeigt hat, sind gut ausgeprägte Teameigenschaften die beste Voraussetzung dazu.

Wir haben in diesem Buch nur den Aspekt des Wissenstransfers in der Kommunikation betrachtet und dies in Kapitel 5 als gegenseitigen, iterativen Lernprozess vorgestellt. Ein solcher Lernprozess wird mit einer direkten Kommunikation am besten ermöglicht. Dies könnte sogar in Form einer gemeinsamen Problemlösung sein, bei der genau das Wissen ausgetauscht wird, das für das betrachtete Teilproblem notwendig ist.

Externe Mittel sind mächtige Katalysatoren für gute Kommunikation. Sie sollten insbesondere als gemeinsames Handlungsfeld dienen und das entstehende, gemeinsame mentale Modell visualisieren.

Produktivitätskiller	Maßnahmen für mehr Produktivität
Wissenstransfer über Dokumente Keine oder wenig Interaktion im Team → Hohes Risiko von Fehlinterpretationen → Das gemeinsame mentale Modell divergiert und wird schwächer	Gemeinsam arbeiten und Probleme lösen
Nur mündlich kommunizieren → Gedächtnis ist überlastet, viele Informationen gehen verloren	Externe Mittel gezielt entwickeln und optimieren
Zu wenig miteinander arbeiten → Teameigenschaften bilden sich nur unzureichend aus Zu viel miteinander arbeiten → Zu großer Aufwand	Balance zwischen Parallelisierung und Synergie finden

Schritt 8: Interaktion mit dem Kontext

Die Interaktion mit dem Kontext, also beispielsweise mit den Benutzern und Auftraggebern, ermöglicht dem Team, sich richtig auszurichten und zu adaptieren. Erst hierdurch kristallisieren sich nach und nach die richtigen Projektziele heraus.

Damit diese Interaktion stattfinden kann, liefert das Team Ergebnisse an ausgewählte Personen im Kontext. Dadurch lernen etwa die Benutzer, wie sich die Software für sie anfühlen und welchen Einfluss sie auf ihre tägliche Arbeit haben wird. Sie entdecken sowohl Punkte, bei denen die Arbeit noch nicht optimal unterstützt wird, als auch komplett neue Bedürfnisse. Dieses Feedback ist in den meisten Projekten, beispielsweise in Form von Change Requests, an der Tagesordnung. Die Diskussion mit Auftraggebern oder Benutzern bietet dem Projektteam die einzige Möglichkeit, das angestrebte Ziel zu hinterfragen und Rückmeldung über die erzielten Ergebnisse zu erhalten.

Um die Produktivität zu steigern, sollen Projektteams intensiv mit den Personen im Kontext interagieren und Feedback zu Ergebnissen aufnehmen. Bei explorativen Tätigkeiten geschieht dies, um das Problem zu verstehen, in Schritten der Vision, um den Kern zu vereinbaren, und bei evolutionären Schritten, um das Ergebnis zu prüfen. Damit das gelingt, muss das Projektteam die Personen in deren Welt abholen. In der Diskussion, wie die Welt mit der Veranderung durch die Software aussehen wird, entsteht erst das notwendige Verständnis, diese Veränderung auch zu bewirken. Dazu sind die passenden externen Mittel notwendig.

Roman, Business-Analyst, ergänzt:
»Gerade Skizzen der Benutzungsschnittstelle oder auch ausführbare Prototypen vereinfachen die Diskussion mit vielen Personen.«

Die mangelnde Feedbacktiefe von Dokumenten ist ein gewichtiger Grund, warum Auftraggeber trotz Review und Abnahme einer Spezifikation nachträglich Änderungswünsche äußern und Diskussion über die Interpretation des geschriebenen Wortes führen.

Toni, Projektleiter, meint:
»Mit den Stakeholdern kann man sehr viel falsch machen: Hat das Projekt zu viele, wird es nicht mehr durchführbar. Es muss zu viele Bedürfnisse erfüllen. Berücksichtigt das Projektteam die falschen, dann ist die Kritik bei der Einführung entsprechend groß.«

Tonis Punkt ist essenziell: Ein Projektteam muss klar und bewusst abgrenzen, welcher Personenkreis die Entwicklung beeinflussen darf. Dazu benötigt es praktisch immer die Unterstützung des Managements.

Produktivitätskiller	Maßnahmen für mehr Produktivität
Kontext nicht klar abgegrenzt Personen sind nicht verfügbar Benutzer sind nicht verfügbar → Ungenügendes oder falsch gewichtetes Feedback	Definieren, wer wie zum Projekt beitragen darf und muss Dies im Management abstützen Langfristig den Zugang zu Benutzern sicherstellen
Zu viele unterschiedliche Stakeholder → Risiko: Komplexität zu groß, Widersprüche	Scope und Kontext definieren Risiken aufzeigen
Zu wenig Interaktion mit Kontext → Fertige Lösung passt nicht	Regelmäßig Feedback von den Personen im Kontext einholen
Ungeeignete externe Mittel → Kommunikation ist ungenügend → Feedback aus dem Kontext ist falsch und führt in die Irre	Externe Mittel gestalten: ▪ passend zum gesuchten Feedback ▪ passend zu den Feedbackgebern Feedbacktiefe bewusst wählen Langfristig diese Fähigkeit entwickeln
Feedback wird vom Team nicht verstanden oder sogar verneint → Das Team richtet sich dem falschen Ziel aus	Kultur für Offenheit, Kritik und Faktenorientierung schaffen Iterativ vorgehen Team coachen

Produktivität durch Teameigenschaften

Ein Team verfügt über Eigenschaften, die es von einer Gruppe von Einzelpersonen unterscheiden. Diese Teameigenschaften entstehen während der Zusammenarbeit. Wie beeinflussen diese Teameigenschaften nun die Produktivität?

Teamkultur

Die Teamkultur sorgt für die strategische Ausrichtung eines Teams und ein gemeinsames Verständnis von »gut« und »schlecht«. Dies kann beispielsweise eine Orientierung am Kundennutzen, der Sicherheit, der Kernfunktionen und mehr sein. Eine gute Teamkultur aus Normen und Werten ist dann gegeben, wenn Informationen weitergegeben werden, Mitarbeiter Ideen von anderen aufnehmen, Sachorientierung vor Personenorientierung gilt und jeder Mitarbeiter Interesse für das Ganze zeigt und nicht nur selbst persönlich brillieren möchte. Das Team handelt also aufgabenorientiert und alle leisten ihren Beitrag zum Teamergebnis.

Dafür zu sorgen, dass eine passende Teamkultur entsteht, ist eine Führungsaufgabe und beginnt bei der angemessenen und ganzheitlichen Teamaufgabe.

Produktivitätskiller	Maßnahmen für mehr Produktivität
Individuelle Aufgaben stellen → Keine Aufgabenorientierung im Team	Ganzheitliche und angemessene Teamaufgabe stellen
Persönliche Profilierung Ablehnung Ideen anderer → Schlechte Synergieeffekte führen zu schlechter Lösungen	Nach strategischen Vorgaben und individueller Betreuung führen: ■ Teamerfolg vor persönlicher Profilierung ■ gute Ideen sind Teamerfolg ■ Fokus auf Problemlösung ■ Beitrag der Mitarbeiter zum Team fördern
Fehlervermeidungskultur → Selbststeuerung wird ausgehebelt → Das Team kann nicht lernen	Kultur des Ausprobierens und Lernens
Kein gemeinsames Ziel → Teammitglieder ziehen nicht am selben Strick	Führung des Teams mittels strategischer Vorgaben
Kein Interesse für die anderen Teammitglieder	Interesse für die anderen Teammitglieder wecken Führung der Mitarbeiter

Teamwissen

Das Teamwissen, bestehend aus dem gemeinsamen mentalen Modell sowie dem transaktiven Gedächtnis, beinhaltet die im Team verteilte gedankliche Repräsentation. Das Teamwissen wird durch gemeinsames Problemlösen gestärkt und durch paralleles Arbeiten geschwächt. Nur wenn das Teamwissen mächtig genug ist, gelingt der Entwurf einer passenden Lösung.

Ein gutes gemeinsames mentales Modell zeigt sich zum Beispiel dadurch, dass die Personen im Team eine gemeinsame Sprache sprechen und das gleiche Verständnis des zu erreichenden Ziels haben. Ein gutes transaktives Gedächtnis ist daran zu erkennen, dass die Teammitglieder über das Wissen der anderen Teammitglieder Bescheid wissen und auf deren Fähigkeiten vertrauen. Das Team nutzt die individuellen Stärken und gleicht damit auch individuelle Schwächen aus.

Produktivität in Bezug auf das Teamwissen bedeutet, dass das Team ein optimales Verhältnis aus gemeinsamem mentalem Modell und individuellem Spezialwissen aufbaut. Diesen Prozess muss das Team selbst steuern und dazu lernen, welche Teilprobleme am besten in einer gemeinsamen Problemlösung und welche in individueller Problemlösung stattzufinden haben.

Produktivitätskiller	Maßnahmen
Gemeinsames mentales Modell bildet sich nicht oder zu spät → Risiko von Fehlentscheidungen Transaktives Gedächtnis schlecht ausgebildet → Koordination wird aufwendig → Individuelles Wissen bleibt ungenutzt	Gemeinsame, explorative Tätigkeiten zu Beginn verstärkt in das Team investieren Keine Parallelisierung um jeden Preis Schlüsselpersonen von Beginn an ins Team integrieren
Streng tayloristische Arbeitsteilung → Ungenügendes Teamwissen → Problemlösung wird schlechter oder klappt gar nicht	Kultur des gemeinsamen Ziels und des gemeinsamen Erfolgs etablieren Gemeinsames Problemlösen fördern Balance zwischen Arbeitsteilung und Zusammenarbeit dem Team übergeben Das Team dabei betreuen
Unzureichende externe Mittel → Erschwert Bildung des Teamwissens	Kommunikation beobachten, hinterfragen und optimieren Einsatz externer Mittel erlernen

Teamprozesse

Die Teamprozesse erlauben den Mitarbeitern im Team eine reibungslose Zusammenarbeit. Dabei sind drei Kernprozesse zu sehen: Problemlösen im Team, Interaktion mit dem Kontext sowie Lernen und Verbessern. Insbesondere erlernt ein Team dazu den Wechsel zwischen gemeinsamem Problemlösen und Arbeitsteilung und findet so die passende Balance zwischen Synergie und Parallelisierung.

Die Teamprozesse detailliert von außen vorzugeben ist typischerweise kontraproduktiv: Sie passen nicht zu Team und Problem. Gute Teamprozesse entstehen im Team. Diese Entwicklung gelingt deutlich schneller, wenn sie auf einer erprobten Basis, wie einem Prozess mit Rollenkonzept, aufbaut. Für die weitere, teamspezifische Entwicklung ist eine funktionierende Selbststeuerung notwendig. Dies wiederum bedingt eine funktionierende Interaktion mit dem Kontext und einen etablierten Lernprozess.

Produktivitätskiller	Maßnahmen für mehr Produktivität
Teamprozesse vorschreiben → Prozesse sind nicht optimal und behindern die Produktivität	Das Team ausgehend von einer erprobten Basis die Prozesse selbst entwickeln und anpassen lassen
Kein Raum für Reflektieren geben Kein Reflektieren im Team Kein Bemühen um Verbesserungen Team ist blind für Verbesserungen → Team entwickelt sich nicht weiter → Bestehende Konflikte bleiben ungelöst	Raum und Zeit schaffen Klima der Weiterentwicklung schaffen Team und Mitarbeiter betreuen

Produktivitätskiller	Maßnahmen für mehr Produktivität
Reflektieren ohne Interaktion mit dem Kontext → Team entwickelt sich falsch	Entsprechende Prozessvorgaben einführen Coaching
Unlösbare Konflikte Schuldzuweisungen und Verteidigungshaltung → Team kann handlungsunfähig werden	Konfliktmediation Aufgabenorientierung schaffen
Keine Teamplayer Teamfunktionen nicht wahrgenommen → Weiterentwicklung wird behindert	Teamplayer in ein Team bringen Mitarbeiter und Team mittels Coaching unterstützen
Zu viel Arbeitsteilung → Teameigenschaften leiden gemeinsame Problemlösung nimmt überhand → Effizienz sinkt, das Team wird langsam	Arbeitsteilung und Zusammenarbeit bewusst steuern Prozesse entwickeln, um Wissen im Gesamtteam aufzubauen

Emotionaler Zustand

Der emotionale Zustand ist ein komplexes Konstrukt aus dem kollektiven Befinden der Teammitglieder. Ein guter emotionaler Zustand führt zu einem motivierten und schlagkräftigen Team. In diesem Buch haben wir diesen Aspekt größtenteils ausgeklammert und erteilen deshalb nur Toni, Projektleiter, das Wort:

»*Manager haben großen Einfluss auf die Stimmung im Team, wobei mir viel Negatives in Erinnerung geblieben ist: unmögliche Termine, sinnloser Stress, abrupte Kurswechsel, Stühle rücken, unverständliche Personalpolitik, willkürlich anmutende Entscheide, unqualifizierte, technische Vorgaben, Eingriffe in das Team und vieles mehr gehören dazu. Teams reagieren auf solche Dinge. Die meisten Leute, die ich kenne, empfinden Stolz und Freude an der Software, die sie für die Anwender bauen insbesondere natürlich, wenn sie geschätzt und benutzt wird. Wird dies vom Management auch nur scheinbar leichtfertig torpediert, dann erzeugt dies schnell großes Unverständnis. Und dann ist die von euch beschriebene Aufgabenorientierung im Eimer. Den Leuten ist das Projekt dann plötzlich egal. Hauptsache der Lohn stimmt oder ich beschäftige mich mit etwas, wo ich noch was lernen kann.*«

I: »*Wie sieht es mit den Mitarbeitern aus?*«

Toni: »*Auch diese sind natürlich keine Heiligen: persönliche Profilierung, keine Anpassung ans Team, machen was man will, Leute, die wirklich spürbar schlechter sind als der Rest des Teams, und so weiter. Solche Dinge belasten das Team und sorgen für eine schlechte Stim-*

mung. Übrigens waren alle eben genannten Gründe schon dafür ausschlaggebend, dass ich jemanden ausgewechselt habe.«

Brüche im Team

Die Teameigenschaften sind das Resultat der Zusammenarbeit im Team. Teameigenschaften sind wichtig, damit Synergie und Parallelisierung gut funktionieren. Zu Beginn eines Projekts und bei jeder Änderung des Teams muss ein Team deshalb bewusst in die Teameigenschaften investieren und beispielsweise gewisse Problemstellungen gemeinsam angehen, auch wenn dies ansonsten nicht unbedingt notwendig wäre.

Kritisch aus Sicht der Teameigenschaften sind die frühen und richtungsweisenden Entscheidungen. Ist das Team hier nicht gut aufgestellt, fehlt Wissen oder kann vorhandenes Wissen nicht genutzt werden, dann sind folgeträchtige Fehlentscheidungen nicht zu vermeiden. Es lohnt sich deshalb für ein Projektteam, zu Beginn bewusst in die Teameigenschaften zu investieren und nach kritischen Wissenslücken zu suchen.

Produktivitätskiller	Maßnahmen für mehr Produktivität
Bruch im Team durch Fluktuation → Die Teameigenschaften leiden → Das Projekt muss Zeit in den Teamaufbau investieren	Team stabil halten, von der ersten Idee bis zur fertigen Software Auswirkungen der Fluktuation abfedern und den Wissensaustausch fördern, z. B. mit Mentoren, Pair Programming
Frühe, richtungsweisende Entscheide mit schlecht ausgeprägten Teameigenschaften fällen → Falsche Entscheidungen führen das Projekt lange in die Irre	Kritisches Wissen identifizieren und dem Team zuführen Sehr erfahrene Personen helfen dem Team, das Projekt aufzustarten In den frühen Phasen an gemeinsamer Problemlösung arbeiten Arbeitsteilung erst einsetzen, wenn die Teameigenschaften gut ausgeprägt sind Auf häufiges Feedback achten

7.4 Strategische Produktivität

Die Art und Weise, wie ein Team die Wissenslücke schließt und eine brauchbare Lösung entwickelt, verändert sich im Verlauf des Projekts. Beispielsweise sehen Problemformulierung und Operatorensuche am Anfang eines Projekts völlig anders aus als gegen Ende. Zu Beginn stehen eher das Problemverständnis sowie die Exploration von Lösungsmöglichkeiten im Vordergrund, später entwickelt das Team basierend auf einer gemeinsamen Vision evolutionär immer mehr Funktionalität in die Applikation. Wir haben daher die drei Schwerpunkte Exploration – Vision – Evolution in Kapitel 4 vorgestellt.

Wir wollen in diesem Abschnitt die strategischen Produktivitätsfaktoren eingehend beleuchten. Strategisch deswegen, weil diese fundamental die Produktivität des gesamten Problemlöseprozesses, egal ob als Einzelperson oder im Team, beeinflussen. Es handelt sich dabei um die folgenden vier Faktoren:

- Umgang mit Wissen und Nichtwissen: die Wissenslücke
- Konvergenz zu einer brauchbaren Lösung
- Schnelligkeit des Problemlösekreislaufs
- Bewerten von Lösungskandidaten

Wissenslücke

Problemlöser müssen die Wissenslücke schließen, also die passende gedankliche Repräsentation finden, um die Barriere zu überwinden. Die Produktivität hängt davon ab:

- wie groß diese Wissenslücke ist,
- wie gut ein Problemlöser die Wissenslücke erkennt und
- wie ein Problemlöser den Prozess zum Erarbeiten des fehlenden Wissens gestaltet.

Der Umgang mit Nichtwissen ist in unserer heutigen Gesellschaft schwierig. Dies zeigt schon das Verhalten von Schulkindern, die sich nicht trauen, im Unterricht zuzugeben, etwas nicht verstanden zu haben. Ähnliches Verhalten erzeugen Firmenkulturen, die das Eingeständnis von Wissenslücken von Mitarbeitern oder Teams als etwas Negatives bewerten.

Solche Effekte führen dazu, dass einem der wichtigsten Faktoren – nämlich gerade der möglichst genauen Kenntnis der Wissenslücke sowie den Maßnahmen, diese zu schließen – keine Beachtung geschenkt wird. Dies bleibt nicht ohne Konsequenz für die Produktivität. Gute Teams unterscheiden sich somit von einem schlechten in der Fähigkeit, die eigene Wissenslücke zu identifizieren.

Evelyn, Softwarearchitektin, möchte gerne Folgendes hinzufügen:
»Und ein guter Manager von einem schlechten. Ich habe genügend Manager erlebt, die mir sagen wollten, welches die beste Technologie sei, und was ich gefälligst zu tun hätte, damit das System auch sicher und performant wäre. Das Wissen dazu hatten besagte Manager natürlich aus den Hochglanzbroschüren der Hersteller oder aus Berichten teurer Berater.«

Produktivität basiert auf dem richtigen Erkennen des notwendigen Wissens und der bestehenden Lücke. Dies verlangt vom Team und dem Management eine hohe Offenheit und Kritikfähigkeit. Eine entsprechende Kultur zu schaffen ist die Grundvoraussetzung für die in der folgenden Tabelle aufgezeigten Maßnahmen für mehr Produktivität.

Produktivitätskiller	Maßnahmen für mehr Produktivität
Die eigenen Wissenslücken nicht erkennen und sich überschätzen Fokus auf falsche Wissenslücken, Wichtiges wird übersehen → Das Team trifft Fehlentscheide	Team mit genügend Grundwissen zusammenstellen Bewusst Wissenslücken suchen, auch mithilfe von Experten Wissenslücken durch Exploration aufdecken
Zu große Wissenslücke → Das Projekt ist nicht durchführbar	Komplexität verringern Nachhaltige Entwicklung der Mitarbeiter, um in späteren Projekten höhere Komplexität zu bewältigen Experten einbeziehen
Eingestehen von fehlendem Wissen ist kulturbedingt nicht möglich	Kultur der Offenheit gegenüber Wissen und Nichtwissen etablieren Lernkultur fördern

Konvergenz zu einer brauchbaren Lösung

Bei einem komplexen Problem ist der Suchraum für Lösungen unendlich groß. Damit eine Lösung in einer vernünftigen Zeit entwickelt werden kann, muss ein Team den Suchraum rasch einschränken und gewisse Eckpfeiler setzen. Die Schnelligkeit, mit der dies geschieht, ist ein wichtiger Produktivitätsfaktor.

Softwareteams fällen deshalb fundamentale Entscheidungen, z.B. über die Architektur oder das Aussehen bestimmter Funktionalitäten. Je früher dies geschieht, desto besser, denn jede getroffene Entscheidung reduziert die Komplexität des restlichen Problems. Das Team wird damit produktiver. Leider gilt jedoch: Je früher ein Eckpfeiler gesetzt wird, desto größer ist die Wissenslücke. Richtungsweisende Entscheide einer Software werden deshalb zu einem Zeitpunkt gefällt, der noch von hoher Unsicherheit geprägt ist. Es besteht das Risiko, dass sich getroffene Entscheidungen eventuell später als unglücklich erweisen.

Die äußere Struktur einer Problemlösung, nämlich Exploration – Vision – Evolution, zeigt, wie Problemlöser mit diesen Herausforderungen umgehen. Für das Gesamtproblem wie auch für jedes Teilproblem benötigt ein Projektteam einen Ansatzpunkt. Ein guter Ansatzpunkt zeichnet sich dadurch aus, dass er den Problemraum auf das Wesentliche einschränkt und vernünftig umsetzbare Lösungen zulässt.

Ein solcher Ansatzpunkt kann z.B. die Evaluation eines Standardprodukts sein oder der Einsatz eines Architekturpatterns wie asynchrone Kommunikation.

Jeder Ansatzpunkt entsteht aus einer Spur, die vom Team entdeckt wurde oder auch aus dem Kontext kommend dem Team nähergebracht wurde. Die Spur mittels Ausprobieren zu verfolgen und dadurch das Wesentliche zu erkennen, dazu dienen explorative Schritte. Schritte zu einer Vision schälen dann den Kern heraus. Schritte der Evolution entwickeln anhand des gefundenen Ansatzpunktes nach und nach die Lösung. Vergleichen Sie dazu auch Abbildung 7–10.

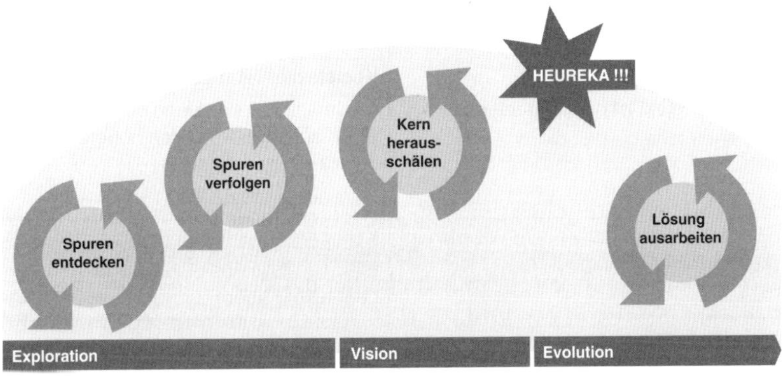

Abb. 7–10
Konvergenz zu einer brauchbaren Lösung

Gute Spuren zu entdecken, diese zu explorieren und den Kern herauszuschälen ist der Anfang einer produktiven Problemlösung. Kann ein Team diesen Weg konsequent verfolgen, ohne abzudriften, dann ist dessen Problemlösung produktiv. Dazu muss der Ansatzpunkt gut im Team und im Kontext verankert sein. Wird dieser Prozess richtig gestaltet, fällt ein Team die wesentlichen Entscheidungen erst, wenn es zu einem vielversprechenden Kern vorgedrungen und genügend Wissen vorhanden ist.

Produktivitätskiller	Maßnahmen für mehr Produktivität
Keine Ideen oder Spuren Wiederholte Sackgassen → Kein Fortschritt in der Problemlösung	Kreativitätstechniken verwenden Andere Lösungen untersuchen Zusätzliches Wissen hinzuziehen Blickwinkel wechseln
Spuren mit Ansatzpunkten verwechseln → Zu früh getroffene Entscheidungen	Ideen und Spuren als Ausgangspunkt für explorative Schritte verstehen Alternativen ausprobieren Problemverständnis durch Ausprobieren hinterfragen

Produktivitätskiller	Maßnahmen für mehr Produktivität
Zu starker Fokus auf Lösung → Zu wenig Problemverständnis → Unpassende Lösung Zu starker Fokus auf Problem → Umsetzbarkeit und damit Brauchbarkeit der Lösungskandidaten bleibt unklar	Iteratives Vorgehen Problem und Lösung vernetzt betrachten Anforderungen und technische Lösung gemeinsam weitertreiben
Lösung aus dem Elfenbeinturm → Zu oberflächliche Ansatzpunkte → Lösung funktioniert in der Realität nicht	Regelmäßiges Feedback sicherstellen Bewusst über die passende Feedbacktiefe nachdenken und wählen
Team driftet ab Stakeholder driften ab → Viele späte Änderungen → Komplexität der Lösung wird unbeherrschbar	Eckpfeiler der Lösungsentwicklung explizit in Team und Kontext verankern Bestehenden Ansatzpunkt durchsetzen

Im Rahmen von Exploration – Vision – Evolution konvergiert der Problemlöseprozess auf eine gute Lösung. Wie schnell diese Konvergenz gelingt, hängt nun von zwei Fähigkeiten des Teams ab: der Schnelligkeit, mit der es einen Problemlösekreislauf durchführen kann und Feedback erhält, und wie gut es mit diesem Feedback die Lösungskandidaten bewerten kann.

Schnelligkeit des Problemlösekreislaufs

Die Schnelligkeit des Problemlösekreislaufs hängt maßgeblich davon ab, wie rasch ein Projektteam Operatoren finden, Lösungskandidaten entwerfen und diese bewerten kann. Je schneller die Bewertung, also ein Soll-Ist-Vergleich, geschieht, desto schneller erkennt das Team eine gute Lösung.

Produktivitätskiller	Maßnahmen für mehr Produktivität
Zu komplexe Problemformulierungen Team findet keine passenden Operatoren Blockaden durch lange Diskussionen verhindern das Ausprobieren Lineares Vorgehen	Komplexität verringern Zerlegen in Teilprobleme Experimentierfelder schaffen, um Lösungskandidaten zu finden Lösungskandidaten durch Ausprobieren schnell bewerten Iteratives Vorgehen
Lösungskandidaten erstellen dauert zu lange	Umgang mit externen Mitteln trainieren Kreativer Umgang mit externen Mitteln fördern Verschiedene Feedbacktiefen kombinieren

Bewerten von Lösungskandidaten

Mit dem Ausrollen einer Software wird die von einem Projektteam erstellte Lösung in einen hochkomplexen und dynamischen Kontext gebracht und verändert diesen. Möchte ein Projektteam einen Lösungskandidaten bewerten, dann muss es diese Veränderungen im Kontext abschätzen können. Dies gelingt, wenn überhaupt, nur sehr ungenau. Das hat insbesondere die folgenden Gründe:

- *Parallele Veränderungen:*
  Andere Projekte, neue Produkte von Mitbewerbern, Reorganisationen und vieles mehr verändern den Kontext ebenfalls. Die Effekte der Einflüsse sind nicht auseinanderzuhalten.
- *Kontext aktiv gestalten:*
  Werden die passenden Prozesse eingeführt und die Mitarbeiter richtig ausgebildet? Wird das Produkt gut beworben und der Markt vorbereitet? Ein Lösungskandidat erstellen ist nur ein Puzzleteilchen, um Nutzen zu realisieren.
- *Unbezifferbarer Nutzen:*
  Der Nutzen von Imagegewinn, Kundenzufriedenheit, Nachhaltigkeit und ähnlichen Effekten kann kaum beziffert werden.

Entsprechend schwer fällt die Bewertung von Lösungskandidaten und somit die Entscheidung für den einen oder anderen Weg. *Wir haben Mühe zu sagen, was wir wollen*, so ein Zitat eines unserer Kunden. Unter den Tausenden sichtbaren und erträumbaren Juwelen fällt es schwer, die wenigen Perlen zu erkennen, die mit einem vernünftigen Aufwand zu erreichen sind, ein rundes Paket abgeben, einen hohen Nutzen erzeugen und sich bei näherem Hinsehen nicht als enttäuschende Plastikimitationen herausstellen.

Das Bewerten eines Lösungskandidaten ist eine komplexe Herausforderung. Es benötigt eine gute Vorstellung von der Wechselwirkung zwischen Lösungskandidaten und Kontext. Die vorhandene Wissenslücke darüber kann in letzter Konsequenz nur geschlossen werden, wenn der Lösungskandidat mit dem Kontext in Verbindung gebracht wird und alle Beteiligten, Team und Benutzer, aus den Effekten lernen.

Schachmeister bauen sich über Jahre einen riesigen Wissensschatz auf, um gute Züge von schlechten zu unterscheiden. Sie studieren dazu eine Vielzahl gespielter Partien. Gute Lösungskandidaten von schlechten zu unterscheiden ist auch die Herausforderung in der Softwareentwicklung. Produktive Teams setzen auf Personen, die entsprechendes Wissen aufgebaut haben.

Produktivitätskiller	Maßnahmen für mehr Produktivität
Schwache Vorstellung, wie Lösungskandidaten bewertet werden Zu wenig oder keine Techniken zur Bewertung bekannt → Falsche Entscheidungen werden gefällt	Feedbacktiefe gezielt erhöhen und einsetzen Nach Techniken und Modellen für eine Bewertung suchen Nachhaltig das Wissen über die Bewertung von Lösungskandidaten aufbauen Aus der Feedbacktiefe Benutzung lernen
Dynamik des Kontexts wird nicht beachtet → Bewertung von Lösungskandidaten ist falsch	Bewusst die Veränderung im Kontext verstehen oder sogar beeinflussen

Der Wissensaufbau erfolgt in der Auseinandersetzung zwischen Problemverständnis und Ausprobieren von Lösungen mit anschließender Reflexion. Für Software Engineering bedeutet dies, dass das Projektteam Lösungskandidaten intensiv am Kontext – hier hinein soll die Software passen und eine nutzbringende Veränderung erzeugen – reiben muss. Das Erkennen der Perlen steht und fällt mit der Qualität der Auseinandersetzung mit dem Kontext.

Die Herausforderung in der Softwareentwicklung

Gute Lösungskandidaten von schlechten zu unterscheiden ist die Herausforderung für produktive Softwareentwicklung. Die Interaktion mit dem Kontext bestimmt, wie gut das gelingt.

Unsere Quintessenz ist deshalb die folgende: Um eine hohe Produktivität zu erreichen, muss eine Organisation – das kann ein Unternehmen, ein Geschäftsbereich oder eine Abteilung sein – auf lange Frist lernen, Lösungskandidaten zu bewerten. Dazu muss sie ihr Verständnis des jeweiligen Kontexts und wie dieser auf Veränderung reagiert, aufbauen. Dies geschieht am besten in der Feedbacktiefe Benutzung, denn hier werden die Effekte zuverlässig beobachtbar. Und dazu benötigt eine Organisation einen ausgezeichneten Draht zu Benutzern und Kunden und die Fähigkeit, aus diesen Informationen eine gedankliche Repräsentation über die Wechselwirkung zwischen Produkten und Kunden zu bilden.

7.5 Zusammenfassung

Produktivität besteht aus dem Kompromiss zwischen den drei Komponenten Effektivität, Effizienz und Nachhaltigkeit. Effektivität charakterisiert dabei den erzielten Nutzen, die Effizienz die dazu verwendeten Ressourcen. Nachhaltigkeit charakterisiert den langfristigen Gewinn an Wissen aus einem Projekt, um im nächsten Projekt produktiver zu sein. Nachhaltigkeit ist die Voraussetzung für die zukünftige Effektivität und Effizienz. Probleme ab einer gewissen Komplexität können nur mit einer nachhaltigen Entwicklung von Wissensarbeitern und Teams gelöst werden.

Jeder einzelne Schritt des Problemlösekreislaufs, die Teameigenschaften, die Kommunikation, die Balance zwischen Arbeitsteilung und gemeinsamer Problemlösung, der Prozess der Selbststeuerung, die bewusste Wahl der Feedbacktiefe und nicht zuletzt der geschickte Umgang mit externen Mitteln tragen zur Produktivität bei. Um eine hohe Produktivität zu erreichen, sind die einzelnen Mitarbeiter, die Teams und auch die ganze Organisation herausgefordert: Welche Einflussmöglichkeiten gibt es, wie wirken diese, wie kann die Fähigkeit, Probleme zu lösen, langfristig weiterentwickelt werden?

Aus diesen Betrachtungen haben wir vier strategische Produktivitätsfaktoren abgeleitet:

- *Wissenslücke:*
  Wie gut identifizieren und schließen Teams die Wissenslücke zur Überwindung der Barriere?
- *Konvergenz:*
  Wie gut beherrschen Teams Exploration, Vision und Evolution und können so den Problemlöseprozess schnell auf eine gute Lösung konvergieren lassen?
- *Schnelligkeit:*
  Wie schnell können Teams Lösungskandidaten entwerfen und bewerten?
- *Bewertung:*
  Wie gut gelingt es, Lösungskandidaten zu bewerten und deshalb die wirklich lohnenden Perlen früh zu identifizieren?

Die wichtigsten Maßnahmen davon abzuleiten fällt uns nicht leicht. Denn Sie als Leser werden in einer ganz anderen Situation stehen als wir und alle anderen Leser. Sie werden deshalb andere Maßnahmen passend finden, vielleicht auch solche, die wir gar nicht aufgezählt haben.

Auf jeden Fall möchten wir eine Vision vorgeben. Teams sollen die Fähigkeit des Ausprobierens beherrschen: gute Lösungskandidaten ersinnen, die passende Feedbacktiefe und externe Mittel wählen, Kandidaten richtig bewerten und die gedankliche Repräsentation über Problem und Lösung effektiv vertiefen. In der Reflexion über dieses Ausprobieren sollen die Teams sich kontinuierlich verbessern.

Die wichtigen Puzzleteilchen für produktive Softwareentwicklung waren am Ende von Kapitel 6 zusammengetragen: Softwareentwicklung befasst sich mit einem komplexen Problem mit dialektischer Barriere, der Problemlöser ist ein »Ökosystem« Team, der Problemlöseprozess ist kreativ, reduziert mittels Ausprobieren von Lösungskandidaten die Wissenslücke und verwendet dazu externe Mittel. Dies alles besonders geschickt und nachhaltig zu tun, ist der Schlüssel für Produktivität.

Die folgenden Kapitel sollen nun zusätzliche Fragen diskutieren und dadurch Ihr Verständnis vertiefen: Wie wird Produktivität gefördert? Wie führt man also Softwareteams zu Produktivität? Und wie gut passen die heutigen Softwareentwicklungsprozesse zu den Erkenntnissen aus der Wissensarbeit?

Zum Abschluss möchten wir Ihnen einen Ausblick auf den idealen Softwareentwicklungsprozess geben, sofern es einen solchen überhaupt geben kann.

8 Management von Wissensarbeit

Wissensarbeit bringt – die vorangegangenen Kapitel haben das gezeigt – eine inhärente Unsicherheit mit sich. Wie genau kommt man zu einer Lösung, was kostet es und vor allem wie lange dauert es? Ausreichend Sicherheit über diese Fragen zu erlangen und ein Projekt entsprechend zu führen ist eine notwendige Voraussetzung, damit Projekte finanziert und überhaupt durchgeführt werden können.

Führung von Wissensarbeit, so unsere These aus Kapitel 3, ist eine aktive Führung des Problemlösens und des Teams. Dieses Kapitel vertieft nun diese These und greift dazu auf die breite Basis des mit heutigen Softwareprozessen dokumentierten Wissens zurück. Der erste Abschnitt gibt einen kurzen Einstieg in diese Prozesse. Sollten Sie sich mit linearen, inkrementellen und agilen Prozessmodellen gut auskennen, können Sie diesen Abschnitt überspringen und sich der Gestaltung des Problemlöseprozesses in der Softwareentwicklung in Abschnitt 8.2 widmen.

8.1 Ein kurzer Blick auf Vorgehensmodelle

Der Zweck von Vorgehens- oder Prozessmodellen ist, die Arbeit in einem Projekt zu standardisieren und somit das Risiko von Fehlentwicklungen zu minimieren. Das Wissen darüber, was schon einmal funktioniert hat, soll bewahrt und bei künftigen Projekten wieder verwendet werden.

Die Modelle definieren die Zusammenarbeit im Team – welche Rollen gibt es, wie kommunizieren diese Rollen miteinander und wann wird an was gearbeitet. Ebenso geben sie Anweisungen und Informationen – mehr oder weniger ausführlich –, wie der Problemlöseprozess selbst zu gestalten sei, beispielsweise in Form von Meilensteinen, Arbeitsergebnissen und Abläufen. Der Projektführung wird damit ein Leitfaden für Planung und Fortschrittskontrolle gegeben.

Auf der anderen Seite ist jedes Projekt in Bezug auf Inhalt, Kontext und Menschen anders. Zwar verlangen die Prozessmodelle ein Tailoring, d.h. eine Anpassung des beschriebenen Prozesses an die projektspezifischen Gegebenheiten. Das zentrale Element in einem Projekt sind jedoch die Menschen: Sie verkörpern die Rollen, sie definieren den Inhalt eines Projekts, bilden den Kontext und führen die Projektarbeit aus. Und jeder einzelne Beteiligte hat einen individuellen Hintergrund von vorhandenem und fehlendem Wissen, der seine Aktionen und Reaktionen beeinflusst.

Das Interesse an einem standardisierten und damit plan- und messbaren Vorgehen für Softwareprojekte ist aus Managementsicht verständlich. Die Frage ist nur: Geht das überhaupt?

Lineare Prozesse

Ein linearer Prozess ist ein Vorgehensmodell, bei dem die Kerndisziplinen wie Analyse, Design, Implementierung und Test für das gesamte Projekt nacheinander ausgeführt werden.

Beispiele dafür sind die klassischen Interpretationen des Wasserfallprozesses oder des V-Modells. Im Idealfall werden dort zuerst alle Anforderungen vollständig erhoben, bevor das Team das Design entwirft. Das Design wiederum muss erst vollständig sein, bevor die Entwickler mit der Implementierung beginnen können.

Abb. 8–1
V-Modell

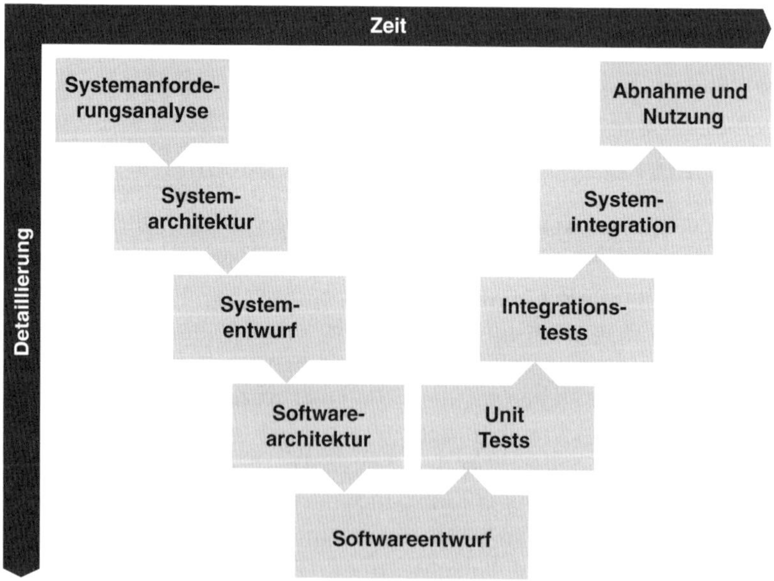

Basierend auf dem Wasserfall- oder dem V-Modell (siehe Abb. 8–1) finden sich häufig unternehmensinterne Prozesse, die eigene Merkmale haben. Von daher ist es schwierig, etwa von »dem Wasserfall« zu sprechen. Vom sehr strikten V-Modell gibt es einen offiziellen Standard für Projekte der öffentlichen Hand in Deutschland [Dröschel & Wiemers 1999]. Die aktuelle Version, V-Modell XT, lässt hingegen sehr weit reichende Anpassungen hinsichtlich der zeitlichen Abfolge der Bausteine zu, bis hin zu einer agilen Vorgehensweise [Höhn & Höppner 2008].

RUP

Der Rational Unified Process (RUP) ist ein iterativ-inkrementelles Vorgehensmodell [Kruchten 2003]. Es folgt damit der Grundidee des sogenannten Spiralmodells von Barry Boehm aus dem Jahr 1988 [Boehm 1988].

Der RUP hat vier Phasen, die jedoch keinesfalls mit denen eines linearen Prozesses verwechselt werden dürfen (siehe Abb. 8–2). Am Ende jeder Phase befindet sich ein durch qualitative Kriterien definierter Meilenstein. Nur bei Erfüllung darf die nächste Phase begonnen werden. Die Phasen sind in Iterationen von üblicherweise 4–6 Wochen unterteilt, für die wiederum messbare Ziele, vor allem ausführbare und testbare Software, zu definieren sind. RUP empfiehlt eine maximale Projektlaufzeit von ca. 18 Monaten. Alles darüber hinaus sollte auf mehrere Projekte aufgeteilt werden.

Im Vordergrund stehen im RUP die beiden Aspekte Architektur und Risikomanagement. Letzteres bezieht sich sowohl auf technische Risiken als auch Risiken im Kontext bezüglich der »richtigen« Lösung.

In der Phase Inception, der ersten Phase im RUP, ist das vorrangige Ziel, eine Vision zu erarbeiten. Ein Projektteam soll die Bedürfnisse der Stakeholder und die wichtigsten Eigenschaften der zu entwickelnden Software erarbeiten und dokumentieren. Die so erzielte Einigkeit soll das Risiko minimieren, dass die gebaute Lösung am Ende des Projekts nicht akzeptiert wird.

Das wichtigste Ziel der Elaboration-Phase ist eine verifizierte, d.h. ausführbare und somit testbare Architektur. Dazu muss das Projektteam insbesondere die für die Architektur relevanten Anforderungen identifizieren. Als Ausgangspunkt startet das Team mit der Vision und verfeinert die Anforderungen, beim RUP typischerweise in Form von Anwendungsfällen. Die Vision soll dabei durchaus noch Aktualisierungen erfahren. Am Ende der Elaboration-Phase sind beim Rational Unified Process die wesentlichen Eckpfeiler der Softwareentwicklung gesetzt: So ist die Lösung sowohl inhaltlich als auch technisch im Groben bekannt, auf die Richtigkeit überprüft und vereinbart.

Abb. 8–2
Rational Unified Process

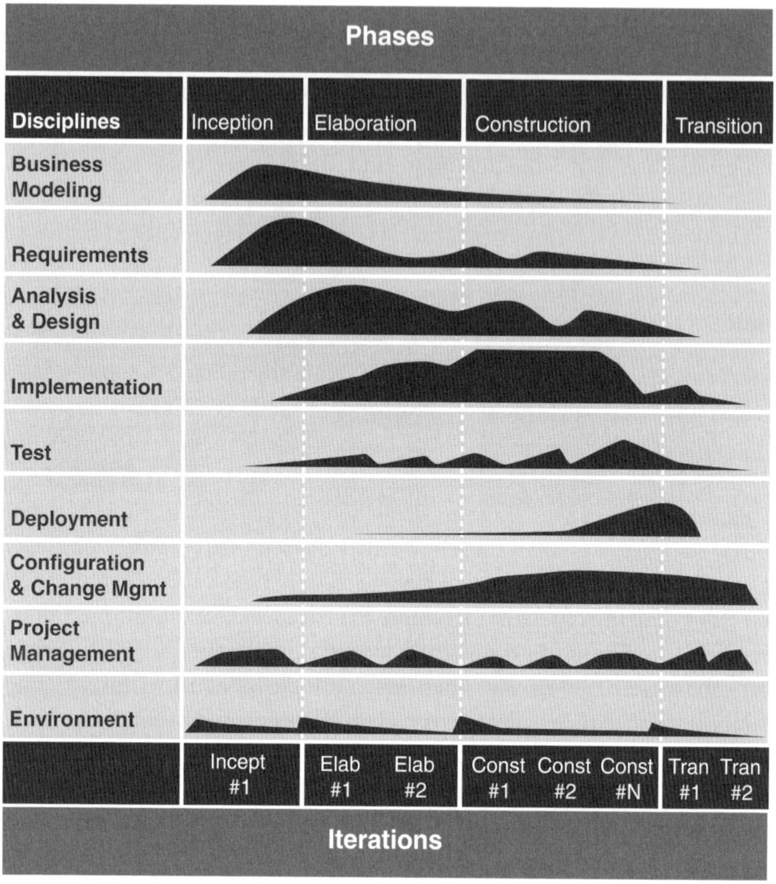

Die Construction-Phase fokussiert nun auf die Umsetzung der Anforderungen. Eine stabile Architektur ist eine Voraussetzung. Die identifizierten Use Cases werden auf Iterationen von 4–6 Wochen aufgeteilt und dann nacheinander und sich ergänzend, also inkrementell, implementiert. Am Ende der Construction-Phase ist das Produkt fertig implementiert. In der Construction-Phase löst das Team innerhalb des durch die Elaboration-Phase gesetzten Rahmens viele Teilprobleme: Das Team klärt und vereinbart noch offene Anforderungen, entwickelt komplexe Algorithmen und Datenstrukturen, erweitert und verbessert Test- und Build-Umgebung und vieles mehr.

In der Transition-Phase überwindet das Projektteam auch die letzten Teile der Barriere und überführt die erstellte Software in den Betrieb. Dazu gehören entsprechende Vorbereitungen, Anwenderschulungen oder eine eventuelle Migration.

Agile Projekte

Als Basis für agile Projekte gilt das agile Manifest, dieses haben wir in Abschnitt 2.2 bereits erwähnt. Es legt die Kernwerte von Agilität fest. Verschiedene agile Techniken, wie beispielsweise die XP-Praktiken Pair Programming, On-Site-Customer und Test First, operationalisieren diese Werte für die tägliche Arbeit [Beck 1999]. Scrum ergänzt diese Techniken um ein Framework für das Projektmanagement (Abb. 8–3).

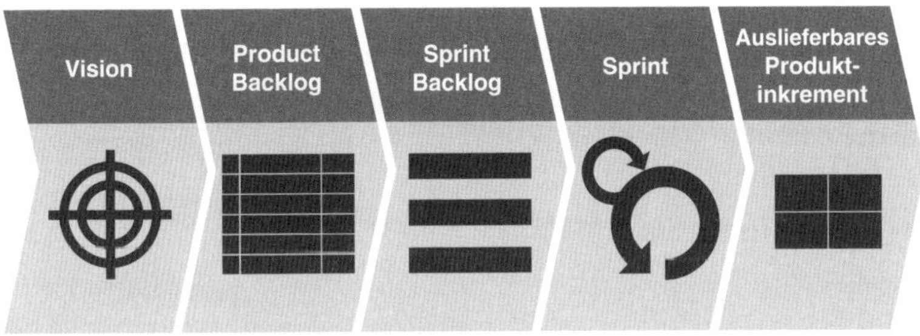

Abb. 8–3
Scrum – Management eines agilen Projekts

Im Kern der Agilität steht dabei das Prinzip der Adaptierung. Ein agiles Team strebt beispielsweise die minimale notwendige Komplexität der Lösung an. So sollen neue Erkenntnisse über die Lösung oder unvorhergesehene Änderungen in den Anforderungen minimale Kosten nach sich ziehen. Es muss nur eine minimale Menge an geleisteter Arbeit verworfen werden. So entsteht die Architektur evolutionär mit dem Projektverlauf und passt sich den tatsächlichen Bedürfnissen der Kunden an.

Das Prinzip der Adaptierung greift aber auch auf den Prozess. Ein agiles Team soll den teamspezifischen Entwicklungsprozess kontinuierlich verbessern und an neue Gegebenheiten anpassen. Als Basis dazu steht einem agilen Projekt in erster Linie eine breite Literatur über agile Projekte mit Erfahrungsberichten, Praktiken und Prinzipien zu Verfügung, aber selbstverständlich auch alle anderen im Projekt nützlichen Erkenntnisse aus dem Software Engineering.

Aus dieser kontinuierlichen Adaptierung folgen die enge Interaktion mit dem Kunden, die kurzen Zyklen von maximal 4 Wochen und ein nach jeder Iteration benutzbares Produktinkrement, inklusive Benutzerhandbuch, Installationsanweisungen und Testumgebung. Anstatt vorab eine Gesamtlösung zu entwerfen, die möglicherweise nicht der künftigen Realität standhalten kann, reduzieren agile Teams dadurch den betrachteten Problemraum auf ein innerhalb der nächsten Iteration lösbares Teilproblem. Im Extremfall hat der Kunde gar die Möglichkeit, nach jeder Iteration das Projekt einzustellen, entweder weil die Lösung mittlerweile ausreichend gut ist oder weil sich der gewählte Lösungsansatz als nicht brauchbar herausgestellt hat.

Als Startpunkt ist für ein agiles Projekt eine Vision notwendig. Diese kann selbstverständlich auch einer längerfristigen Roadmap-Planung mit Releases entspringen.

8.2 Softwareentwicklung gestalten

Thomas, Coach, erzählt:
»*Ein Telekommunikationsunternehmen wollte eine neue Produktplattform erstellen: Auftragserfassung, Serviceaktivierung, technische Überwachung – alles in einem Projekt, und alles sollte innerhalb von einem Jahr fertig sein.*«

I: »*Was fandest du an dem Projekt besonders auffällig?*«

Thomas: »*Neben der schieren Größe des Projekts und dem enormen Zeitdruck hatten die die Sache planerisch überhaupt nicht im Griff. Sie wussten zwar schon, dass die neue Plattform alles können sollte. Sie hatten jedoch keine konkrete Produktvision, wie sie das in den einzelnen Bereichen tatsächlich umsetzen wollten.*«

I: »*Was denkst du, waren die Gründe dazu?*«

Thomas: »*Man hat einfach Teilprojekte definiert und gesagt: ›Macht mal!‹ Für die Planung ist der Projektleiter bzw. die PMO-Assistentin zu den Teilprojektleitern gegangen und hat gefragt: ›An was arbeitest du gerade, und wann bist du damit fertig?‹ Antworten in der Art wie: ›Ich schreibe gerade Dokument X und bin nächste Woche damit fertig‹, waren dann die Basis der Fortschrittsmessung.*«

I: »*Ist das schlecht?*«

Thomas: »*Die haben wirklich alle wesentlichen Fragen unbeantwortet gelassen: Wie könnte eine Gesamtlösung aussehen, die wir in der kurzen Zeit liefern können? Was können wir nicht liefern bzw. erst später? Welche Aktivitäten brauchen wir, um zu den anvisierten Lösungen zu kommen? Es entstanden Berge von Dokumentation, die überhaupt nicht zusammenpassten. Aber jeder hatte beliebig viel zu tun. Es gab massenhaft Themen zu bearbeiten und Probleme zu lösen.*«

I: »*Inwiefern beeinflusste das deine Arbeit?*«

Thomas: »*Zum Beispiel war es praktisch unmöglich, objektiv über die Funktionen zur technischen Überwachung zu sprechen; zu viele sich widersprechende Informationen, zu viele Meinungen. Am Ende haben wir einfach etwas gewählt und gehofft, damit das Problem in den Griff zu bekommen.*«

I: »*Was fehlte dem Projekt denn?*«

Thomas: »*Es hat sich niemand darum gekümmert, dass die Aktivitäten zielgerichtet auf ein stimmiges Ergebnis hinarbeiten. Das Projekt war damit im Grunde wie ein aufgeschreckter Bienenschwarm – alle waren sehr beschäftigt, aber es gab keine gemeinsame Richtung.*«

Großprojekte, wie das von Thomas geschilderte, sind meist deshalb so groß, weil sie viele Probleme auf einmal zu lösen versuchen. Die Unterscheidung zwischen wichtig und unwichtig ist nicht immer leicht, manchmal heißt es gar – wenig hilfreich –, dass alles wichtig sei. Ein Team läuft dann Gefahr, unfokussiert an vielen Dingen parallel zu arbeiten. Die Frage, wie die Puzzleteile später zusammenpassen sollen, bleibt unbeachtet.

Je komplexer und schwieriger ein Projekt, desto wichtiger ist daher eine aktive Führung des Problemlöseprozesses. Ein wichtiger Aspekt ist das Definieren von Prioritäten. Im Grunde handelt es sich dabei um ein Umformulieren des Problems, wie wir es schon in Kapitel 4 beschrieben haben. Prioritäten erlauben es, erst einmal einen Teil des großen Gesamtproblems zu betrachten.

Exploration – Vision – Evolution

Egal, welche Entwicklungsprozesse auch zur Anwendung kommen: Wissenslücken sind der Grund, warum Softwareprojekte ein inhärentes Risiko tragen. Ziel der Projektführung muss es daher sein, die vorhandenen Lücken so schnell und so zielgerichtet wie möglich zu schließen. In Kapitel 4 haben wir das äußere Muster der Problemlösung erläutert, das wir mit Exploration – Vision – Evolution überschrieben haben.

In der Exploration erkundet ein Team den Problemraum, typischerweise durch Ausprobieren. In der Vision stößt das Team zum Kern von Problemverständnis und Lösungsidee vor. Dazu ist die Reflexion über die beim Ausprobieren erzeugten Wirkungen notwendig. In der Evolution werden Teillösungen iterativ zu einer immer vollständigeren Lösung erweitert, die möglichst gut die Vision erfüllt.

In dem von Thomas geschilderten Beispiel wurde dieses wichtige Muster nicht beachtet und schon gar nicht aktiv geführt. Exploration, Vision und Evolution geschehen zufällig. So fehlt eine integrierte Sicht über die zu erreichenden Ziele und Prioritäten. Das Projekt sei wie ein »aufgeschreckter Bienenschwarm«, jeder löse nach Gutdünken Probleme.

In diesem Abschnitt diskutieren wir drei wichtige Prozessbausteine für die Softwareentwicklung und zeigen auf, inwieweit diese in den drei etablierten Vorgehensmodellen umgesetzt werden. Die Prozessbausteine sind:

- Exploration durch Ausprobieren
- Wirkungsvolle Vision
- Kontrollierte Evolution

Exploration durch Ausprobieren

Bei einem Problem mit einer dialektischen Barriere stoßen sich Problemlöser immer am gleichen Hindernis: Mangels einer genügend scharfen Definition des Solls ist ein Soll-Ist-Vergleich von Lösungskandidaten nur schwer möglich. Ein erster Schritt in Richtung einer Lösung ist, das zu lösende Problem umzuformulieren: Es gilt das Ziel zu schärfen.

In der Softwareentwicklung analysieren Projektmitarbeiter dazu beispielsweise den Markt, die Geschäftsprozesse, fachliche Zusammenhänge und technologische Möglichkeiten. Geht ein Team nun explorativ vor, skizzieren die Projektmitarbeiter Informationen auf Papier oder entwerfen mit einfachen Mitteln Prototypen. Dieses Ausprobieren hilft, die gedankliche Repräsentation zu vertiefen und einem lohnenden Ziel näher zu kommen.

Wie viel Exploration nötig ist, hängt von der Größe der Wissenslücke ab. Bei einer kleinen Wissenslücke können die Leute im Team schnell und sachlich verschiedene Varianten aufzählen, bewerten und eine auswählen. Die benötigte Exploration ist hier minimal. Bei einer großen Wissenslücke fällt es hingegen auch einem eingespielten Team schwer, Einigkeit zu erzielen. Divergierende Meinungen, ein Hin und Her über den richtigen Weg oder Unsicherheit über eine Entscheidung sind typische Symptome. Explorative Tätigkeiten sind notwendig, um den richtigen Ansatzpunkt zu finden.

Exploration in den heutigen Prozessen

Die meisten Vorgehensmodelle schweigen sich über explorative Tätigkeiten mehr oder weniger aus.

RUP

RUP etwa propagiert einen Top-down-Ansatz. Das Team soll ausgehend von Akteuren die Anwendungsfälle identifizieren und anschließend detaillieren. Das Wissen dazu sei bei den Stakeholdern vorhanden und müsse nur abgeholt werden.

Tatsächlich greift dieser Ansatz meist zu kurz. Erstens beschreibt ein Anwendungsfall eine Lösung, die in den wenigsten Fällen offensichtlich und einfach durch Interviews zu erfragen ist. Gezielt entwickelt wird diese Lösung bei RUP nicht. Zweitens bleibt es anschließend den Beteiligten, also Entwicklern ebenso wie Benutzern, selbst überlassen, sich mittels Probehandeln im Kopf vorzustellen, wie sich die in den Anwendungsfällen beschriebene Software später tatsächlich anfühlen wird.

Die gedankliche Repräsentation entsteht bei einem solchen Top-down-Ansatz weniger aus der Exploration von Problem und Lösung, sondern vielmehr in einem erdachten Bild des Problemraums – mit entsprechenden Fehlern.

Agile Projekte

Agile Vorgehensmodelle besitzen durch ihren kurzen Planungshorizont immer ein gewisses exploratives Element. Das Team führt einen kleinen Schritt aus, lernt daraus und entscheidet dann über das weitere Vorgehen. Darüber hinaus ist manchmal die Rede von Explorationssprints [Pichler 2008].

Innerhalb der Iterationen bzw. Sprints werden explorative Tätigkeiten jedoch nur am Rande genannt. De facto wird erwartet, dass ein Projektteam diese in die normalen Iterationen einbaut – wie genau, das bleibt ihm überlassen.

Agile Projekte laufen deshalb manchmal Gefahr, wichtige Grundlagenanforderungen zu spät zu berücksichtigen. Gerade ein Fall wie das in Abschnitt 6.7 beschriebene Performance-Problem lässt sich nur sehr ineffizient lösen, wenn es ausschließlich mit Produktinkrementen entwickelt wird.

Benutzerzentrierte Vorgehen

In diese Lücke springen unter anderem benutzerzentrierte Vorgehen. Diese beherrschen gerade die Exploration des Problemraums mittels Lösungskandidaten [Buxton 2007]. Designer und Usability-Experten verstehen es sehr gut, mit einfachen und schnellen Mitteln die Wirkung einer noch nicht erstellten Software auf den Kontext zu beurteilen. Die Techniken können auf allen Feedbackstufen eingesetzt werden, entfalten ihren Zusatznutzen aber besonders bei den Feedbackstufen Sketching und Modellierung.

Lineare Modelle

Auch die älteren, linearen Vorgehensweisen haben interessante Aspekte zum Thema Exploration. Beispielsweise kennen solche Prozesse eine ausgiebige Phase für das Erkunden des Problemraums, zum Beispiel in Form einer Istanalyse. Eine solche ist aber – es handelt sich ja um einen linearen Prozess – losgelöst von einer Lösung. Dabei werden oft viele Informationen erhoben, die für eine später entworfene Lösung gar nicht relevant sind. bzw. umgekehrt; sie wären relevant, wurden aber nicht erhoben.

Ausprobieren wird bei linearen Prozessen häufig in eine dem Entwicklungsprojekt vorgelagerte Machbarkeitsstudie verschoben. Die Unternehmen versuchen dadurch, die eigentliche Problemlösung vom Umsetzungsprojekt zu trennen. Die Wissenslücke soll möglichst geschlossen werden, bevor das eigentliche Projekt beginnt. Man hofft so, die Umsetzung dann genau planen und kontrollieren zu können. Realistisch ist dieser Ansatz bestenfalls bei einem sehr stabilen Kontext und bei sehr einfachen Problemstellungen, die sich tatsächlich vorab komplett lösen lassen. In der Praxis dürfte das für eine Minderheit der Projekte gelten.

Wirkungsvolle Vision

Ein Projektteam will möglichst früh eine ungefähre Vorstellung der zu bauenden Software entwickeln. Dies löst die dialektische Barriere zu einem wesentlichen Teil auf, denn das Projektteam erhält ein erstes Ziel. Dadurch kann es konkretere Teilziele formulieren, Operatoren entwickeln und Teillösungen erstellen. Die Vision ist der Ansatzpunkt für die Lösung des Problems.

In der Vision findet sich die auf den Kern verdichtete gedankliche Repräsentation. Damit die wichtigste Eigenschaft der Vision – eine konkrete Beschreibung des gewünschten Zielzustands – erreichbar ist, muss dafür die Wissenslücke zuerst ein Stück weit kleiner geworden sein. Das Team muss sich also intensiv mit Stakeholdern, Umsystemen, Geschäftsprozessen etc. auseinandersetzen und manche Dinge ausprobiert haben. Eine wirkungsvolle Vision

- entsteht also aus der Exploration,
- ist mit den Stakeholdern abgestimmt oder sogar gemeinsam entwickelt und
- konkretisiert wolkige Ziele à la »größer, schöner, besser« zu priorisierten Eigenschaften der Software.

So bildet eine Vision einen symbolischen Vertrag zwischen Stakeholder und Projektteam. Die Vision gibt dem Team eine ganzheitliche Teamaufgabe und ist der Ausgangspunkt für die Planung.

Hierarchische Visionen

Bei Projekten, wie dem von Thomas beschriebenen, reicht eine Vision aber kaum aus. Eine Vision für das Gesamtprojekt dient als wichtige Grundlage, um das Projekt in möglichst unabhängige Teile zu zerlegen. Jedes dieser Teilprojekte formuliert dann wiederum eine eigene Vision.

Prozesse fordern Visionen

Die meisten Prozesse kennen eine Vision in der einen oder anderen Form. Bei RUP und Scrum spielt sie eine besondere Rolle.

RUP versteht darunter ein Dokument, in dem die Kernpunkte von Problem und Lösung aufgeschrieben sowie die wichtigsten Lieferergebnisse genannt und vereinbart sind. Der Prozess legt ein sehr starkes

Gewicht auf die Vision und entwickelt diese iterativ vor allem in der Inception- und noch in der Elaboration-Phase.

Scrum und auch andere agile Vorgehensweisen verstehen unter der Vision eine kurze und griffige Formulierung des zu erstrebenden Zielzustands. Bei Scrum ist es die Aufgabe des Product Owner, die Vision zu haben. Sie ist Voraussetzung dafür, um überhaupt mit dem Prozess zu beginnen.

Mehrstufige Vision

Der Vergleich des Visionsdokuments nach RUP und einer Product Vision in Scrum zeigt, dass die in der Praxis angewandten Visionen mehrstufig sind. Die folgenden Beispiele für die Stufen einer Vision entstammen aus einem Projekt zur Entwicklung eines Kommunikationssystems für Betriebsstörungen im Bahnverkehr. Sie sollen den Sachverhalt nur illustrieren und keinesfalls als Musterbeispiele gelten.

- ***Stufe 1 – Ziele:***
  Auf der obersten Abstraktionsstufe steht ein Ziel. Beispiel: »*Wir beheben Störungen schneller, weil die Beteiligten mit dem neuen System schnell, korrekt und gezielt kommunizieren.*«
- ***Stufe 2 – Anforderungen:***
  Auf der zweiten Stufe stehen nun etwas konkretere Anforderungen. Beispiel: »*Anforderung 2: Die Software stellt die erfassten Informationen den daran interessierten Personen zu, ohne Zutun des Absenders.*«
- ***Stufe 3 – Features:***
  Auf der dritten Stufe erfolgt die Abgrenzung: Hier wird das System bezüglich Umsystemen, Zielpublikum oder Anwendungsfällen abgegrenzt und der funktionale Umfang festgelegt. Beispiel: »*Feature 7: Vorbereitete Konzepte zur Störungsbehebung (z.B. Umleitungsstrecken, Ersatzzüge) können mit dem System vorgängig erstellt, einer konkreten Störung angepasst und elektronisch und auf Papier kommuniziert werden.*«

Die erste Stufe der Ziele ist – so abstrakt sie sind – häufig der Ausgangspunkt für ein Projekt. Je genauer jedoch ein Team die Vision auf Stufe 2 und 3 ausarbeiten kann, umso detaillierter und weiter in die Zukunft kann es das Projekt planen. Lassen sich Anforderungen oder Features nicht konsensfähig definieren, so kann dies ein Anzeichen für Zielkonflikte oder eine noch zu große Wissenslücke sein. Beide Ursachen sind nicht unproblematisch. Denn Konflikte und Überraschungen sind im weiteren Verlauf eines Projekts damit vorprogrammiert.

Reichweite von Produktvisionen

Wie weit in die Zukunft eine Vision eine tragfähige Basis bietet, hängt einerseits von der Güte der Vision selbst ab, aber auch von der Dynamik des Kontexts. RUP vereinbart mit dem Visionsdokument die

Lösung des Problems bis auf die dritte Stufe, bevor der Hauptteil der Umsetzung in der Construction-Phase stattfindet. Dies ist jedoch nur dann sinnvoll, wenn sich die Bedürfnisse nachher nicht fundamental verändern.

Agile Projekte gehen davon aus, dass auch sehr fundamentale Änderungen während des Projekts vorkommen werden. Scrum bezeichnet nur die erste Stufe als Vision. Die zweite und dritte Stufe erscheinen aber selbstverständlich auch, beispielsweise im Product Backlog als Themen, Epen und User Stories oder in der Definition of Done als generelle Abnahmekriterien für die inkrementell erstellte Lösung.

Kontrollierte Evolution

Evolution im Kontext des Problemlösens meint eine fortlaufende Weiterentwicklung der Lösung. Evolutionäres Vorgehen ist mehr als inkrementell zu arbeiten und stückweise eine vordefinierte Lösung zu bauen. Vielmehr wird ein Team bereits entwickelte Teile später überarbeiten, und zwar aufgrund des Feedbacks aus dem Kontext. Evolution basiert also auf der regelmäßigen Interaktion mit dem Kontext.

Kaum ein Projekt kann es vermeiden, sich veränderten Situationen anzupassen. Es benötigt also immer einen gewissen Grad an Evolution. Teams können aber folgende Überlegungen durchführen: Steht eine Aufgabe an, deren Lösung noch komplett unklar ist, die eventuell eine große Veränderung im Kontext erzeugt oder deren Kontext sich fortlaufend wandelt, dann ist eine kontrollierte Evolution sehr sinnvoll. Kontrolliert bedeutet, dass das Team bewusst in Schritten vorangeht, deren Länge nicht das vorhandene Wissen übersteigt. Mit anderen Worten: Ist unklar, welche Bedürfnisse in drei Monaten erfüllt sein müssen, dann sollte ein Team auch nicht einen detaillierten Plan über das nächste halbe Jahr erstellen.

Es ist auch gut möglich, dass ein Projektteam für gewisse Teilprobleme einen stark evolutionären Ansatz wählt bzw. wählen muss, während bei anderen Teilproblemen die Lösung geradewegs umgesetzt werden kann. Diese Möglichkeit sollte sich die Projektführung immer offenhalten, auch wenn der gewählte Entwicklungsprozess vielleicht etwas anderes vorschreibt.

Wie evolutionär sind Vorgehensmodelle?

Am ehesten dem evolutionären Gedanken entsprechen agile Prozesse, die nach jeder Iteration bis zur Feedbacktiefe Testing vordringen und mit möglichst kurzen Releasezyklen schnell die Feedbacktiefe Benutzung erreichen. Dass anschließend bereits erarbeitete Ergebnisse eventuell wieder geändert werden, gehört zu den hervorstechenden Merkmalen dieser Modelle. Embrace Change und Refactoring sind die Stichworte dazu.

RUP lässt Evolution hingegen nur ansatzweise zu, denn Änderungen sind nur im Rahmen der zuvor vereinbarten Vision möglich. Die während der Construction-Phase möglichen Überarbeitungen von Funktionalität und Design sind daher beschränkt.

Lineare Modelle erlauben Evolution bestenfalls in kleinen Details. Sie gehen davon aus, dass die Software vor der Entwicklung spezifiziert ist.

Die Gestalt von Softwareentwicklung

Problemlöser folgen einer Grundstruktur: Exploration – Vision – Evolution und schließen so die Wissenslücke. Dieser Grundstruktur folgt auch ein Softwareteam bei der Softwareentwicklung. Wie viel Exploration, Vision oder Evolution notwendig ist, hängt von der Wissenslücke im jeweiligen Projekt ab. Das als Basis verwendete Vorgehensmodell sollte anhand der Unsicherheiten in Bezug auf Problem, Lösung und Kontext gewählt und nach Bedarf abgewandelt werden.

8.3 Planung zum Ziel

Wilfried, Manager, meint:
»Von den Projektleitern in meiner Abteilung erwarte ich eine wasserdichte Planung. Aufgrund des schwierigen Budgetierungsprozesses müssen wir frühzeitig wissen, wann wir was zu welchen Kosten geliefert kriegen. Außerdem ist eine detaillierte Planung ja auch ein Führungsinstrument, damit die Leute nicht ins Blaue hinein arbeiten. Ich sage immer, wer eine Planung hat, der weiß, was er tut. Sie gibt Sicherheit, denn die Mitarbeiter wissen, was sie tun müssen, und das Management kann damit messen, wo das Projekt wirklich steht.«

Albert Einstein, Physiker:
»Planung ersetzt den Zufall durch Irrtum!«

Planung nach alter Tradition

In Wilfrieds Weltbild bedeutet Planung, das Ziel und die Schritte auf dem Weg zum Ziel vorab zu definieren. Wilfried spezifiziert das Lieferobjekt und leitet davon diejenigen Aktivitäten ab, die zur Erreichung dieses Ziels notwendig sind. Nun kann für die Tätigkeiten der jeweilige Aufwand geschätzt und so Zeit- und Ressourcenbedarf ermittelt werden. Natürlich sollte Wilfried hinreichend sicher sein, dass die Liste der geplanten Tätigkeiten in etwa vollständig ist.

Ist der Weg zum Ziel so ermittelt und geplant, kann das Management nun unterwegs kontrollieren, wie weit das Team vorangeschritten ist. Planung wird damit zur Grundlage für Fortschrittskontrolle. Wilfried wägt sich dadurch in Sicherheit, das gewünschte Ziel auch tatsächlich und auf dem kürzesten Weg zu erreichen. Planung trägt also zur Sicherung des Ergebnisses ebenso bei wie zu einem effizienten Einsatz der Ressourcen.

So wie Wilfried die Entwicklung von Software angeht, planen Ingenieure schon seit Jahrhunderten erfolgreich den Bau von Gebäuden, Brücken und ähnlichen Dingen. Hervorstechendes Merkmal hier ist die sehr kleine Wissenslücke, denn die Planung dreht sich um die Arbeit an einem bekannten Endprodukt.

Der hier durch Wilfried vertretene Ansatz des Projektmanagements überträgt das Konzept vom Bau in die Softwareentwicklung. Propagiert wird diese Philosophie insbesondere auch durch lineare Vorgehensmodelle und durch das klassische Projektmanagement nach PMI [PMI 2008]. Zudem gehört solches Wissen für viele Führungskräfte zum intuitiven Verständnis von Planung und Steuerung. Auch die bekannten Managementausbildungsprogramme leisten hierzu ihren Beitrag.

Problemlösung lässt sich nicht im Detail vorausplanen

Verlassen wir nun Wilfrieds Gedankenwelt – denken Sie beispielsweise noch einmal daran, was Sie in Kapitel 4 anhand des Streichholzbeispiels beobachten konnten: Wir nähern uns der Lösung eines Problems schrittweise, indem wir Teillösungen mit dem angepeilten Ziel vergleichen. Im Streichholzbeispiel waren zuerst noch drei Hölzer übrig, dann zwei, und zum Schluss keines. Jede gefundene Teillösung trägt dazu bei, unsere gedankliche Repräsentation zu verbessern. Damit verfeinern wir unsere Suchstrategie und erreichen im nächsten Schritt ein besseres Ergebnis.

Für das Thema Planung lässt sich daraus folgern:

Planbarkeit von Problemlösungen

Bei einer Problemlösung leiten wir häufig den nächsten Schritt erst aus dem unmittelbar vorher Gelernten ab.

Bei komplexeren Problemen wie Schach und Softwareentwicklung kommt hinzu, dass wir mit Reaktionen des Gegners bzw. des Kontexts umgehen und entsprechend agieren und reagieren müssen. Das Einhalten eines vorab gefassten Plans wird noch schwieriger.

Fazit: Alle Schritte vorab zu planen, ist in einer Problemlösung schlicht nicht möglich – andernfalls wäre es ja auch kein Problem. Das agile Prinzip »Reaktion auf Änderung ist wichtiger als das Einhalten eines Plans« charakterisiert die daraus folgende Konsequenz sehr schön. Und es sei hervorgehoben: Änderung resultiert gerade auch aus Wissensgewinn.

Zwei Weltanschauungen

Anhand des Themas Planung lassen sich nun die zwei Weltanschauungen in der Softwareentwicklung, die wir in Kapitel 2 formuliert haben, auf den Punkt bringen. In Wilfrieds traditioneller Welt ist der wesentliche Teil der Problemlösung mit dem Erstellen des Plans erfolgt. Was daran anschließt, ist lediglich die Umsetzung. Der Standpunkt des klassischen Software Engineering heißt: »Wir müssen das Problem zuerst gelöst haben, bevor wir die Software bauen.«

Wie wir gezeigt haben, ist dieses Vorgehen jedoch nur in sehr einfachen Fällen möglich, etwa bei reinen Wartungsarbeiten oder geringfügigen Erweiterungen einer bestehenden Software. Der Standpunkt aus Sicht der Wissensarbeit ist deshalb ein anderer: »Wir können das Problem am besten lösen, wenn wir die Software schrittweise entwickeln«.

Die Implikationen dieser unterschiedlichen Axiome über Softwareentwicklung ziehen sich durch das ganze Buch. Wir empfehlen Ihnen deshalb: Betrachten Sie den einen oder anderen Abschnitt unter diesem Licht noch einmal.

Entkopplung von Teilfunktionalitäten

Das Zerlegen eines komplexen Problems in weniger komplexe Teilprobleme ist eine wirkungsvolle Produktivitätsmaßnahme. Es reduziert die Komplexität, vereinfacht die Lösungssuche und erlaubt Arbeitsteilung im Sinne von Parallelisierung. Ab einer gewissen Komplexität ist eine Aufteilung in Teilprobleme sogar unerlässlich – andernfalls steigt das Risiko, dass das Projekt überhaupt keine brauchbare Lösung liefert.

Arbeitspakete versus Teilprobleme

Lineare Prozesse und auch der RUP betrachten die zu liefernde Lösung als Ganzes. Ein linearer Prozess tut dies über das ganze Projekt hinweg. RUP fordert erst eine Vision für die Komplettlösung, zerlegt dann das Produkt für die inkrementelle Umsetzung in funktional unabhängige Teile.

Beide Vorgehensmodelle verbieten natürlich eine Unterteilung des Problems nicht, aber fördern diese auch nicht. Um die große Menge an Arbeit zu bewältigen, teilen sie die Aufgaben in Disziplinen wie Anforderungen, Architektur und Testing auf und definieren entsprechende Arbeitspakete. Die Probleme dieses tayloristischen Ansatzes basieren auf dem aufwendigen und fehleranfälligen Wissenstransfer zwischen den Disziplinen. Wir haben einiges dazu bereits in den früheren Kapiteln detailliert dargelegt.

Agile Prozesse verfolgen einen anderen Ansatz. Anstelle der Arbeit teilen sie das Problem selbst in kleine Häppchen auf: Sie zerlegen den Gesamtumfang in funktional möglichst unabhängige Teile, die dann vom Projektteam schrittweise und parallel angegangen werden können. Die Entkopplung dieser Teilprobleme ist deutlich größer. Nur die groben Zusammenhänge wie Architektur oder Testverfahren müssen kommuniziert werden. Teilprobleme werden von einzelnen Köpfen oder einem Subteam ganz gelöst. Bei agilen Prozessen erfolgt der dazu notwendige Wissenstransfer zwischen On-Site-Customer und Team in der gemeinsamen Arbeit am Problem und damit sehr gezielt. Dies ist möglich, da agile Projektteams den Planungshorizont auf wenige Wochen verkürzen und gleichzeitig am Ende einer solchen Iteration eine lauffähige Lösung erstellen, die alle Teillösungen integriert. Agile Projektteams reduzieren damit nicht nur wirksam die Komplexität, sie fördern auch eine angemessene und ganzheitliche Aufgabe.

Zerlegung in Teilfunktionen

Die Funktionalität eines Systems kann in der Regel – zumindest bei näherer Betrachtung – gut in recht unabhängige Teilfunktionen zerlegt werden. Solche Einheiten ermöglichen Teams,

- die Komplexität eines großen Problems in kleine, beherrschbare Teile zu zerlegen,
- den Wissenstransfer bei Parallelisierung klein zu halten,
- Problemverständnis und Lösung gemeinsam zu entwickeln und so eine bessere Lösung zu finden sowie
- angemessene, sinnhafte und ganzheitliche Teilaufgaben zu definieren.

Die Zerlegung in funktionale Teile bringt Vorteile und ist einer Aufteilung nach Disziplinen und Arbeitspaketen klar vorzuziehen.

Hierarchische Planung

Obwohl kaum voraussagbar ist, wann ein Problemlöseprozess tatsächlich zum Ziel kommt, ist ein gewisses Maß an Planung notwendig. Alle Vorgehensmodelle definieren verschiedene Zeithorizonte der Planung und einen damit verbundenen Detaillierungsgrad. Der Unterschied zwischen linearen und iterativen Prozessen liegt vor allem im Inhalt der Planung:

- Lineare Prozesse planen die Tätigkeiten auf dem Weg zum Ziel.
- Iterative Prozesse planen eine Roadmap von Teillösungen bis zur fertigen Software.

Der Ansatz linearer Prozesse, Tätigkeiten zu planen, ist bei Vorhaben mit nur unscharf bekanntem und sogar veränderlichem Ziel höchst problematisch. Welche Tätigkeiten notwendig sind, ist nur in sehr groben Zügen bestimmbar.

Die Zerlegung in Teilfunktionalitäten hat, wie im vorherigen Abschnitt beschrieben, Vorteile. RUP plant zwar mit der Vision die

Komplettlösung, zerlegt diese aber für die Construction-Phase funktional. Das Team in RUP implementiert dann die Funktionalität iterativ, ebenso wie in agilen Projekten. Beide verwenden also die im Abschnitt zuvor vorgestellte Entkopplung von Teilfunktionalitäten.

Dies macht aus Sicht der Wissensarbeit Sinn. Besser als den Weg zum Ziel mittels Arbeitspaketen zu planen, ist die Planung mittels gelöster Teilprobleme.

Planung ist Roadmap von Teillösungen

Gegenstand der Planung sollten Lieferungen von konkreten Teillösungen sein. Dokumente und Aktivitäten alleine sind keine Teillösungen.

Auch ein gut geführtes Projekt unterliegt einer wenig beeinflussbaren Dynamik. Mitarbeiter kommen und gehen, Wissen über Problem und Lösung wird erarbeitet und verändert bisherige Annahmen. Die Stakeholder lernen vom Projekt und ändern ihre Wünsche, der Kontext ändert sich und schafft andere Voraussetzungen. Stetig ist nur der Wandel.

Ein noch so konkret definiertes Lieferobjekt ist nutzlos, wenn es bei seiner Lieferung nicht mehr die dann aktuellen Bedürfnisse erfüllt. Eine für die Problemlösung passende Planung berücksichtigt dies mit der Wahl des Planungshorizonts und ist entsprechend hierarchisch.

Roadmap-Planung

Gegenstand einer Roadmap-Planung sind die Lieferobjekte. Die Planung beschreibt sie nur grob, geht dafür aber weiter in die Zukunft. Die Roadmap umfasst die zu schließenden Wissenslücken für explorative Tätigkeiten, etwa Pilotlösungen, und nennt die zu entwickelnden Teilfunktionalitäten für eine kontrollierte Evolution.

Diese Planung passt ein Projektteam kontinuierlich an den sich ändernden Wissenstand an. Da die Aufwände in diesem Stadium nur sehr ungenau abgeschätzt werden können, ist die Roadmap rein indikativ zu verstehen.

Kurzfrist- bzw. Iterationsplanung

Gegenstand der kurzfristigen Planung, d.h. etwa 2–6 Wochen im Voraus, sind konkrete Funktionalitäten, die implementiert werden sollen. Dabei gehen agile Prozesse wie Scrum durchaus ins Detail und planen die dazu notwendigen Tätigkeiten. Typischerweise werden auch die geplanten Abwesenheiten von Teammitgliedern berücksichtigt sowie ein Puffer für ungeplante Arbeiten, Meetings, Persönliches, Teambelange und mehr.

Tägliche Koordinierung

Agile Projekte kennen ein tägliches Koordinationsmeeting, z.B. das Daily Scrum. Hier koordiniert das Team die anstehende Tätigkeiten und plant den jeweiligen Tag: Wer macht was. Dabei berücksichtigt das Team beispielsweise auch krankheitsbedingte kurzfristige Ausfälle von Teammitgliedern.

In der Praxis benötigt ein Team bereits sehr gut entwickelte Teameigenschaften, damit ein Daily Scrum tatsächlich funktioniert. Allzu oft setzen Teams zwar tägliche Meetings an. Diese geraten jedoch leicht zu einem Reporting bzw. im schlimmsten Fall gar zu einer Rechtfertigungsübung.

Definierte Änderungspunkte

Die je nach Vorgehensmodell unterschiedliche Länge des Planungshorizonts definiert zusammen mit dem Detaillierungsgrad die Möglichkeiten, auf Änderungen zu reagieren.

Lineare Prozesse tun sich mit Änderungen traditionell schwer, da sie die Komplettlösung lange vorab geplant haben. Dies ist eine umso schwerwiegendere Schwäche, da sie eben auch neu gewonnenes Wissen nur schwer nutzen können. RUP plant iterativ und fordert explizit die Reflektion über neue Erkenntnisse und deren Berücksichtigung in nachfolgenden Iterationen. Änderungen an der Software sind jedoch nur im Rahmen der vereinbarten Vision möglich. Diese ist, wie im Abschnitt über wirkungsvolle Visionen weiter oben erwähnt, bis auf Stufe drei fixiert. Agile Projekte können nach jeder Iteration auf beliebige Änderungen reagieren.

RUP und den meisten agilen Projekten ist gemein, dass sie innerhalb einer Iteration keine Änderungen an den Zielen zulassen. Dies ist sinnvoll, da andernfalls produktives Arbeiten sowie ein Messung der Zielerreichung nicht möglich ist.

Agil ist nicht ad hoc

Eine häufige Fehlinterpretation von agilem Vorgehen ist es, ad hoc, also ungeplant, zu arbeiten und jederzeit auf alle Änderungen zu reagieren. Das ist eher »quick and dirty«, aber sicher nicht agil. Tatsächlich sind agile Prozesse stark kontrolliert: Sie planen jede Iteration detailliert und schützen diese strikt.

Vier strategische Ziele

In jedem Softwareentwicklungsprojekt gilt es, den Zielkonflikt zwischen den vier Faktoren Qualität, Funktionsumfang, Entwicklungszeit und Kosten aufzulösen. Es kann zum Beispiel für einen Auftraggeber wichtig sein, als erstes Unternehmen ein neues Produkt mit einem bestimmten Funktionsumfang und gerade noch akzeptabler Qualität zu lancieren und dafür hohe Kosten in Kauf zu nehmen. Es ist aber nicht möglich, alle vier Ziele gleichzeitig zu maximieren. Wer eine Applikation mit hohem Funktionsumfang in kurzer Zeit erstellen will, darf sich nicht über eine schlechte Qualität wundern. Qualität kann in diesem Zusammenhang übrigens vielerlei bedeuten: Fehlerfreiheit, Brauchbarkeit, Wartbarkeit etc.

Finanzierung und Budget

Eine typische Situation in der Praxis ist der Wunsch eines Geldgebers nach einem möglichst genauen Zeit- und Kostenrahmen für die gewünschte Funktionalität und die erwartete Qualität.

Wollten Auftraggeber Zeit, Kosten, Qualität und Umfang genau fixieren, dann müsste das Problem jedoch zum größten Teil bereits gelöst sein. Dies führt zu einer Trennung in eine Planungs- und eine Umsetzungsphase, wie sie Wilfrieds lineare Welt vorsieht. Die Kosten für den Wissenstransfer genau wie das Risiko von Fehlern sind hier sehr hoch, die Flexibilität für Änderungen sehr gering. Die Last trägt hier zuerst der Auftragnehmer. Sehr oft kommt es deshalb dazu, dass Auftraggeber und Auftragnehmer um die Interpretation von Formulierungen und das Verrechnen von Zusatzleistung verhandeln. Solche Fixpreisprojekte, in denen ein Auftraggeber alle vier Parameter möglichst eng fixiert, beinhalten fast immer viele Produktivitätskiller.

Tatsächlich gibt es zwei gegensätzliche Ansätze. Einerseits kann ein Auftraggeber Budget und Zeitrahmen vorgeben. Aufgabe des Projekts ist es dann, zu definieren, welcher Funktionsumfang realisiert werden kann. Andererseits kann ein Auftraggeber vom Team das Ziel, also den Funktionsumfang, genau definieren lassen und anschließend eine detaillierte Schatzung verlangen. Da Zeit und Geld in der Regel immer beschränkt sind, sollte die erste Alternative häufiger in der Praxis anzutreffen sein. Lineare Vorgehensmodelle und auch der RUP gehen jedoch vom zweiten Ansatz aus, nur agile Projekte wählen den ersten.

Strategische Vorgabe für Teams

Mit den vier strategischen Zielen Zeit, Budget, Qualität und Funktionsumfang übt ein Auftraggeber auch einen wichtigen Einfluss auf ein Team aus. Auftraggeber können damit eine strategische Vorgabe setzen und so auch die Teamkultur nachhaltig beeinflussen. Mehr dazu folgt in Abschnitt 8.6.

8.4 Iterationen – ein Schwert mit zwei Klingen

Iteratives Vorgehen ist dank Modellen wie dem RUP oder der agilen Welt seit vielen Jahren in der Softwareentwicklung alltäglich. Dies passt sehr gut zu den Erkenntnissen der Wissensarbeit, da Problemlösen wie gesehen selbst ein iterativer Prozess ist.

Das Konzept von Iterationen scheint auf den ersten Blick einfach zu sein. Das Projekt wird in viele, kurze Abschnitte unterteilt. Jeweils zu Beginn eines Abschnitts plant das Team das zu erreichende Resultat und bespricht, wie das innerhalb der Iteration erreicht werden soll.

Das ist zwar grundsätzlich richtig, aber bei Weitem noch nicht alles. Es ist sicher nicht damit getan, einfach die Kalendermonate in Iterationen umzubenennen, wie das in manchen Projekten zu beobachten ist. Wirksame Iterationen beinhalten mehr.

In Bezug auf die Führung von Projekten und die Diskussion von bekannten Vorgehensmodellen sind zwei sehr unterschiedliche Aspekte von iterativem Vorgehen zu nennen:

- Iterationen als Teil der Problemlösung bei einer großen Wissenslücke: »Ich weiß noch nicht genau, wo ich hin will, also gehe ich in kleinen Schritten voran.«
- Iterationen als Werkzeug zur Fortschrittsmessung bei kleiner Wissenslücke: »Ich weiß recht genau, wo ich hin will, möchte aber regelmäßig und zuverlässig wissen, wie weit ich schon bin.«

In der Praxis kommt durchaus eine Mischung beider Aspekte vor. Umso wichtiger ist es für die Projektführung, zu verstehen, wann und bei welchen Arbeiten welcher Aspekt im Vordergrund stehen muss.

Fortschrittsmessung durch Testen

Ein Problemlöser nähert sich der Lösung schrittweise an. Der Fortschritt ist aber nicht am beschrittenen Weg zu erkennen, sondern nur im Vergleich des erreichten Istzustands mit dem gewünschten Zielzustand. Fortschritt ist also die verringerte Differenz zwischen Ist und dem Ziel.

Fortschritt in linearen Prozessen

Gerade in linearen Prozessen, in deren Welt Wilfried sich befindet, wird Software erst spät im Projekt entwickelt. In den vorgelagerten Schritten wird der Fortschritt anhand der erstellten Dokumente festgestellt. Diese müssen vollständig und durch einen Review abgesichert sein. Nach allem, was wir bisher geschrieben haben, sind Dokumente für eine Fortschrittsbestimmung jedoch ungeeignet. Wann ist beispielsweise ein Dokument vollständig, gut, fertig? Die typischerweise aufgestellten formalen Kriterien messen nicht die eigentliche relevante Wirksamkeit des Dokuments beim Empfänger. Zudem ist ein Dokument kein unmittelbarer Teil des Endprodukts.

Es ließe sich nun argumentieren, dass Dokumente den Wissensstand des Projektteams über Problem und Lösung repräsentieren. Aber auch hier sind große Einschränkungen zu machen. Nur weil eine Person etwas aufgeschrieben hat, ist diese Information noch lange nicht Teil des Teamwissens. Zudem ist das Wissen bei linearen Prozessen auf jeden Fall ohne die Feedbackstufen Testing und Benutzung erstellt worden und entsprechend lückenhaft.

Fortschrittsmessung im RUP

RUP versucht den Fortschritt so weit wie möglich durch ausführbare Software zu messen. RUP verlässt sich in der Inception- und teilweise auch in der Elaboration-Phase auf die aus den linearen Prozessen bekannte Fortschrittsmessung anhand von Dokumenten, mit gleichen Auswirkungen. Am Ende der Elaboration-Phase ist aber nun auch die Architektur zu beweisen, und zwar anhand programmierter Software und definierter Tests. In der Construction-Phase soll ein Team dann die in den Anforderungen definierten Funktionen stückweise in den Iterationen erstellen. Durch Testen kann ein Auftraggeber den Fortschritt der erstellten Software nun bestimmen.

Agile Prozesse

Agile Prozesse liefern nach jeder Iteration ein immer größer werdendes Stück fertiger Software. Nach Scrum durchgeführte Projekte ermitteln den Fortschritt mehrstufig. Innerhalb einer Iteration wird das Abarbeiten der zu Beginn der Iteration definierten Tasks bestimmt. Am Ende einer Iteration wird durch Testen ermittelt, wie viel des vorher abgemachten Fortschritts umgesetzt wurde. Der Gesamtfortschritt ist durch den Erfüllungsgrad im Product Backlog sichtbar. Bei Scrum hat der Product Owner als Vertreter der Auftraggeber die Pflicht und das Recht, den Product Backlog, also die noch nicht umgesetzte Funktionalität, den neuen Erkenntnissen anzupassen. Dadurch verändert sich mit dem Projektfortschritt, was als fertig zu betrachten ist.

Testen bestimmt den Fortschritt

Die modernen Prozesse setzen also auf das Testen als Mittel zur Fortschrittsmessung. Das iterative Vorgehen erlaubt regelmäßige Bestandsaufnahmen sowohl des Erreichten als auch der noch vor dem Team liegenden Arbeit. Toni, Projektleiter, erzählt:

»Die Entwickler haben rapportiert, wie viel der Aufgabe bereits abgeschlossen sei. Es fiel auf, dass diese Zahl bis ca. 90% oder 95% der geschätzten Zahl schön mit dem tatsächlichen Aufwand übereinstimmte. Dann blieb der Fortschritt aber stehen und man musste noch etwas Kleines ergänzen oder einen Fehler beheben. Die letzten 5% dauerten dann gerne noch mal so lange wie die ersten 95%. Die Lehre: Man sollte nur Restaufwandschätzungen machen und nur 100% fertig akzeptieren.«

Hat ein Team bereits eine stabile Vision, dann kann der Fortschritt anhand des bereits realisierten Nutzens mittels Testen gemessen werden. Testen von Produktinkrementen ist somit der bevorzugte Weg, um den Fortschritt der Evolution zu bestimmen.

Fortschritt in der Exploration

Die Fortschrittsmessung durch Testen basiert auf dem Vergleich zwischen Ist und Ziel. Nun ist insbesondere zu Beginn einer Entwicklung der Zielzustand unscharf und widersprüchlich. Dahinter steckt das fehlende Wissen über eine optimale Lösung, sowohl beim Projektteam als auch bei den Stakeholdern.

Lineare Prozesse und der RUP versuchen hier, mehr schlecht als recht, eine Fortschrittsmessung über Dokumente, diese sollen das aufgebaute Wissen dokumentieren. Scrum verschiebt das komplexe Problem der Zielfindung zum Product Owner. Dieser habe ein genügend scharfes Ziel zu haben. Ergo sei nur kontrollierte Evolution notwendig.

Der Fortschritt für explorative Tätigkeiten lässt sich am ehesten anhand der geschlossenen Wissenslücken erkennen. Ein Team schließt die Wissenslücke durch Ausprobieren, beispielsweise durch UI-Prototypen, Experimente, analytische Modelle und mehr. Durch das hiermit gewonnene Feedback verringert ein Team die Wissenslücke. Ein Team kann also die Größe der verbleibenden Wissenslücke abschätzen und damit denn Fortschritt von explorativen Tätigkeiten kontrollieren.

Iterationen zur Problemlösung

Iterationen als Teil der Problemlösung dienen dazu, die noch große Wissenslücke schrittweise zu schließen. Eine Iteration funktioniert dann analog zu dem in Abschnitt 5.6 vorgestellten Problemlösekreislauf im Team.

Zunächst sichtet das Team die Grundlagen. Dann formuliert es das Problem um, indem es definiert, was in dieser Iteration erreicht werden soll. Es folgt die Operatorensuche, also wie die Ziele zu erreichen sind. Mit dem faktischen Handeln wird der Lösungskandidat, etwa ein Prototyp, erstellt. Am Ende der Iteration erfolgt die Bewertung des Lösungskandidaten mit passender Feedbacktiefe, typischerweise Testing oder Benutzung. Das erhaltene Feedback schließt ein Teil der Wissenslücke, und der Kreisprozess beginnt von vorne.

Agile Iterationen

Agile Projekte folgen diesen Erkenntnissen wohl am genauesten. Das Resultat und die offenen Punkte der letzten Iterationen sowie der Backlog bilden die Ausgangslage für die Iterationsplanung. In dieser plant das Team die Tasks, die in der Iteration abgearbeitet werden. Jede Iteration eines agilen Projekts liefert nun eine Version der Software, die möglichst einsetzbar ist und ein Teil des vereinbarten Ziels realisiert. Diese Teillösung hat das Potenzial, den Kontext zu verändern. Mit anderen Worten, Stakeholder und Benutzer könnten nun mit der Software lernen, ihre eigenen Bedürfnisse besser zu verstehen, und könnten ihre Wünsche für die folgenden Iterationen konkretisieren. Für die nächste Iteration muss also die Ausgangsbasis erneut analysiert werden.

Agile Projekte betonen im Allgemeinen die Feedbacktiefe Testing stark und ziehen dieses dem leichtgewichtigen Modellieren und der zuverlässigen Benutzung gerne vor. Letzteres ist verständlich, ist es doch kaum möglich, den Benutzern alle zwei Wochen ein Release zu übergeben. Doch fehlt dadurch eine echte Interaktion mit dem Kontext, das Feedback ist schlechter. Agile Projekte streben deshalb nach Releasezyklen von weniger als sechs Monaten.

Iterationsdauer

Wenn Sie in agilen Projekten oder auch in Projekten nach RUP involviert waren, dann ist Ihnen sicherlich die Diskussion um die richtige Iterationslänge aufgefallen. Typische Zahlen reichen von einer Woche bis zu sechs Wochen. Die Antwort auf die Frage ist eigentlich recht einfach – es kommt drauf an! Und zwar auf die Größe der Wissenslücke. Sie ist zumindest ein Puzzleteilchen hierzu.

Je größer die Wissenslücke, desto kürzere Iterationen sind sinnvoll. Denn der Nutzen einer Iteration liegt im Messpunkt am Ende. Damit kann ein Projektteam die aktuelle Position prüfen und sich erneut ausrichten. Es macht beispielsweise sehr viel Sinn, häufiger innezuhalten, wenn das Team noch nicht eingespielt ist. Der Prozess der Selbststeuerung (siehe Abschnitt 5.5) fordert dazu eine Iteration: Einen Schritt der Problemlösung ausführen, Feedback von außen einholen und darüber reflektieren. Instabile Anforderungen und auch eine sich stark verändernde Architektur sind weitere Indizien, die für eine kürzere Iterationsdauer sprechen. Ist ein Team eingespielt und die Wissenslücke schon recht weit geschlossen, dann kann das Projekt zu längeren Iterationsdauern wechseln.

Iterationsstufen

Wir haben das Konzept der Iteration als zentralen Baustein für Problemlösen im Großen vorgestellt. Dabei haben wir ebenfalls ganz kurz auf Releases hingewiesen und damit die Tür in eine abstraktere Ebene geöffnet. Iteratives Handeln findet in modernen Projekten auf mehreren Stufen statt: das individuelle Problemlösen im Sekundenbereich, das tägliche Problemlösen im Team, Iterationen im Bereich von Wochen, Releases im Bereich von Monaten und Produktgenerationen im Bereich von Jahren. Der Problemlösekreislauf lässt sich in gewissen Grenzen auf jede dieser Stufen anwenden.

Iterationen sind das Fundament einer Führung

Iteratives Vorgehen in mehreren Stufen bietet eine Reihe von Vorteilen aus Sicht der Problemlösung. Insbesondere werden dadurch die Prinzipien des Problemlösekreislaufs auch im Großen nutzbar. Ein Team erhält die Möglichkeit, bewusst über den nächsten Schritt nachzudenken, das Problem passend zu formulieren, einen Lösungsschritt und eine Zielüberprüfung auszuführen, Feedback einzuholen und sich zu verbessern. Iterationen sind deshalb die Grundlage für das Führen des Problemlöseprozesses.

8.5 Qualität – was gibt's denn da zu sichern?

Helmut Kohl, Altbundeskanzler:
»Entscheidend ist, was hinten rauskommt.«

Qualitätssicherung ist ein Bereich, der in der Praxis von Projekten sehr unterschiedlich interpretiert wird. Die Aussagen reichen von *»Ja, wir testen die Software hinterher«* bis *»Wir haben CMM-Level 5«*. Die Mutter aller Qualitätsnormen, die ISO 9000, definiert Qualität folgendermaßen:

»Qualität ist der Grad, in dem ein Satz inhärenter Merkmale Anforderungen erfüllt.«

Etwas einfacher ausgedrückt: Qualität ist gleichbedeutend mit der Zufriedenheit des Kunden und der übrigen Stakeholder mit den Eigenschaften eines Produkts.

Eine gute Software hilft beispielsweise Benutzern, ihre Ziele in ihrem Umfeld möglichst gut zu erreichen. Sie stellt Benutzern dazu passende Funktionalitäten zur Verfügung. Was wirklich passt, erweist sich letztlich erst, wenn Benutzer die Software auch verwenden. Qualität entsteht, so unsere Verallgemeinerung, in der Interaktion mit dem Kontext.

Interaktion mit dem Kontext

Die Interaktion mit den Personen aus dem Kontext ist aus folgenden drei Gründen ein zentraler Erfolgsfaktor:

- Die Ansprüche der Personen rund um das Projekt müssen verstanden werden. Dies verlangt intensive Kommunikation. Nur so kann ein Team es schaffen, das Richtige zu bauen.
- Die Dynamik im Kontext und die Wechselwirkung mit dem Team verändern den Kontext und damit die Ansprüche. Ein Team muss am Puls des Geschehens sein und auch die Veränderung anstoßen. Nur so kann ein Team diese Dynamik erkennen und sich anpassen.
- Die Treiber der Teamdynamik sind die Ansprüche und die Rückmeldungen aus dem Kontext. Es braucht regelmäßiges Feedback zu den erstellten Ergebnissen, nur so kann sich das Team zielgerichtet weiterentwickeln.

Je besser das Feedback und je effektiver die Reflexion aus der Interaktion mit dem Kontext, desto höher ist also die zu erwartende Qualität der erstellten Software.

Vorgehensmodelle mit Potenzial

Alle Vorgehensmodelle verlangen vom Projektteam, die Stakeholder einzubeziehen, um Informationen zu sammeln und um Feedback zu erhalten. Für Letzteres definieren die Prozesse dabei Zeitpunkte, wann dies zu geschehen habe.

Lineare Prozesse holen das Feedback typischerweise am Ende einer Phase von definierten Personen ein. Auftraggeber, Benutzervertreter, Fachexperten, IT-Experten und andere führen ein Review der erstellten Ergebnisse meistens in Form von Dokumenten durch. Die Problematik dahinter ist bereits in Abschnitt 6.2 dargestellt: Die Rückmeldung basiert auf der Feedbacktiefe Probehandeln und hängt damit sehr stark von der Qualität des Referenzhandlungsfeldes der Person ab, die das Dokument prüft. Oft stehen die Personen, die Feedback geben müssen, auch noch unter Zeitdruck, denn alle wollen endlich den Meilenstein hinter sich bringen. Somit ist ein Review, der auf Dokumenten basiert, meistens in seiner Aussagekraft nicht sehr zuverlässig.

RUP geht einen Schritt weiter. So sind zwar in der Inception- und Elaboration-Phase auch Dokumente mittels Review zu prüfen, doch die Iterationen innerhalb dieser Phasen ermöglichen kürzere Problemlösezyklen. In der Construction-Phase holen Teams nach RUP dann Feedback nach jeder Iteration auf der Feedbacktiefe Testing: Hat das Team das gebaut, was mit dem Auftraggeber vereinbart wurde?

Agile Prozesse definieren von Anfang an kurze Iterationen mit Feedback auf der Tiefe Testing. Als Schnittstelle zum Kontext verpflichten diese Modelle den On-Site Customer, möglicherweise also nur eine Person.

Alle geschilderten Vorgehensweisen haben aus unserer Sicht deutliche Lücken: Sei dies in der Wahl der Feedbacktiefe oder der tatsächlich einbezogenen Personen aus dem Kontext.

Erweiterung durch benutzerzentrierte Methoden

Benutzerzentrierte Vorgehen, vergleichen Sie dazu [Richter & Flückiger 2009], unterscheiden sich hier in der Fokussierung:

»Usability Engineering hat zum Ziel, dass optimal auf die Benutzer zugeschnittene Lösungen erstellt werden [.] Aus organisatorischer Sicht heißt dies nichts anderes, als eine Feedbackschleife zwischen Benutzern und Entwicklungseinheiten aufzubauen.«

Dies mag einer der wesentlichen Gründe sein, warum benutzerzentrierte Techniken einen großen Mehrwert in eine Softwareentwicklung bringen. Die Techniken fokussieren auf die Interaktion zwischen Team und Kontext und holen das fehlende Feedback von den Benutzern ins Projekt.

Testing

Die Interaktion mit dem Kontext wirkt ergebnissichernd und beantwortet die Frage, ob ein Team das Richtige baut. Testing und Testautomatisierung als Maßnahmen der Qualitätssicherung decken einen anderen Bereich ab: »Funktioniert das, was wir gebaut haben, so wie wir es wollten?«

Der Unterschied ist zentral, da beim Testing keine Interaktion mit dem Kontext stattfindet. Was das Projektteam intern testet, sollte also vor allem auf verifizierten Anforderungen basieren. Stellen sich die Testfälle bzw. die dahinter steckenden Anforderungen später als ungenügende Problemlösung heraus, dann ist das Ergebnis auch bei erfolgreichen Tests immer noch enttäuschend.

Testing und vor allem Testautomatisierung leisten aber einen zentralen Beitrag im Bereich anderer qualitativer Eigenschaften, etwa der Fehlerfreiheit. Sie sind damit ein wichtiges Hilfsmittel für produktive Teams.

Der Prozess hat immer Recht

Die CMMI-Welt und die auf der ISO 9000 basierenden Qualitätsmanagementsysteme konzentrieren sich darauf, die Einhaltung eines vorab definierten Prozesses durch die Projekte zu überprüfen. Die aus der Industrie implizit übernommene Annahme lautet: Wird der Herstellungsprozess eingehalten, dann ist auch das Ergebnis gut.

Wir haben bereits gezeigt, dass ein Problemlöseprozess grundlegend anders als ein Herstellungsprozess funktioniert und höchst individuell von Problem, Kontext und Team abhängig ist. Entsprechend muss hinter den Standardisierungsbemühungen aus Sicht der Wissensarbeit ein Fragezeichen stehen.

CMMI & Co. wollen die Produktivität erhöhen, also bessere Ergebnisse zu geringeren Kosten erreichen. Aber verfolgen sie dazu den richtigen Ansatz? Nach allem, was Sie nun über die Funktionsweise eines Softwareprojekts gelesen haben, was ist Ihr Urteil dazu?

8.6 Teams richtig aufstellen

Wissensarbeit findet im Kopf statt. Die größte Hürde, die sich einbauen lässt, ist diese Arbeit auf mehr als einen Kopf zu verteilen. Wie aufwendig der Austausch und Abgleich des jeweiligen Wissens zwischen zwei Menschen oder gar innerhalb eines Teams ist, haben die vorangegangenen Kapitel gezeigt.

Wissensarbeit wäre theoretisch also am einfachsten, wenn sie lediglich in einem Kopf stattfinden würde. Es gilt: Wenn einer etwas alleine machen kann, dann sollte es auch nur einer tun. Dieser Punkt stellt schon mal einen fundamentalen Unterschied zum Taylorismus dar, der die Arbeit unbedingt auf einzelne Spezialisten aufteilen will.

Die Realität in Softwareprojekten sieht natürlich so aus, dass dennoch nicht immer einer alles alleine machen kann. Sinn, Zweck und Möglichkeiten von Teams hat Kapitel 5 aufgezeigt. In diesem haben wir viele Grundlagen für produktive Teamarbeit genannt. Der nun folgende Abschnitt befasst sich mit der Frage, wie ein Team in der Softwareentwicklung organisiert und geführt werden soll.

Viele Hebel für die Teamentwicklung haben wir bereits in Abschnitt 5.5 aufgelistet. Hier möchten wir auf die folgenden, sehr spannenden Themen eingehen:

- Vier Ziele – eine strategische Vorgabe
- Heterogen-homogenes Team
- Teamspezifische Rollen
- Gemeinsames Problemlösen
- Reichhaltige Kommunikation
- Wissen einkaufen
- Evolution zum Großteam

Vier Ziele – eine strategische Vorgabe

Die strategischen Ziele Zeit, Budget, Qualität und Funktionsumfang zu setzen, verändert die Teamkultur. So kann ein Auftraggeber eine strategische Ausrichtung des Teams verankern, indem dieser entsprechende Zielvorgaben macht.

Beispiele dazu sind Time-to-Market, also das Minimieren der Entwicklungszeit auf Kosten von Budget, Funktionsumfang und Qualität; Design-to-Cost, also das Fixieren des Budget mit akzeptabler Qualität und genügender Funktionalität; Safety-first, also das Maximieren der Qualität auf Kosten von Budget, Zeit und Funktionalität; Premium-Solution, das häufig als das Maximieren der Funktionalität bei guter Qualität auf Kosten von Zeit und Budget interpretiert wird.

Sind die Vorgaben aber falsch gesetzt, beispielsweise weil zwei Ziele maximiert werden sollten, dann trägt das Projektteam nun den Konflikt aus. Gefährlich ist insbesondere die folgende Aussage von Wilfried, Manager:

»Eine Aufgabe braucht immer so viel Zeit, wie man ihr gibt. Man muss Druck aufsetzen. Lieber zu wenig Zeit, dafür fokussieren die Leute und arbeiten konzentriert.«

Ein klein wenig hat Wilfried schon recht: Erlaubt man mehr Zeit als eigentlich notwendig, dann wird das Projekt in aller Regel trotzdem nicht früher fertig. Zeitrahmen helfen zu fokussieren. Es darf jedoch keinesfalls offengelassen werden, auf was ein Team zu fokussieren hat.

Auch soll ein Zeitrahmen keinen Zeitdruck erzeugen, ansonsten bleibt zuerst kein Raum für Weiterentwicklung und bei höherem Zeitdruck leidet die Qualität des Ergebnisses.

Heutige Vorgehensmodelle

Als einer der wenigen Prozesse hat Scrum eine Meinung zu diesem heiklen Thema. Scrum dreht den Spieß um. Anstatt mit einer unangemessenen Aufgabe Druck aufzusetzen, etabliert Scrum den Wert des Commitments im Team. Damit meint Scrum die Verpflichtung durch das Team, das Bestmögliche zu erreichen. Das Team führt die Aufwandschätzung durch und verpflichtet sich, das Geschätzte auch zu entwickeln.

Ist diese Kultur erfolgreich etabliert, dann kann ein Auftraggeber dem Team auch die Kompetenz über die benötigte Zeit geben und erwarten, Software mit einer guten Qualität zu erhalten. Erreicht das Team dies jedoch auch nach einem Lernprozess über einige Iterationen hinweg nicht, dann darf und soll die Projektführung eingreifen und das Team entsprechend weiterentwickeln.

Heterogen-homogenes Team

Die Projektführung gestaltet nicht nur die Aufgabe, sondern auch das Team. Ein Team soll dabei eine Einheit bilden und gut zusammenarbeiten. Zwischenmenschliche Konflikte sind so rasch wie möglich zu bewältigen. Es lohnt sich, ein Team mit Leuten zu besetzen, die von ihrer Persönlichkeit her gut zusammenarbeiten können. Ein Team soll also homogen sein. Toni, Projektleiter, erzählt:

»Das Team war leider zu wenig homogen: Zwar waren wirklich gute Leute dabei, aber mit zu unterschiedlichen technischen Vorlieben. Es hat viel Zeit und Schmerzen gekostet, bis sich alle auf die Auswahl der Technologien und die Architektur hatten einigen können. Das Team war trotz oder gerade wegen der Experten am Anfang praktisch gelähmt. Eine etwas breitere Streuung von Seniorität hätte wohl vieles einfacher gemacht.«

Homogenität ist gut

Homogenität ist insofern anzustreben, als sie eine Reihe von Vorteilen bzw. Erleichterungen bringt: Teameigenschaften bilden sich schneller heraus und weniger Konflikte entstehen. Je besser die Leute sich verstehen, also beispielsweise eine ähnliche Teamkultur pflegen und ähnliche technische Grundlagen beherrschen, desto schneller wird das Team produktiv. Softwareentwickler neigen beispielsweise oft zu sehr dogmatischen Ansichten, was denn die zu wählende und seelig-machende Technologie oder Vorgehensweise sei. Vermeidbare und nur behindernde Konflikte sind vorprogrammiert, herrscht hier nicht eine gewisse Homogenität.

Heterogenität ist auch gut

Aber selbstverständlich muss ein Team auch heterogen sein. Es soll verschieden erfahrene Leute mit unterschiedlichem Spezialwissen beinhalten. Diese sollen die notwendigen Rollen einnehmen können: strategisch vorausblicken, Details zusammentragen, kreative Lösungsansätze entwickeln, genau arbeiten, dokumentieren, für das Team sorgen und mehr.

Etwas Heterogenität trägt also ebenso Wichtiges bei, beispielsweise:

- *Grundwissen:*
  Die geforderte Breite und Tiefe in Bezug auf das notwendige Wissen erfüllt eine Person selten. Heterogenität ist notwendig, um genügend Grundwissen im Team zu haben.
- *Teamfunktionen:*
  Nicht jeder ist ein Teamarbeiter. Es benötigt typischerweise mehrere Personen, damit die Teamfunktionen (etwa Koordination, Wissenstransfer) genügend abgedeckt sind.
- *Kreativität:*
  Heterogenität fördert kreative Gedanken im Team, da die Leute neuen Reizen ausgesetzt werden.
- *Mitarbeiterförderung:*
  Aus unternehmerischer Sicht ist es oft sinnvoll, weniger erfahrene Leute in einem Team mit erfahrenen zu vermischen und so Mitarbeiter gezielt zu entwickeln.

Produktive Teams sind so homogen wie möglich und so heterogen wie notwendig. Mit der Wahl der richtigen Personen für ein homogenheterogenes Team legt eine Projektführung einen wichtigen Baustein für die Teamentwicklung, mit der nun die Teameigenschaften entstehen können.

Teamspezifische Rollen

Glaubt man den Prozessen, dann ist das Verteilen der Rollen auf die Teammitglieder ein wesentlicher Akt im Rahmen der Teamgestaltung. Dem tayloristischen Weltbild entspricht, dass Rollen definiert und mit einem festen Profil vorgegeben werden. Lineare Prozesse folgen diesem Prinzip ebenso wie RUP, der stolze 37 Rollen kennt. Selbst ein agiler Prozess wie Scrum definiert Rollen – wenn auch nur drei. Die Menschen, die diese Rollen ausfüllen sollen, sollen sich schlicht und einfach anpassen und in das vorgegebene Schema zwängen. Allzu oft werden sie dann danach bewertet, wie gut ihnen das gelingt.

Aber ist ein starres Rollenkonzept in der Softwareentwicklung wirklich eine gute Idee?

Nach allem, was bisher in diesem Buch zur Sprache kam, kann Produktivität nicht einfach von außen vorgeschrieben werden. Menschen und Teams sind höchst individuell und werden auf ebenso höchst individuelle Weise produktiv. Ist es also der richtige Ansatz, zu verlangen, dass Menschen ihre individuelle Denk- und Arbeitsweise an einen Standard anpassen?

Idee von Rollen

Rollen, wie wir sie aus Vorgehensmodellen kennen, haben verschiedene Zwecke. Dies sind:

- Rollen geben einer Menge ähnlicher Aufgaben einen gemeinsamen Namen.
- Rollen gruppieren verwandte Fähigkeiten.
- Rollen definieren Befugnisse und Grad der Verantwortung.

Insbesondere durch den letzten Punkt helfen Rollen auch dabei, typische Konfliktsituationen zu meistern. Wer darf wie Einfluss auf das Projekt nehmen? Wer ist für langfristige Ziele, wie Wartbarkeit, verantwortlich, wer für kurzfristige, wie Funktionalität? Verteilt ein Team diese Verantwortungen auf mehrere Köpfe, dann ist es leichter, Konflikte transparent zu machen und im Rahmen von Verhandlungen zu lösen.

Mitarbeiter richtig zuteilen

Unserer Meinung nach werden Rollen jedoch überbewertet. Teams sollen vielmehr eine Arbeitsteilung finden, bei der die Fähigkeiten der Einzelnen möglichst gut zum Tragen kommen. So gibt es Leute, die gute analytische Fähigkeiten haben und dafür nicht programmieren können. Und nicht jeder Programmierer kann zu einem Domänenexperten werden. Doch gibt es Entwickler, die viel von Finanzmathematik verstehen, Anforderungsleute, die Integrationstests definieren können, UI-Designer, die gut Anforderungen aus Benutzern herauskitzeln können, und Tester, die genügend Know-how aufbauen und Support leisten können.

Personen sollten entsprechend ihren Stärken eingesetzt werden. Ein Rollenkorsett schränkt dies unnötig ein. Gerade Brückenbauer, die in mehreren, klassischerweise getrennt betrachteten Disziplinen zu Hause sind, können einen großen Mehrwert bringen und das Team produktiver machen.

Rollenaufteilung entwickeln

Rollen entwickeln sich. Eine Firma oder ein länger laufendes Projekt kann mit einer Definition der Rollen und wie diese zu besetzen sind, gewonnene Erkenntnisse standardisieren und so lange für höhere Produktivität sorgen, wie diese Erkenntnisse relevant sind. Rollen aus einem Vorgehensmodell können einen Startpunkt für eine solche Entwicklung darstellen, aber sind selten auch das beste Resultat.

Gemeinsames Problemlösen

Prozesse geben kaum Hinweise, wie ein Team mit Kollaboration und Kooperation umgehen soll. RUP und lineare Modelle kennen beispielsweise nur Rollen und sagen wenig bis nichts, wie die Personen eines Teams diese Rollen übernehmen und zusammenarbeiten sollen. Im schlechtesten Fall arbeiten diese nicht zusammen und kommunizieren über Dokumente.

Agile Vorgehensweisen fordern ein Team, das sich selbst koordiniert. Scrum nennt lediglich einige Punkte, wo Zusammenarbeit explizit definiert wird, z.B. bei der Sprint-Planung. Wie ein Team zusammen bzw. parallel arbeitet, ist also weitgehend ihm überlassen und situationsspezifisch.

Dieser Ansatz passt durchaus zu den Erkenntnissen aus der Wissensarbeit. Wir möchten in unserer Aussage sogar noch weiter gehen: Ein Team, das kollaborativ an einer einzigen Problemlösung arbeitet, kann nur selbst entscheiden, welche Aktivitäten eventuell parallelisiert werden können. Die Abhängigkeiten zwischen einzelnen Tätigkeiten kann nur durchschauen, wer sich intensiv mit dem Problem beschäftigt. Führung kann dazu umso weniger beitragen, je weiter weg diese vom Team ist.

Parallelisierung basiert auf den Teameigenschaften

Kapitel 5 hat dazu einige sehr wichtige Aussagen zusammengetragen, beispielsweise die Wirkung von Arbeitsteilung und Zusammenarbeit auf die Teameigenschaften: Ein Team sollte die richtige Balance zwischen Kollaboration und Kooperation finden.

Dahinter steckt die Erkenntnis, dass Parallelisierung nur dann sinnvoll sein kann, wenn die kooperierenden Personen in die gleiche Richtung ziehen und integrierbare Teillösungen erstellen. Dafür benötigen sie genügend gut ausgeprägte Teameigenschaften, die aber wiederum nur in der gemeinsamen Arbeit entstehen. Zu frühe und zu viel Parallelisierung schwächt die Teameigenschaften sogar ab.

Gemeinsames Problemlösen gezielt einsetzen

Gemeinsames Problemlösen ist somit eine notwendige Voraussetzung für Arbeitsteilung. Gerade in der Anfangsphase eines Projekts, in der die Teameigenschaften schlecht ausgeprägt sind, ist eine solche Zusammenarbeit besonders wichtig. Wir möchten Ihnen nun keinesfalls eine ellenlange Serie von Workshops schmackhaft machen. Wir möchten aber die gemeinsame Problemlösung propagieren, um damit gezielt insbesondere das Teamwissen zu fördern.

Reichhaltige Kommunikation

Kommunikation im Team ist notwendig, damit sich ein Team entwickeln und gemeinsam das anstehende Problem lösen kann. Das Teamwissen bestimmt maßgeblich die Fähigkeit eines Teams, trotz Arbeitsteilung ein stimmiges Resultat zu entwickeln und in der Zusammenarbeit Synergieeffekte zu nutzen. Die Erkenntnisse aus Kapitel 5 und Kapitel 6 zeigen deutlich, dass dazu die direkte Kommunikation nötig ist.

Reichhaltige Kommunikation fördern

Reichhaltige Kommunikation bedeutet, nicht nur die abstrahierten Essenzen zu kommunizieren. Auch charakteristische Beispiele gehören dazu. Reichhaltige Kommunikation fördert Erlebbarkeit und erfolgt direkt von Mensch zu Mensch.

Wenn Sie Diskussionen in Projektteams zuhören, werden sie viele Beispiele für eine reichhaltige Kommunikation aufschnappen können. Mithilfe von konkreten Werten tasten Softwareentwickler kritische Stellen eines Algorithmus ab. Mit beispielhaftem Verhalten von Benutzern sucht ein Projektteam nach Lücken und Fehlern in der Gestaltung der Benutzerschnittstelle. In der informellen Kommunikation sind wir es gewohnt, abstrakte Zusammenhänge und dazu gehörende Beispiele zu kommunizieren. Gemeinsam spielen Teams konkrete Fälle durch und entwickeln abstrakte Zusammenhänge. Eine solch reichhaltige Kommunikation ist sogar noch wichtiger, wenn ein Team mit Personen außerhalb des Teams spricht. Hier fehlen Dinge wie Teameigenschaften und die Kommunikation ist sehr viel fehleranfälliger.

Prozesse mit unterschiedlichen Ansätzen

Lineare Prozesse und auch der RUP schenken diesen Aspekten kaum Beachtung. Stattdessen setzen sie im Bereich der Kommunikation auf Standardisierung. Prozessvorgaben und Vorlagen für Dokumente geben im Prinzip vor, wer wem was wie mitzuteilen hat. Sie definieren Dokumente als Arbeitsergebnisse einzelner Rollen, die dann als Ausgangslage für die Arbeit anderer Rollen gelten.

In Abschnitt 6.2 haben wir Ihnen mögliche Effekte dieser Art der Kommunikation vorgestellt: Das Risiko, dass die mentalen Modelle der Teammitglieder divergieren, ist hier besonders hoch.

Agile Prozesse verfolgen die Idee eines möglichst umfassenden gemeinsamen mentalen Modells und entsprechen damit eher den Prinzipien der Wissensarbeit. Anstatt Wissen aufzuteilen, soll hier grundsätzlich jeder Einzelne im Team über möglichst viel Bescheid wissen. Das Prinzip der Collective Code Ownership in XP ist sicherlich die extremste Form davon. Die Kommunikation erfolgt möglichst immer am Endprodukt und möglichst direkt, d.h. nicht über den Umweg eines Dokuments. Die so entstehende, direkte Kommunikation nimmt automatisch Rücksicht auf individuelle Bedürfnisse von Sender und Empfänger.

Neuere Ansätze wie das Acceptance Test Driven Development setzen auf Beispiele. Anstatt eine große Menge von Geschäftsregeln abstrakt zu formulieren und zu kommunizieren, werden konkrete Eingabewerte und Ergebnisse als ausführbare Tests erstellt. Die Entwickler nehmen diese Tests als Vorgabe, diskutieren mit den Fachleuten die damit verbundenen Geschäftsregeln und entwickeln eine Software, die die Tests erfüllt. Der Bericht über die Versicherungsapplikation von Evelyn in Abschnitt 6.3 erwähnt genau diese Art der Kommunikation.

Sehr ausgeprägt arbeiten übrigens die benutzerzentrierten Vorgehen mit Beispielen: Personas sind beispielhafte Personen, Szenarien und Storyboards liegt ein konkreter Fall zugrunde, Usability-Tests stellen realistische und konkrete Aufgaben und mehr.

Wissen einkaufen

Das Schließen einer Wissenslücke ist nicht in jedem Fall möglich. Beispielsweise kann das Fachwissen so komplex sein, dass es mehrere Jahre Ausbildung und Erfahrung benötigt, um dies zu beherrschen. Dies in einem Projekt aufzubauen, ist kaum möglich. Deshalb werden oft Berater und Spezialisten zu einem Projekt hinzugezogen.

Idealerweise integriert ein Team diese Spezialisten. Haben sich die Teameigenschaften entsprechend weiterentwickelt, kann ein Team das Expertenwissen in der gemeinsamen Problemlösung und auch in paralleler Arbeit zielgerichtet einsetzen. Allerdings bedeutet dies eine Investition ins Team und rechtfertigt sich wohl nur, wenn solche Spezialisten intensiv und über längere Zeit mitarbeiten.

Bei kurzen Einsätzen ist die Schwierigkeit der fehlenden Teameigenschaften, insbesondere des gemeinsamen mentalen Modells, zu meistern. Entsprechend größer ist das Risiko, dass ein hinzugezogener Experte zwar spannende Zusammenhänge aufdeckt, nicht aber eine perfekte Antwort gibt und sich Teams deshalb in die Irre führen lassen. Experten können also als Wissensvermittler und zum Aufdecken von Wissenslücken eingesetzt werden. Doch muss das Projektteam schließlich selbst entscheiden können, welche Ratschläge eines Experten beachtet werden und welche nicht. Und das benötigt bereits gute Kenntnisse im entsprechenden Wissensgebiet.

Expertenwissen einbinden ist also schwierig und gelingt nur, wenn das Team den Wissensträger integrieren kann oder bereits gutes Vorwissen hat.

Entwicklung zum Großteam

Je größer ein Projekt ist, umso größer wird in der Regel auch das Team. Teamwissen und ein gemeinsames mentales Modell verlieren auch hier nichts von ihrer Wichtigkeit. Die Herausforderung ist jedoch, dass funktionierende Teams mit den für Wissensarbeit so wichtigen Eigenschaften nicht endlos skalieren. Je größer ein Team wird, umso schwieriger ist es, einen gemeinsamen Wissensstand herzustellen und zu wahren.

Prozesse mit tayloristischem Ansatz für Arbeitsteilung zielen mit ihrer Planung bzw. Visionsentwicklung auf eine Komplettlösung ab. Skalierbarkeit erreichen diese Modelle im Zweifelsfall dadurch, dass sie einfach mehr Personen in den einzelnen Disziplinen arbeiten lassen. So finden sich dann schnell mal 15 Requirements Engineers in einem Team. Wird dies derart ins Extreme betrieben, sind die Auswirkungen verheerend, insbesondere auf das gemeinsame mentale Modell im Team. Dem Team wird keine stimmige Lösung gelingen. RUP baut eine kleine Bremse ein, indem er empfiehlt, die Projektlaufzeit nicht über 18 Monate auszudehnen. In gewisser Weise beschränkt diese die mögliche betrachtete Komplexität und damit die Teamgröße.

Agile Modelle verfolgen einen anderen Ansatz der Zerlegung. Sie zerlegen ein komplexes Problem in funktional unabhängige Teile, die dann vom Projektteam mit Unterstützung des On-Site-Customers auch parallel angegangen werden können. Die weitere Skalierung für komplexere Probleme geschieht typischerweise durch mehrere, parallel arbeitende Teams. Jedes Team entwickelt einen größeren Funktionsblock. Auch bei agilen Großprojekten ist die Herausforderung, ein stimmiges Gesamtbild zu erhalten. Dadurch, dass die Teams im Gegensatz zu einer Zerlegung nach Disziplinen eine ganzheitliche Aufgabe haben, können sich Teameigenschaften sehr gut herausbilden und ein gutes gemeinsames mentales Modell über eine Funktionseinheit führt zu einer produktiven Entwicklung, zumindest im Kleinen.

Evolution für große Teams als Ansatz

Bei einem großen Projekt sind schnell einmal fünfzig und mehr Personen im Team. Dies als Team zu bezeichnen, dürfte jedoch unpräzise sein. Wir haben uns in diesem Buch nicht mit solch großen Teams beschäftigt, entsprechend fehlt der theoretische Hintergrund. Doch auch bei großen Teams sind Kommunikation und die verteilte, gedankliche Repräsentation kritische Herausforderungen. Entsprechend wichtig sind auch hier Dinge wie Teameigenschaften, die Zerlegung in Teilprobleme, wirksame Visionen und mehr.

Wenn wir auch keine konkrete Aussage darüber machen werden, wie sich ein produktives Großteam entwickelt, so erscheint es trotzdem einleuchtend, dass der Weg, siebzig Personen in einen Raum zu sperren und ihnen ein großes Problem vor die Füße zu werfen, nur wenig Chancen auf Erfolg hat. Vielmehr scheint die Evolution von einem kleinen, produktiven Team viel besser geeignet zu sein. Gerade dann auch, wenn die Mitarbeiter des kleinen Teams zu Stützen des Großteams werden.

8.7 Teams führen

Die klassische, tayloristische Sichtweise geht davon aus, dass die Arbeit von Teams weitgehend von außen gesteuert werden kann und auch muss. Dinge wie Teamdynamik oder die mögliche Wirkung einer Kaffeeküche sind zwar allgemein bekannt, aber grundsätzlich fällt es doch dem Projektleiter zu, die Aufgaben an die Leute zu verteilen und deren Ausführung zu überwachen. Diese Philosophie geht Hand in Hand mit dem Planungsansatz, bei dem mit der Planung die wesentlichen Probleme bereits gelöst sind und nur noch die Umsetzung ausgeführt werden muss.

Bei einer sehr kleinen Wissenslücke funktioniert dieser Ansatz auch. In der Softwareentwicklung ist das jedoch die Ausnahme – meist sind viele Probleme zu lösen und die Wissenslücke ist folglich groß. Dies stellt andere Ansprüche an die Teamführung.

In Abschnitt 5.5 haben wir die wesentlichen Hebel für eine externe Führung aufgezählt. Aufgaben- und Teamgestaltung waren die Themen des letzten Abschnitts. Mit der strategischen Ausrichtung und einer scharfen Vision wird eine sinnhafte, angemessene und ganzheitliche Aufgabe geschaffen. Das homogen-heterogene Team gleicht die individuellen Schwächen der Einzelnen aus und entwickelt teamspezifische Rollen. Gemeinsames Problemlösen sorgt dabei für einen guten Mix aus Parallelisierung und Synergie. Eine reichhaltige Kommunikation ermöglicht effektiven Wissenstransfer. Diese Bausteine sind die Basis für die Entwicklung des Teams.

Die Förderung der Teameigenschaften ist das Thema dieses Abschnitts und wir stellen Ihnen die folgenden drei Bausteine vor:

- Selbststeuerung
- Trainer und Coaches
- Führung als mehrstufiger Regelkreis

Selbststeuerung

Die Selbststeuerung, so Abschnitt 5.2, basiert auf einer Feedbackschleife mit den folgenden Schritten:

1. Problem lösen
2. Interaktion mit dem Kontext
3. Reflektion und Verbesserungen einleiten

Nur in dieser Reihenfolge durchgeführt, passt sich das Team dem Kontext an, entsprechend den Rückmeldungen und den veränderten Ansprüchen. Auch bei diesem Kreisprozess sind zwei Parameter relevant: die Geschwindigkeit der Durchläufe und die Zuverlässigkeit der

Rückmeldung. Selbstverständlich sind auch hier die beiden Parameter gegenläufig: Höhere Zuverlässigkeit bedeutet geringere Geschwindigkeit und umgekehrt.

Reflektion in RUP und agiler Welt

RUP und auch agile Modelle fordern am Ende jeder Iteration eine Reflexion des Vorgehens. In nach RUP geführten Projekten geht diese in der allgemeinen Hektik und mangels scharfer Vorgaben allerdings häufig unter. Scrum fordert eine Retrospektive und versucht eine Kultur von Inspect and Adapt zu etablieren. Entsprechend führen agile Projektteams die Retrospektive im Normalfall auch aus.

Die Lücke: Interaktion mit dem Kontext

Wir haben bereits auf die methodische Lücke bei der Interaktion mit dem Kontext hingewiesen. Kein bestehendes Vorgehensmodell, außer vielleicht eines, das durch benutzerzentrierte Methoden ergänzt ist, scheint auszureichen. So basiert das Feedback am Ende langer Phasen auf Dokumenten wie bei linearen Prozessen und teilweise beim RUP.

Bei agilen Projekten und im RUP in der Construction-Phase sind es oft nur Einzelne, etwa der On-Site-Customer oder wenige ausgewählte Vertreter der Benutzer, die Feedback geben. Dank der kurzen Iterationen kann eine Selbststeuerung zwar etabliert werden, es besteht aber die Gefahr, dass die Feedbackgeber nicht repräsentativ für den Kontext sind. In diesem Fall würde sich ein Team anhand von falschen Vorgaben optimieren.

Interaktion mit dem Kontext fördern ist Selbststeuerung fördern

Ein Team passt sich den Feedbackgebern an. Je besser diese den Kontext repräsentieren, desto besser ist die Anpassung und damit das Ergebnis.

Aus Sicht der Wissensarbeit müssen Projektteams eine funktionierende Feedbackschleife mit dem Kontext etablieren. Diese zu fördern ist angesichts der Lücken in den heutigen Prozessmodellen das fehlende Puzzleteilchen, um eine Selbststeuerung zu erzeugen, die sich tatsächlich auch dem Kontext anpasst. Die Feedbacktiefen aus Kapitel 6 zeigen die prinzipiellen Möglichkeiten dazu. Techniken aus benutzerzentriertem Vorgehen und Design sind gute Ergänzungen.

Trainer und Coaches

Führung kann die Bedingungen rund um ein Team verbessern und zu einer produktiveren Problemlösung beitragen. Beispielsweise kann Führung helfen, ein komplexes Problem in gut lösbare Teilprobleme zu zerlegen, die Wissenslücken zu identifizieren, kurze Feedbackzyklen auszuführen oder Hindernisse für die Interaktion mit dem Kontext aus dem Weg zu räumen. Auch kann die Kommunikation und Zusammenarbeit im Team beeinflusst werden, beispielsweise durch räumliche Nähe der Teammitglieder und entsprechende Hilfsmittel. Führung soll ebenfalls Raum für Reflexion schaffen und bei Konflikten unterstützen. All diese Dinge verlangen von einer Führungsperson eine große Nähe zum Team. Nur wer das Problem und die aktuelle Situation im Team gut kennt, kann wirkungsvoll unterstützen.

Softwareentwicklungsprozesse schweigen sich über die Führung von Mitarbeitern im Allgemeinen aus. Sie geben zwar beispielsweise einem Projektleiter über viele der oben aufgezählten Punkte Entscheidungsgewalt. Doch bedeutet dies noch lange nicht, dass dieser dann Kraft seines Amtes walten muss. Oft genug delegieren Projektleiter sogar einen großen Teil der Verantwortung zum Team.

Scrum führt mit der Person des Scrum Master explizit eine Person ein, die mithilfe von Coachingtechniken das Team weiterbringen soll. Der Scrum Master ist dabei täglich beim Team und moderiert auch die wichtigsten Scrum Meetings. Das Ziel: ein produktives und lernendes Team auszubilden.

Aus Sicht einer produktiven Problemlösung und einer ganzheitlichen Aufgabe ist dieser Ansatz durchaus sinnvoll. Teameigenschaften können nicht einfach verordnet werden. Ein Coach betreut deshalb ein Projektteam und hilft diesem, sich zu entwickeln. Ein Trainer, dieser findet sich gegebenenfalls in der Linienorganisation, trainiert Mitarbeiter so, dass sie in den Teams eine große Wirkung entfalten können.

Führung als mehrstufiger Regelkreis

Führung eines Projekts ist ein mehrstufiger Regelkreis, wie in Abbildung 8–4 gezeigt.

Eine Führungsperson baut sich eine gedankliche Repräsentation des zu führenden Teams auf. Je enger die Interaktion zwischen Team und Führungsperson ist, desto stärker wird die gedankliche Repräsentation und desto schneller und damit wirkungsvoller kann eine Führungskraft regeln. Die folgenden Aussagen stammen aus einem Daily Scrum, also der täglichen Koordinationssitzung im Scrum:

Karsten: »*Ich wollte gestern den Bug im Reporting Tool fixen. Aber ich verstehe einfach nicht, wo dieses falsche Datum herkommt. Irgendwie ist das alles unlogisch. Ich wollte Tom fragen, aber er war zu beschäftigt.*«

Tom: »*Ich bin an dem GUI-Feature fürs nächste Release. Ich habe eine Stelle im Code gefunden, die werde ich erstmal refactoren. Ich will das*

Strategy-Pattern einsetzen. Das hab ich letzte Woche auf einem Kurs gelernt; ist ne tolle Sache.«

Abb. 8–4
Mehrstufige Führung

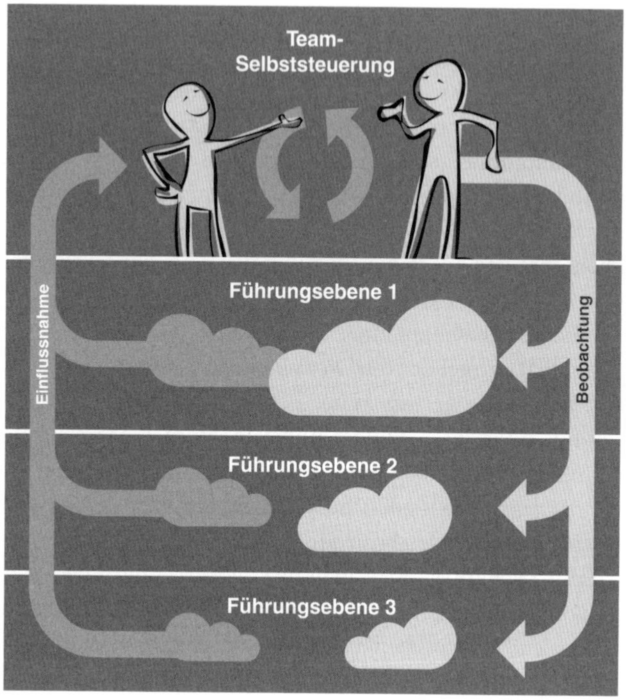

Ein Mitarbeiter bekommt nicht die Hilfe, die er braucht, ein zweiter möchte etwas bauen, dessen Mehrwert erst einmal unklar ist. Je weiter entfernt eine Führungsperson vom Team ist, umso weniger kann diese aufgeworfene Fragestellungen und Konflikte beurteilen. Wie kann dem Mitarbeiter Karsten am besten geholfen werden? Ist das von Tom vorgeschlagene Refactoring wirklich notwendig, oder kostet es nur unnötig Zeit?

Dies ist vermutlich ein Beispiel, bei dem die Selbststeuerung des Teams eine wichtige Rolle spielen sollte. Tut sie dies nicht, dann kann vielleicht eine Person auf einer ersten Führungsebene eingreifen. Dies geht natürlich nur, wenn diese Person bei diesem Meeting auch dabei ist und von diesem Konflikt Kenntnis erlangt, bevor er eskaliert ist. Ein Product Owner könnte beispielsweise helfen, indem er seine Prioritäten bekannt gibt. Ein Scrum Master könnte beraten, indem er Karsten und Tom einen Spiegel vorhält und sie zum Nachdenken über die eigene Vorgehensweise bringt. Ein Projektleiter oder auch ein Softwarearchitekt hätten sogar die Möglichkeit, Kraft ihres Amtes eine Entscheidung zu forcieren.

Eine weiter entfernte Führungsperson wird von diesem Konflikt erst Kenntnis erhalten, wenn vielleicht Funktionalität am Ende des Sprints nicht geliefert wurde oder der Konflikt zwischen Karsten und Tom so weit gediehen ist, dass dieser die Teamleistung offensichtlich beeinträchtigt.

Führung nach Zahlen

Der Versuch, mithilfe von statistischen Zahlen und einem Berichtswesen schneller von Problemen zu erfahren und so besser führen zu können, ist verständlich, löst aber das Problem nicht. Eine Vorgabe von 80 % Testabdeckung wird ein in solcher Art geführtes Team vielleicht dazu verleiten, gut getestete Software zu liefern. Genauso wahrscheinlich ist aber, dass das Team die Messung der Abdeckung so implementiert, dass 80 % erreicht werden. Für eine Führungsperson sind die beiden Fälle nicht unterscheidbar.

Um wirklich schneller über Probleme informiert zu werden und ein Team ohne große Verzögerungen effektiv zu führen, helfen weder Statistiken noch Berichte, sondern nur Nähe zum Team.

Führung aus Distanz

Eine Führungskraft, die immer am Anfang und Ende einer Iteration beim Team ist, kann nur grob führen. Beispielsweise kann sie Feedback zum Erreichten geben oder Prioritäten von Zielen und Features vorgeben. Auch drastischere Maßnahmen wie das Verändern des Teams, die Lieferung von Funktionalität auf Termin und mehr sind möglich. Solche Maßnahmen haben aber ihren Preis, beispielsweise weil neue Mitarbeiter auch das Team stören und das Team mehr in die Teameigenschaften investieren muss oder weil das Fixieren von Funktionsumfang und Termin die Qualität schwinden lässt.

Eine noch weiter entfernte Führungskraft, beispielsweise die beim RUP nur am Ende einer Phase oder in Scrum zu Beginn und Ende eines Release mit dem Projektteam in Berührung kommt, kann strategisch führen: Macht dieses Release in unserer Roadmap Sinn? Passt das Budget? Entsprechend drastisch sind die Maßnahmen: Es geht um Stopp oder Fortführung eines Projekts. Die Herausforderung hier besteht darin, derart entfernten Personen informierte Entscheidungen zu ermöglichen.

Kompetenz durch Nähe

Die Möglichkeiten der Führung sind direkt mit der Nähe zum Team verbunden. Eine Führungsperson, die weiter weg ist, wird vermehrt ungeschickte Eingriffe in ein Team vornehmen. Nur eine Führungskraft, die eine gute gedankliche Repräsentation über das Ökosystem Team und das zu lösende Problem aufbaut, kann an den richtigen Stellen »Schmiermittel« anbringen. Je näher die Führung, desto besser gelingt das »Finetuning« eines Teams. Je weiter weg die Führungsebene ist, desto strategischer muss die Führung wirken.

8.8 Zusammenfassung

Führung in der Softwareentwicklung bedeutet, aktiv das Team beim Problemlösen zu unterstützen und seine Produktivität zu fördern.

Wissensarbeit wie Softwareentwicklung bringt eine inhärente Unsicherheit mit sich. Eine erste Führungsaufgabe ist es deshalb, die vorhandenen Wissenslücken zu identifizieren und gezielt zu schließen.

Das äußere Muster einer Problemlösung, bestehend aus Exploration, Vision und Evolution, sollte bewusst eingesetzt werden. Das Stadium einer Problemlösung zeigt sich anhand der Wissenslücke. Ist vieles unbekannt und herrscht keine Einigkeit über den richtigen Weg, so sind explorative Schritte mit Ausprobieren und Feedback aus dem Kontext notwendig. Eine Vision liefert dem Team und den Auftraggebern eine Vorstellung über die zu erstellende Software. In der Evolution wird eine bereits brauchbare Lösung fortlaufend weiterentwickelt.

Die Schritte zur Lösung können nicht vorab exakt geplant werden. Es empfiehlt sich daher eine hierarchische Planung. Eine Roadmap definiert dabei zukünftige Releases. Eine Kurzfrist- bzw. Iterationsplanung beschreibt das Ergebnis genauer, geht dafür aber nur wenige Wochen in die Zukunft. Planung, Fortschrittskontrolle und Qualitätssicherung basieren auf abgeschlossenen Teillösungen bei evolutionären Tätigkeiten und einer Abschätzung der noch offenen Wissenslücke bei explorativen Tätigkeiten. Der Fertigstellungsgrad von Dokumenten ist für beides ungeeignet.

Die Qualität der Software hängt insbesondere vom Feedback durch Auftraggeber und Benutzer ab. Eine funktionierende Interaktion mit dem Kontext ist die beste Qualitätssicherungsmaßnahme. Nicht alle Prozesse fördern das gleich gut bzw. sind besonders explizit, wie das zu geschehen hat. Methoden aus benutzerzentrierten Ansätzen können hier ergänzen.

Führung bedeutet auch, die Produktivität des Teams selbst zu fördern. Klare strategische Vorgaben, beispielsweise bezüglich der vier strategischen Ziele Qualität, Funktionsumfang, Zeit und Kosten, sorgen für eine passende Teamkultur. Eine wirkungsvolle Vision stellt eine angemessene Teamaufgabe.

Ein Team zu steuern bedeutet zunächst, die Selbststeuerung des Teams zu fördern. Häufige Interaktion mit dem Kontext ist hier besonders förderlich, auch muss das Team Raum zum Lernen und Reflektieren erhalten. So können sich die Rollen im Team entwickeln und eine reichhaltige Kommunikation stattfinden.

Damit dies gut gelingt, benötigen die meisten Teams Unterstützung. Methoden des Coachings sind ein guter Ansatz für Führungspersonen. Damit können diese nachhaltig das Team weiterbringen. Je weiter jedoch eine Führungsperson von Team und Projekt entfernt ist, umso strategischer muss die Führung sein. In tägliche Probleme eingreifen kann nur eine Führung, die eng mit dem Team zusammenarbeitet.

Der Blick auf die bekannten Vorgehensmodelle zeigt, dass agile Prozesse viele der in der Wissensarbeit wichtigen und richtigen Prinzipien umsetzen. Benutzerzentrierte Vorgehen besitzen Stärken vor allem bei der Interaktion mit dem Kontext. Auch die Ansätze eines RUP kommen Problemlöser entgegen. Lineare Prozesse basieren darauf, dass das Problem vorab in der Planung gelöst werden kann. Diese Annahme passt nicht zu den zahlreichen und vielfältigen Problemen, die ein Softwareprojekt üblicherweise zu lösen hat.

Das perfekte Vorgehensmodell ist somit noch nicht gefunden. Im nun folgenden Kapitel möchten wir diesem auf die Spur kommen und werfen einen Blick auf den idealen Softwareentwicklungsprozess.

9 Die neue Sicht auf Softwareentwicklung

»Jedes hinreichend mächtige formale System ist entweder widersprüchlich oder unvollständig.«

Kurt Gödel lieferte 1931 den entsprechenden Beweis für den sogenannten Unvollständigkeitssatz und legte damit den Grundstein für eine völlig neue Denkweise in der Mathematik. Gödel sorgte damit nicht nur bei den Mathematikern seiner Zeit für großes Aufsehen. Auch in der Philosophie fand dieser Satz große Beachtung, insbesondere in der Frage nach den Grenzen menschlichen Denkens.

Für dieses Buch stellt der Unvollständigkeitssatz einen wunderbaren Kontrast zu dem Zitat von Galileo Galilei aus Kapitel 2 dar: *»Zwei Wahrheiten können sich nie widersprechen.«* Und mit diesem spannenden Denkanstoß möchten wir Sie auf die Themen dieses letzten großen Kapitels einstimmen. In diesem geht es schließlich um den Softwareentwicklungsprozess.

Die Erkenntnisse aus den bisherigen Kapiteln haben großen Einfluss auf die Art und Weise, wie Software entwickelt werden sollte. Erwarten Sie von uns in diesem Kapitel nun keinen kompletten Prozess mit Rollen, Ergebnissen, Aktivitäten und Meilensteinen – wir haben ja gerade die Grenzen eines solchen Ansatzes aufgezeigt. Vielmehr geht es darum, die aus Sicht der Wissensarbeit wesentlichen Prinzipien einer produktiven Vorgehensweise in der Softwareentwicklung herauszuarbeiten und zu diskutieren.

9.1 Ein neuer Aspekt: die Wissenslücke

Die Schwierigkeit eines Softwareentwicklungsprojekts resultiert im Wesentlichen aus der Barriere, die durch die Wissenslücke des Teams zu Beginn des Projekts entsteht. Wissen fehlt in der Regel in Bezug auf

- den Ausgangszustand: Was ist genau das Problem, das wir lösen sollen?

- den Zielzustand: Wie sieht eine brauchbare Lösung aus?
- die Operatoren: Welche Features und Technologien helfen am besten?
- den Lösungsweg: In welcher Reihenfolge sollen wir was tun?

Manche Personen im Team wissen vielleicht mehr, manche weniger zu den einzelnen Fragestellungen. Absolute Klarheit ist jedoch unwahrscheinlich – sonst könnte das Team das Wissen und die Lösung einfach einkaufen, und Softwareentwicklung wäre nicht so schwierig.

Ursachen von Wissenslücken

Wissenslücken sind in jeder Projektarbeit vorhanden. In erster Linie bezieht sich die Wissenslücke auf die zu überwindende Barriere.

Wissenslücken durch die Barriere

Ein Team muss bei der Softwareentwicklung eine Barriere aus fehlendem Wissen überwinden. Im einfachsten Fall müssen die Personen dazu lediglich bestehendes Wissen erschließen und umstrukturieren. Dies ist aber eher selten der Fall – weit häufiger muss sich das Team grundsätzlich neues Wissen erarbeiten, weil niemand das notwendige Wissen besitzt. Dafür reicht es nicht, irgendwie mit der Programmierung zu beginnen oder sich zunächst einseitig mit den Anforderungen auseinanderzusetzen. Ein produktives Team identifiziert deshalb gezielt Wissenslücken, ergänzt sich um entsprechende Personen und baut dann eine genügend mächtige, gedankliche Repräsentation auf.

> **Wissen, was man nicht weiß**
>
> In einem produktiven Prozess erkennt ein Team zu jedem Zeitpunkt die Wissenslücke und reduziert sie gezielt. Die Wissenslücke steuert somit den gesamten Entwicklungsprozess, individuell und im Team.

Lücken im Teamwissen

In der Teamarbeit entscheidet nicht nur das bei den einzelnen Mitarbeitern vorhandene, sondern das im Team nutzbare Wissen. Dieses besteht aus drei Teilen – dem individuellen Wissen Einzelner, dem gemeinsamen mentalen Modell sowie dem transaktiven Gedächtnis. Die beiden letzten werden vom Team in der gemeinsamen Arbeit aufgebaut. Die gelebten Teamprozesse erschließen das individuelle Wissen für das gesamte Team. Meist kann nicht alles individuelle Wissen von den Teams genutzt werden. Dominierende Personen, Rollenkorsette oder Gruppendruck können verhindern, dass sich die Wissensträger Gehör verschaffen und ihr Wissen verfügbar wird.

Individuelles Wissen, das nicht eingebracht werden kann, ist ebenfalls Teil der Wissenslücke und kann im schlimmsten Fall den Projekterfolg verhindern. Teams sollten also darauf achten, dass Experten nicht nur anwesend sind bzw. Dokumente schreiben, sondern ihr Wissen wirksam dem Team zur Verfügung stellen.

Auch jede Veränderung des Teams führt zu einer Wissenslücke. Beim Abgang eines Teammitglieds ist dies noch naheliegend. Doch auch der Zugang eines Teammitglieds führt dazu, denn das gemeinsame mentale Modell des Teams wird beeinträchtigt und das transaktive Gedächtnis unvollständig. Das Team muss das neue Teammitglied kennenlernen und sich neu formen. Dabei müssen alle helfen, das gemeinsame mentale Modell aufzubauen. Nur so kann das neue Teammitglied sein Spezialwissen einsetzen.

Wissen nutzbar machen

In einem produktiven Prozess kann ein Team individuelles Wissen voll nutzen.

Wissenslücke durch Dynamik

Softwareentwicklung findet nicht in einem losgelösten Raum statt, vielmehr ist jedes Team in einen Kontext aus Auftraggebern, Benutzern und weiteren Stakeholdern eingebettet. Dieser Kontext hat eine Eigendynamik und verändert sich kontinuierlich. Auch das Projektteam nimmt Einfluss auf den Kontext und erzeugt Veränderung. Dies geschieht schon früh, beispielsweise beim Abklären offener Fragen und auch am Ende des Projekts mit der fertigen Applikation, die neue und andere Bedürfnisse erkennen lässt.

Durch diese Dynamik verändern sich die Ansprüche an das Team und durchaus auch die Ziele einer Softwareentwicklung. Diese Dynamik sorgt für eine Veränderung der Barriere und somit letztlich für eine sich stetig verändernde Wissenslücke.

Umgang mit dem Kontext

In einem produktiven Prozess agiert und reagiert das Team gezielt, um die Auswirkungen der Veränderungen im Kontext möglichst gering zu halten.

Beispielsweise können Veränderungen im Kontext frühzeitig und gezielt provoziert werden, indem ein Team Software oder Prototypen mit entsprechender Feedbacktiefe vorführt. Gibt es überraschende Änderungswünsche, dann kann ein Team diese hinterfragen und auf eine Weise erfüllen, die besser zur ursprünglichen Vision passt.

Lücken in vier Wissensgebieten

Aus inhaltlicher Sicht lässt sich die Wissenslücke bei der Entwicklung von Software mit den in Abbildung 9–1 dargestellten Wissensgebieten umreißen.

Abb. 9–1
Die vier Wissensgebiete in der Softwareentwicklung

- *Markt:*
  Konkurrenzprodukte, Alternativen, Markttrends, Positionierung auf dem Markt und in der Wertschöpfungskette etc. Das Wissen über diese Gegebenheiten erlaubt es, ein Produkt erfolgreich zu positionieren und zu verkaufen. Selbstverständlich existiert auch bei firmeninternen Softwareentwicklungen ein Markt – Projektmarketing und Stakeholder-Management sind dazu passende Stichworte.
- *Prozesse/Experience:*
  Geschäftsprozesse, Benutzungsszenarien, Benutzer, kulturelles und soziales Umfeld. Nur das Wissen über Nutzer und die tatsächliche Nutzung eines Produkts erlaubt es, ein nützliches und benutzbares Produkt zu erstellen.
- *Domäne:*
  Finanzmathematik, Ophthalmologie, Schachwissen und wie die Anwendungsgebiete alle heißen. Das Wissen über die fachlichen Zusammenhänge, Vorschriften und Modelle ist notwendig, um überhaupt ein sinnvolles Produkt zu erstellen.
- *Technologie:*
  IT-Infrastruktur, Programmiersprachen, Entwicklungsumgebungen, Softwarearchitektur, Algorithmen – die ganze Palette des zur Entwicklung notwendigen Informatikwissens.

Prozessmodelle geben gerne eine Reihenfolge vor, in der gewisse Teilprobleme zu bearbeiten sind. Jedes Wissensgebiet stellt für sich ein Teilproblem dar und es gibt für jedes generell auch ausgewiesene Spezialisten. Man wäre also versucht, auch hier eine Reihenfolge festzulegen.

Doch betrachten Sie einmal bekannte Produkte wie ein Smartphone. Bei Geräten wie diesem haben neben den äußeren und den funktionalen Eigenschaften auch die Herstellkosten einen direkten Einfluss auf die Verkäuflichkeit in einem bestimmten Marktsegment. Die Herausforderung ist es, das Gerät so zu entwerfen, dass es erstens im Markt ankommt, zweitens technisch umsetzbar ist und drittens die Herstellkosten nicht beliebig in die Höhe schießen. Mit anderen Worten: Alles hängt mit allem zusammen – eine feste Sequenz an Schritten vorzugeben erscheint damit wenig sinnvoll.

Eine Software kann eigentlich nur erfolgreich sein, wenn sie verkaufbar, nützlich, fachlich sinnvoll und herstellbar ist. Weil Geld und Zeit in der Realität immer begrenzt sind, bedarf es zum Entwickeln eines solchen Produkts letztendlich immer einer Abfolge von Kompromissen. Markt, Experience, Domäne und Technologie müssen gegeneinander abgewogen werden.

Roman, Business-Analyst, erzählt:
»Wenn ich mit Entwicklern zusammen über Anforderungen und Lösungen diskutiere, dann taucht gelegentlich ein Muster auf: Die Entwickler zerbrechen sich den Kopf über komplexe Anforderungen. Kaum sprechen wir aber miteinander, lösen sich diese in Luft auf. Häufig kann ich nämlich eine fachliche Lösung vorschlagen, die einfacher zu realisieren ist und ebenfalls genügt.«

Ein produktiver Prozess vernetzt die vier Wissensgebiete

Eine gute Software entsteht dadurch, dass das Team die Abhängigkeiten zwischen Markt, Experience, Domäne und Technik schnell findet und eine Lösung entwickelt, die die Bedürfnisse in allen vier Bereichen genügend erfüllt. Dazu ist intensive Zusammenarbeit der Wissensträger notwendig.

Die Wirkung von Wissenslücken auf die Produktivität

In einer Wissenslücke liegt unbekannte Komplexität verborgen. Es können Schwierigkeiten darin versteckt sein, die eine ganz andere Lösung notwendig gemacht hätten. Treffen Projekte auf eine solche unvorhergesehene Komplexität, ist der Tenor aus der Entwicklungsabteilung dann oft derselbe: Ja, hätte man das nur früher gewusst, jetzt sei es aber viel zu teuer und sowieso könne man das unmöglich ändern.

Toni, Projektleiter, erzählt:
»Ich war bei einer Angebotserstellung engagiert: Ausschreibung der öffentlichen Hand. Wir hatten zu wenig Domänenwissen, wussten deshalb nicht, wo man hätte Fragen stellen müssen und wo die Kom-

plexität war. Wir haben uns ziemlich verhauen und leider den Zuschlag erhalten. Das kostete nicht nur uns viel Geld und Nerven, sondern auch unserem Kunden.«

Wissenslücken haben vielfältige Auswirkung auf die Produktivität:

- ***Mehr als Programmieren:***
  Wegen des fehlenden Wissens kann ein Team nicht nur einfach Programmcode schreiben. Die Teammitglieder müssen zusätzlich mit verschiedenen Leuten aus dem Umfeld des Projekts sprechen, Experimente durchführen oder Ideen ausprobieren, um das fehlende Wissen aufzubauen.
- ***Optimaler Lösungsweg nicht sichtbar:***
  Gäbe es das optimale Ziel und den optimalen Weg, dann würde es die Wissenslücke verhindern, dass ein Team diese erkennen könnte. Der Weg, den ein Team beschreiten sollte, wird bestenfalls beim Schließen der Wissenslücke erkennbar.
- ***Projektrisiko:***
  In der Wissenslücke könnte etwas verborgen sein, das grundsätzliche Entscheidungen infrage stellt. Trifft dies ein, dann fällt entsprechend hoher Aufwand für die Umstellung an oder das Team liefert eine schlechte, d.h. nicht zum wahren Problem passende Lösung aus.
- ***Unüberwindbares Teilproblem:***
  Große Wissenslücken können ein unüberwindbares Hindernis darstellen und ein Teilproblem, beispielsweise ein wichtiger Algorithmus, kann nicht gelöst werden. Dies kann durchaus den Nutzen der gesamten Lösung infrage stellen.

Wer nichts weiß, weiß alles

Evelyn, Softwarearchitektin, lässt Dampf ab:
»Der Entwickler hat einfach einen Cache eingebaut, damit sei das System schneller. Nicht nur hat der Abgleich des Caches mit der DB das Netzwerk zugemüllt, auch war die Skalierbarkeit im Eimer. Der hatte keine Ahnung von Performance-Optimierung und hat das nicht mal gemerkt. Er hätte wohl noch monatelang das Aktualisieren des Caches optimiert, sich dann mit den erzielten 10% Steigerung gebrüstet und zum Experten für Performance-Probleme gekrönt. Hätte er das Architekturkonzept verstanden, wäre ihm klar gewesen, dass ein Cache nicht unbedingt zur Verbesserung der Performance beiträgt und man dies diskutieren und gegebenenfalls ausprobieren muss.«

Albert Einstein wird das folgende Zitat zugeschrieben: »*Je mehr ich weiß, desto mehr erkenne ich, dass ich nichts weiß.*« Diese spannende

Erkenntnis aus dem wissenschaftlichen Arbeiten erhält noch mehr Prägnanz, wenn wir sie umkehren: *Je weniger ich weiß, desto weniger erkenne ich, was ich wissen müsste.* Wir stellen deshalb den folgenden Satz plakativ hervor:

> **Keine Wissenslücke ohne Wissen**
>
> Eine Wissenslücke lässt sich nicht einfach so erkennen. Es ist dazu ein Mindestmaß an Vorwissen erforderlich.

Toni, Projektleiter, erzählt von einer weiteren Wissenslücke:
»Tja, da haben wir eine Standardsoftware für unsere Sachbearbeiter evaluiert. Wir führten einen Test im Mutterhaus durch. Das System war schnell und flüssig, die Leute mochten es. Also haben wir es gekauft und auch bei den Agenturen draußen installiert. Katastrophe. Das System war so langsam, die Leute konnten gar nicht damit arbeiten. Zum Teil faxen sie nun die Daten ins Mutterhaus! Es hat einfach keiner damit gerechnet, dass wegen dem deutlich langsameren Netz zwischen Mutterhaus und Agenturen die Antwortzeit solchermaßen in den Keller gehen würde. Ich könnte mich selbst deswegen ohrfeigen.«

Wenn Sie zu den erfahrenen ITlern zählen, werden Sie vielleicht sagen: »War ja logisch, das hätte man doch wissen müssen.« Und damit haben Sie vermutlich auch Recht. Die Frage ist aber, wenn die Mitarbeiter im Team dies nicht wussten, wie konnten sie die Wissenslücke überhaupt erkennen?

Charakter von Wissenslücken

Die Frage, wie ein Team Wissenslücken erkennen kann, ist eine der Schlüsselfragen für produktive Wissensarbeit. Was ist Ihre Antwort? Wie kann ein Team die Wissenslücken effektiv erkennen? Welche Techniken kennen Sie? Wie könnte ein Team vorgehen? Dazu zusammengefasst die wesentlichen Eigenschaften von Wissenslücken:

- Die Wissenslücke ist die eigentliche Barriere, die es zu überwinden gilt.
- Auf die inhaltliche Problemstellung bezogen gibt es vier grundsätzliche Wissensgebiete: Markt, Prozesse/Experience, Domäne und Technologie.
- Die Wissensgebiete sind untereinander abhängig.
- Je weniger ein Team weiß, desto schwerer fällt es diesem, die relevanten Wissenslücken zu erkennen und zu bewerten.

- Was ein Team weiß, ist so viel, wie die Individuen einbringen können. Je besser die Teameigenschaften ausgeprägt sind, desto mehr individuelles Wissen kann genutzt werden.
- Die Wissenslücke verändert sich kontinuierlich: Die Gründe dafür sind Fortschritt im Projekt und Veränderungen im Kontext oder im Team.
- Es gibt durchaus Wissenslücken, die das Team nicht erkennen kann.
- Es gibt Wissenslücken, die sich erst mit der Produktlancierung schließen lassen – beispielsweise ob das Produkt ein Verkaufsschlager wird.

Wissenslücken erkennen und schließen

Da die Wissenslücke der bestimmende Faktor für Erfolg oder Misserfolg eines Projekts ist, muss ein produktiver Prozess besonderes Augenmerk auf das Management eben dieser Wissenslücke legen. Tatsächlich tun dies heutige Prozesse implizit auch.

RUP fordert beispielsweise ein risikozentriertes Vorgehen. Alle in Projekten identifizierten Risiken sind im Grunde nichts anderes als Wissenslücken. Der Product Backlog in Scrum ist eine Auflistung der noch offenen Wissenslücken im Lösungsbereich. Ein Eintrag im Backlog ist ein Versprechen, die mit dem Eintrag verbundene Wissenslücke mit einer bestimmten Priorität zu behandeln und zu schließen.

Lineare Vorgehensmodelle und auch der RUP geben eine große Menge an Vorlagen, Checklisten, Arbeitsanweisungen und Hintergrundwissen vor. Diese Dinge sind der Versuch, einem Projektteam zu zeigen, welches Wissen zu erarbeiten ist und in welcher Form dieses dokumentiert werden soll.

Roman, Business-Analyst, erzählt:
»Kürzlich war ich in einem Team dabei, wo die Analysten zusammen mit den Entwicklern regelmäßig offene Fragen gebrainstormt haben und anhand dieser dann die nächsten Tätigkeiten geplant haben. Macht doch Sinn, oder etwa nicht?«

Rolf, GUI-Entwickler, meint:
»Der Projektleiter hat sich offenbar gut überlegt, wie er seine Teams zusammengesetzt hat. Er selbst hat das Projektmarketing übernommen und die VIPs im Zaum gehalten. Darin war er auch echt super. Das Benutzungsumfeld war sehr komplex und so hat er einen guten Usability-Experten zusammen mit erfahrenen Anwendern ins Team eingebunden. Die Domäne hingegen war nicht wirklich schwierig, das Domänenwissen der Anwender hat völlig ausgereicht. Die Softwaretechnologie war spannend, aber nicht übermenschlich. Wir waren alles

gute Entwickler und Tester. Das Schwesterprojekt hingegen war ganz anders: Performance- und Zuverlässigkeitsanforderungen waren sehr hoch und die Domäne sehr komplex. Hier hat er einen Top-Softwarearchitekten und ausgewiesene Fachexperten eingesetzt. Neben der richtigen Besetzung hat der Projektleiter auch dafür gesorgt, dass fehlendes Wissen so früh wie möglich erarbeitet wurde. Mit den Experten hatte er da tolle Leute, die wussten, was dabei zu tun war.«

Feedback, Feedback, Feedback

Die Charakteristik von Wissenslücken bestätigt, was wir bereits aus den Grundlagen zum Problemlösen ableiten konnten: Zum Schließen von Wissenslücken ist Feedback notwendig.

»*Lösung und Problemverständnis gehen Hand in Hand*«, so ein Merksatz aus Abschnitt 4.3. Ein komplexes Problem verstehen wir Menschen dadurch, dass wir uns mit der Lösung beschäftigen. Mit der Suche nach einer Lösung wird klar, welches Wissen für die Überwindung der Barriere benötigt wird.

Erreichbares Wissen + Feedback

Ein produktiver Prozess nutzt die Umsetzung von Lösungskandidaten zum Wissensgewinn durch Feedback.

Je schwieriger es ist, die Wissenslücke zu reduzieren, umso vielfältigere externe Mittel muss ein Team einsetzen – vergleichen Sie dazu Abschnitt 6.7 zur Feedbacktiefe. Eine Wissenslücke stellt aber nicht per se eine Schwierigkeit dar, sondern vielmehr Unwissen über die Schwierigkeit. Wie sind die Feedbacktiefen zu wählen?

Mit der Feedbacktiefe wächst letztendlich die Zuverlässigkeit, mit der die vorhandene Wissenslücke eingeschätzt und geschlossen werden kann. Es gibt genügend Softwareprojekte, bei denen wichtige Punkte erst während der Benutzung erkannt wurden; Tonis Beispiel weiter oben ist ein solcher.

Evelyn, Softwarearchitektin, schildert:
»*Wir haben ein neues Kommunikationssystem entwickelt. Das System funktioniert nach dem Prinzip, dass einer etwas reinstellt und alle anderen sich das Interessante herausholen. Dazu haben wir den Benutzern viele Filtermöglichkeiten angeboten. Anhand von Interviews und Usability-Tests haben wir das natürlich optimiert. Doch ab einem gewissen Punkt mussten die Leute die Software einfach verwenden. Ohne die reale Benutzung hätten wir das niemals wirklich gut hinbe-*

kommen. Vorher war einfach zu unklar, wie sich die Kommunikation der Anwender untereinander entwickeln würde.«

Rolf, GUI-Entwickler, antwortet mit einem Gegenbeispiel:
»Ein Feature ermöglichte es den Benutzern, gewisse Personenkreise per Pager oder SMS zu benachrichtigen. Wir haben zuerst geschaut, was gibt's heute, was funktioniert und was nicht. Das bisherige System erfüllte zwar die funktionalen Anforderungen ganz gut, war aber technisch viel zu kompliziert. Wir haben also eine neue Software so entwickelt, dass sie funktional nicht viel Neues bietet, dafür aber technisch auf dem neuesten Stand ist. Et voilà, passt wie angegossen. Schön nicht?«

Spannend: Die von Rolf und Evelyn erwähnten Features unterscheiden sich im Ausmaß der damit verbundenen Veränderung. Bei Evelyns Projekt wurde eine neue Art der Kommunikation entwickelt, Rolfs Team hat lediglich die bisherige Kommunikation mit einem moderneren Werkzeug unterstützt.

Veränderung bestimmt das Feedback

Je größer die durch eine Software erzeugte Veränderung ist, desto wichtiger ist frühes Feedback auf der Stufe Benutzung. Je größer die Innovation, desto wichtiger werden kleine und schnelle Umsetzungsschritte.

Der in Abschnitt 4.7 zitierte Ausschnitt aus einem Bericht des US-Verteidigungsministeriums erscheint nun in völlig neuem Licht: Es sei der einfachste, sicherste und schnellste Weg, ein komplexes Softwaresystem zu entwickeln, wenn man mit einer minimalen Version schnell Feedback aus der Benutzung einholen und daraus lernen würde.

Wissenslücken nachhaltig schließen

Eine Organisation muss Wissenslücken nicht nur im Projekt so gut wie möglich schließen, sondern nachhaltig Wissen aufbauen. Dies ist ein Schlüsselfaktor für langfristige Produktivität in der Entwicklung.

Roman, Business-Analyst, erzählt beispielsweise:
»Beim letzten Projekt hatte ich die Möglichkeit, ein Jahr nach dem Launch bei den Benutzern vorbeizuschauen und auch etwas genauer hinzusehen. Eine Liste wurde ganz anders verwendet als geplant. Der Grund dafür war schließlich, dass wir genau diese Liste drucken konnten. Wer hätte auch an so was gedacht. Und da gab es noch viele weitere Dinge, die ich gelernt habe. Schade, dass ich dazu nicht öfters die Gelegenheit habe.«

Innovation durch die Feedbacktiefe Benutzung

Je effektiver eine Organisation aus der tatsächlichen Benutzung der erstellten Softwareprodukte lernt, desto größer kann die Innovation im nächsten Projekt sein.

Es genügt nicht, Wissenslücken nur im Projekt zu betrachten. Viele Probleme lassen sich nur lösen, weil eine Organisation über die Jahre gelernt hat, auf bestehenden Lösungen, Wissen und Teams aufzubauen. Der Hebel dazu ist die Feedbackstufe Benutzung. Rolf, GUI-Entwickler, ergänzt:

»So wie das aussieht, hat Apple wohl genau das gemacht. Insbesondere beherrschen sie es zurzeit meisterlich, Produkte und Dienstleistungen anzubieten, für welche die Leute mit viel Freude ihr Geld ausgeben. Sie sind Meister der Experience.«

So fällt der folgende Schluss ins Auge: Das Resultat einer Softwareentwicklung darf nicht nur Software sein.

9.2 Ein idealer Prozess

Nachdem wir nun die Wissenslücke als die große Herausforderung einer Softwareentwicklung beschrieben haben, beschäftigen wir uns im Folgenden damit, wie ein idealer Prozess genau damit umgehen sollte.

Die Diskussion in Kapitel 8 hat eine Gemeinsamkeit aller heutigen Prozessmodelle gezeigt, seien diese nun agil, linear, inkrementell-iterativ oder auch benutzerzentriert. Diese Prozesse geben – natürlich stark vereinfacht ausgedrückt – einem Projektteam Rezepte vor: »Folge dem Schema F und es wird gut.« Tatsächlich können alle Prozessbeschreibungen auch anhand von Fallstudien und Beispielprojekten zeigen, dass es mit diesen Rezepten bereits gut funktioniert hat. Leider fehlt jedoch die Garantie, dass es in einem anderen Fall auch so sein wird.

Die folgende Abbildung fasst die Herausforderung zusammen, aufgrund der Gegebenheiten von Team, Barriere und Kontext den idealen Prozess zu gestalten:

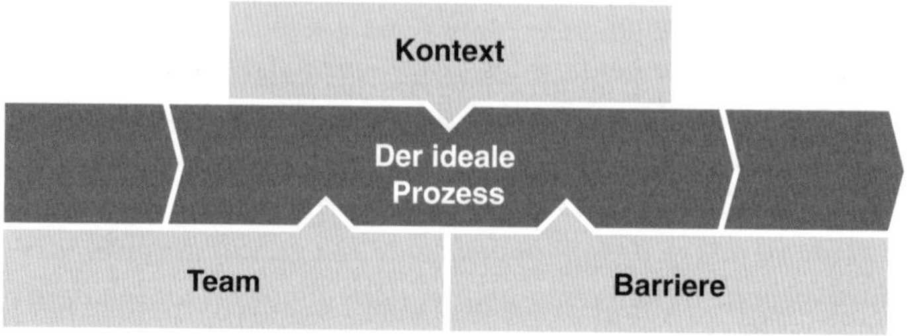

Abb. 9–2
Der ideale Prozess: abhängig von Team, Kontext, Barriere

Barriere, Team und Kontext und die damit verbundenen Wissenslücken sind die Haupttreiber für den Prozess. Es gilt jedoch:

- Jede Barriere erfordert unterschiedliches Wissen.
- Jeder Mensch und jedes Team unterscheidet sich hinsichtlich des mitgebrachten Wissens und der Fähigkeit, Wissenslücken zu schließen.
- Der Kontext verändert sich und reagiert in jeder Situation verschieden.

Ein maßgeschneiderter Prozess

Aus diesen wahrlich großen Herausforderungen folgt eine nicht minder schwerwiegende Erkenntnis:

> **Ein idealer Prozess ist maßgeschneidert**
>
> Ein idealer Prozess ist ein für die aktuelle Situation aus Kontext, Team und Barriere kontinuierlich maßgeschneiderter Prozess.

Anders gesagt: Ein Prozess sollte nicht versuchen, Menschen in vorab definierte Rollen zu zwängen und sie standardisierte Zwischenergebnisse produzieren zu lassen. Die Wahrscheinlichkeit, dass der Standard den Bedürfnissen der aktuellen Situation entspricht, ist verschwindend gering.

Tatsächlich ist es die wichtigste Aufgabe eines Prozesses, die Zusammenarbeit zwischen den einzelnen Personen im Team zu optimieren. Dies geht nur, wenn der Prozess auf die individuellen Fähigkeiten – und zumindest in einem gewissen Rahmen auf die Vorlieben – Rücksicht nimmt. Der Prozess muss es zulassen und fördern, der Barriere, dem Team und dem Kontext angepasste externe Mittel zu entwerfen. Ein solcher Prozess folgt nicht vordefinierten Abläufen und Workflows, sondern passt sich kontinuierlich der aktuellen Situation an. Schließlich verändern sich Team, Kontext und Barriere ebenfalls.

Toni, Projektleiter, meint:
»Natürlich hat schon heute jedes Team einen eigenen Prozess – allein schon deshalb, weil der vorgeschriebene sowieso nicht wirklich funktioniert. Meist ist es aber auch so, dass die Teams einfach keine Lust haben, sich mit diesen überkomplizierten Prozessen auseinanderzusetzen. Schade ist dabei, dass man viele gute Dinge, auf die einen der Prozess doch eigentlich hinweisen würde, dann ignoriert und man manchmal einen unproduktiven, eigenen Prozess entwickelt.«

Ein maßgeschneiderter Prozess wird von jedem Team entwickelt und gepflegt. Das ist in der Praxis ohnehin so, wie Toni erzählt, und das ist auch eine logische Folge aus dem, was wir in Kapitel 5 über die Funktionsweise von Teams gesagt haben.

Allerdings ist Tonis Aussage in Bezug auf den Nutzen von Prozessmodellen ebenfalls richtig. Prozessmodelle wie V-Modell, RUP, Scrum und XP sind oberflächlich betrachtet zwar nur einfach Sätze von Vorschriften. In Wirklichkeit verdichten sie aber Erfahrungen aus sehr vielen konkreten Projekten.

Solches Wissen ist für jedes Team wertvoll. Denn schließlich ist das Maßschneidern des eigenen Prozesses schon für sich genommen ein komplexes Problem. Wenn das Team dafür auf vorhandenes Wissen zurückgreifen und so die Wissenslücke verkleinern kann, dann kann es umso schneller und besser zu einem Ergebnis kommen.

Kein universeller Prozess

Prozessmodelle unterstellen, dass ein Modell, nämlich ihres, für alle Projekte geeignet ist. Der Wettbewerb zwischen den verschiedenen Vorgehensmodellen zeigt jedoch, dass es offenbar doch nicht so einfach ist und der Stein der Weisen noch nicht gefunden wurde. Die Überlegungen in diesem Buch legen nun nahe, dass ein solches Prozessmodell auch gar nicht existieren kann.

Rolf, GUI-Entwickler, protestiert:
»Ich bin überzeugt, dass die Kombination von Scrum mit XP-Praktiken für jede Softwareentwicklung eigentlich die beste Möglichkeit ist, die wir heute kennen. Die anderen Ansätze sind deutlich schwächer.«

I: *»Stimmt das für jedes Team und jedes Projekt?«*

Rolf: *»Hmm. Nein, das Projekt sollte schon anspruchsvoll sein und man muss natürlich auch Leute haben, die bereit sind, sich auf Scrum einzulassen. Und auch die Organisation muss passen.«*

Rolf hat sicherlich Recht. Ein Team kann mit Scrum und XP wahrscheinlich jede Software erstellen, und zwar sehr gut. Doch stimmt dies auch für jedes Team? Und in jedem Kontext? Wohl kaum.

Ein produktives Team entwickelt den Prozess stetig weiter

Evelyn, Software Architekt, meint:
»Ich würde so weit gehen und behaupten, dass gute Leute mit jedem Prozess produktiv Software entwickeln können. Sie werden manche Dinge daraus ignorieren und ziehen sich ansonsten die relevanten Dinge heraus, um diese in ihren eigenen Prozess einzubauen. Wer allerdings nur Rezepte befolgt, ohne das warum und wieso zu verstehen, der wird hingegen weniger erfolgreich sein.«

Die Überlegungen in diesem Buch stützen Evelyns Behauptung. Wir gehen sogar noch etwas weiter. Der ideale Prozess für Softwareentwicklung lässt sich nicht allgemeingültig festhalten. Es gibt keine Rezepte, die immer funktionieren. Was es gibt, sind Erfahrung, Prinzipien, Empfehlungen, Fallstudien und vieles mehr, die einem Team helfen, schneller den eigenen Entwicklungsprozess zu finden.

> **Ein idealer Prozess wird kontinuierlich maßgeschneidert**
>
> Und zwar vom Team, für das Team und passend zur Wissenslücke und dem Kontext.

Ein Team, das produktiv Software entwickeln will, muss deshalb die eigene Arbeitsweise kontinuierlich hinterfragen und verbessern. Nur so kann das Team einen guten Prozess etablieren. Prozessbeschreibungen, Erfahrungsberichte anderer Teams und nicht zuletzt die eigene Erfahrung bilden die Basis, damit das gelingen kann.

Die Ergebnisse: Produkt + Team + Wissen

Aus unserer Sicht umfasst das Ergebnis eines Softwareentwicklungsprojekts die folgenden drei Dinge:

- *Produkt:*
  Die erstellte Software inklusive Handbuch, Produktschachtel, Marketingunterlagen, Dokumentation, ausführbaren Tests, funktionierender Build-Umgebung etc.
- *Team:*
  Ein funktionierendes Team mit guten Teameigenschaften, Prozessen, Adaptionsfähigkeit und der Fähigkeit, Feedback zu holen und die Software auch langfristig produktiv weiterzuentwickeln.

- *Wissen:*
  Das während der Projektarbeit erarbeitete und mit Feedbacktiefen bis hin zur Benutzung verifizierte Wissen in den vier Wissensgebieten, mit dem die Mitarbeiter in einer Organisation künftig (noch) innovativere Produkte erstellen können.

Ein kontinuierlicher Aufbau von Produkten, Teams und Wissen sorgt für die dritte Komponente der Produktivität, die Nachhaltigkeit.

Das Vorgehen im Projekt: Exploration – Vision – Evolution

Einerseits hat ein Problemlöseprozess eine natürliche Struktur, die aus der Art, wie wir Menschen Probleme lösen, entspringt. In explorativen Schritten versuchen wir herauszubekommen, wo die größten Wissenslücken liegen, und lernen dabei sukzessive Problem und Lösung zu verstehen. Dabei kristallisiert sich ein möglicher Lösungsansatz, bei einer dialektischen Barriere ein sinnvolles Ziel, und somit eine Vision heraus. Erst diese Vorarbeiten ermöglichen, die Lösung produktiv zu entwickeln.

Andererseits benötigt auch das Team Gelegenheit für eine Entwicklung. Nur so entsteht das in Kapitel 5 diskutierte »Superhirn«, das mittels Synergie und Arbeitsteilung die Komplexität der Barriere in der gegebenen Zeit bewältigen kann. Als Basis eines produktiven Vorgehens steht das zur Überwindung der Barriere notwendige Wissen. Den Wissenszuwachs erzielt das Team in der Feedbackschleife. In Abbildung 9–3 finden Sie eine Illustration dieser Zusammenhänge. Die Höhe der Kurven zeigt den relativen Zeitaufwand, der zu einem bestimmten Zeitpunkt eingesetzt wird.

Dazu ein paar Bemerkungen:

- *Barriere überwinden ist Exploration Vision Evolution:*
  Bezogen auf alle vier Wissensgebiete, und zwar vernetzt und nicht isoliert.
- *Exploration lotet die Wissenslücken aus:*
  Wo fehlt Wissen, wie groß ist die aus der Dynamik im Kontext entstehende Wissenslücke, wie kritisch ist diese, was kann später aufgearbeitet werden, und zwar in allen vier Wissensgebieten.
- *Exploration heißt in die Breite gehen:*
  Informationsquellen erschließen, alternative Blickwinkel einnehmen, verschiedene Lösungsansätze ausprobieren und damit Wissen aufbauen.

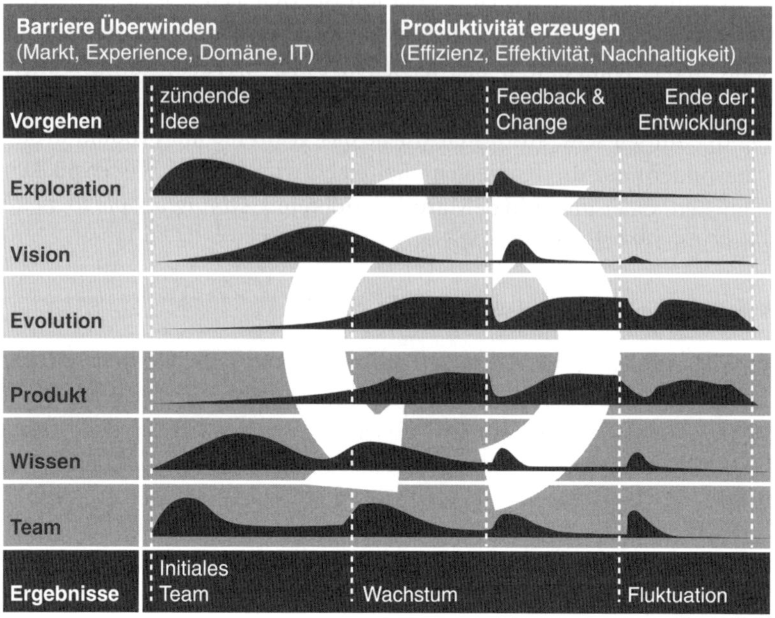

Abb. 9–3
Der Prozess für produktive Wissensarbeit

- *Vision fasst das Ziel:*
  Mit der Vision wird die dialektische Barriere zwar nicht vollständig aufgelöst, das Team fokussiert aber auf ein Ziel und entwickelt damit wesentliche Funktionalität, die je nach Vision sinnvoll ist.
- *Vision legt den Kompromiss fest:*
  Trade-offs zwischen Markt, Experience, Domäne und Technik erkennen und zur allgemeinen Zufriedenheit vereinbaren. Ein vielversprechender Lösungsansatz kann nun verfolgt werden.
- *Evolution erstellt und erweitert das Produkt:*
  Mit allem was dazu gehört, also Quellcode, Gestalt, Build- und Testumgebung, Dokumentation, Handbücher, Produktschachtel, Broschüren, Werbematerial, Internetauftritt, Merchandizing etc.
- *Evolution baut auf:*
  Ein zweiter Schritt geht aus einem ersten hervor. Das Team baut darauf auf und lernt aus den gemachten Erfahrungen – nachhaltig.
- *Feedback macht die Veränderung der Wissenslücke sichtbar:*
  Veränderung im Team, in der Barriere und im Kontext erzeugt eine Veränderung der Wissenslücke. Feedback ist der Weg, dies zu erkennen.
- *Produktivität ist Investition in Wissen und Team:*
  Das heißt Wissen erschließen und im Team nutzbar machen. Und das kostet etwas.

Je dynamischer übrigens eine Situation ist, weil sich beispielsweise der Kontext oder die Teamzusammensetzung schnell ändern, umso mehr sollte in das Team bzw. in das Wissen investiert werden. Das geht allerdings auf Kosten des Produkts. Offenbar darf eine Situation nicht beliebig dynamisch sein, ansonsten würde das Team nie am Produkt arbeiten, sondern nur die Teameigenschaften entwickeln und Wissenslücken schließen. Oder um Tom deMarco zu zitieren: »*Adding people to a late project makes the project later.*«

Prinzipien und kein Modell

In diesem Buch finden Sie keine vordefinierten Rollen, Zwischenergebnisse, Vorlagen, Phasen, Workflows oder Anweisungen, wie sie in den bekannten Vorgehensmodellen typischerweise definiert werden. Einerseits bilden eben genau diese Vorgehensmodelle zusammen mit weiteren Quellen eine breite und auf viel Erfahrung basierende Informationsbasis, andererseits ist der ideale Prozess ein maßgeschneiderter Prozess und soll von dieser Basis profitieren, nicht aber blind angewendet werden. Wir schlagen daher folgende Prinzipien für die Findung des idealen Prozesses vor:

- Ein Team soll die Arbeitsteilung auf individuellen Fähigkeiten, Wissen und Zielen aufbauen und nicht einfach vordefinierte Rollen einnehmen.
- Ein Team soll Feedback einholen, dazu geschickt die Feedbacktiefen wählen und nicht einfach zu vordefinierten Zeitpunkten vordefinierte Zwischenergebnisse mit vordefinierten Personen reviewen.
- Ein Team soll sich die dazu notwendigen externen Mittel situationsbezogen erarbeiten und nicht einfach vordefinierte Dokumente erstellen.
- Ein Team soll das Vorgehen so wählen, dass die Wissenslücke in den vier Wissensgebieten schnell, zuverlässig und nachhaltig geschlossen wird, und nicht einfach vordefinierte Tätigkeiten zu vordefinierten Zeitpunkten ausführen.

Dies heißt selbstverständlich nicht, dass jedes Team in jedem Projekt den Prozess neu entwickeln soll. Vielmehr ist es für den Erfolg eines Unternehmens zwingend, auf den gemachten Erfahrungen aufzubauen. Aus Sicht der Wissensarbeit entstehen bei einem Softwareprojekt drei Bausteine: Produkte, Teams und Wissen. Diese Bausteine strategisch zu entwickeln und dadurch zu lernen, innovativere Produkte zu erstellen, ist die Aufgabe einer Organisation, die nach den Prinzipien der Wissensarbeit aufgebaut ist.

9.3 Zusammenfassung

Der für ein Projekt ideale Prozess ist abhängig von der Wissenslücke des Teams zu Beginn des Projekts, von den Fähigkeiten des Teams, diese zu schließen, sowie der Veränderungsdynamik des Kontexts. Die Wissenslücke für Produktentwicklungen wie z.B. Softwareapplikationen besteht dabei aus den vier Aspekten Markt, Prozesse/Experience, Domäne und Technologie. Mit dem neuen Blick auf den Entwicklungsprozess haben wir Ihnen dargelegt, wie durch Exploration, Vision und Evolution nicht nur das Produkt, sondern auch das Team sowie über das Projekt hinaus anwendbares Wissen entwickelt wird. So ist das Ergebnis eines Projekts nicht nur die Software, sondern auch Wissen und Teams. So kann eine Organisation für jedes Projekt die Gestaltung der Softwareentwicklung optimal auf die Wissenslücke in den vier Bereichen ausrichten und Teams produktiver machen.

10 Ausblick

»Wo kämen wir hin, wenn jeder sagte, wo kämen wir hin, und keiner ginge, um zu sehen, wohin wir kämen, wenn wir gingen.«

Den obigen Ausspruch verdanken wir dem Schriftsteller Kurt Marti. Und obwohl wir von der Richtigkeit und Wichtigkeit des Gehens überzeugt sind, stellt sich trotzdem die Frage: Wohin führt der in diesem Buch aufgezeichnete Weg in Richtung Wissensarbeit?

Ein Gedankenexperiment

Im Sinne dieser Frage ist das folgende Gedankenexperiment von uns Autoren mit den fiktiven Charakteren Evelyn, Toni, Rolf und Roman zu verstehen.

Jörg: *»Machen wir ein Gedankenexperiment: Wie würde die Softwarewelt aussehen, wenn die Entwicklungsprozesse den Gesetzen der Wissensarbeit und nicht einer vor allem prozessorientierten, manchmal sogar tayloristischen Sichtweise folgen würden?«*

Steffen: *»Die Firmen hätten die ganzen CMMI-Sachen ganz anders angepackt. Die QM-Stelle würde nicht dicke Bände voll Vorschriften zusammenstellen und den Projekten aufdrücken.«*

Markus: *»Aber so ganz ohne wird es wohl nicht gehen, es macht doch Sinn, gewisse Dinge in einer Prozessbeschreibung festzuhalten, oder nicht?«*

Toni: *»Ich weiß nicht. Das ist ja oft sehr allgemein und zu weit weg von der Projektrealität. Das würde doch keiner lesen. Es müsste schon sehr kurz sein.«*

Roman: *»So eine Art Vision? Drei vier knackige Statements was Qualität bedeutet und wie die Firma damit umgeht?«*

Toni: *»Warum nicht? Fände ich ganz gut.«*

Jörg: *»Trotzdem muss jemand dafür sorgen, dass die Leute nicht jedes Mal von vorne anfangen, sondern aus den Projekten Lehren ziehen.«*

Steffen: »*Die Qualitätssicherungsstelle müsste doch eigentlich nur die Projektteams zusammenbringen und dafür sorgen, dass die voneinander lernen.*«

Evelyn: »*Klingt gut. Dann würde die QM-Stelle also Beispiele zusammentragen, was in welchem Projekt gut bzw. schlecht funktioniert hat, und den Teams helfen, diese auch zu finden.*«

Jörg: »*Es würde dann auch Sinn machen, Best Practices und Prinzipien festzuhalten, die sich daraus ergeben. Eine Art Mikroartikel, kurz, prägnant.*«

Markus: »*Eine QM-Stelle hätte also sehr erfahrene Berater, die eng mit den Projekten zusammenarbeiten und diesen helfen, selbst die Verantwortung für die Qualtät zu übernehmen und produktiver zu sein. Das alles basierend auf den vielen Erfahrungen, den Beispielen, den entwickelten Best Practices und dem Austausch zwischen den Teams.*«

Rolf: »*Das wäre wirklich ein neuer Ansatz. Aber was machen wir mit den Querulanten, die einfach ihr eigenes Ding durchziehen? Wir brauchen doch Vorschriften, sonst verändern die sich nie!*«

Steffen: »*Vorschriften sind ja nur ein Weg, das Verhalten der Mitarbeiter zu verändern. Tatsächlich muss doch die Mitarbeiterführung entsprechend sein.*«

Toni: »*Hmm. Also müssten die Vorgesetzten auch ihre Mitarbeiter und ihr Verhalten kennen und gegebenenfalls auf dieser Ebene eingreifen. Das heißt, sie müssen in den Projekten der Mitarbeiter auch genügend involviert sein.*«

Jörg: »*Also haben wir ein Prinzip formuliert. Führung, sei dies nun Qualitätssicherung, Mitarbeiter- oder Projektführung, heißt, näher an die Projekte ran. Richtig?*«

Steffen: »*Ja, wäre meine Meinung.*«

Jörg: »*Das heißt auch die heutzutage nicht sehr effektiven Steering Boards müssten näher an die Projekte ran und immer wissen, was da läuft. Sonst können sie die Führung gar nicht wahrnehmen. Wie macht man das?*«

Markus: »*Ist da nicht die große Hürde, dass Projektleiter gegenüber dem Steering Board nicht immer ganz wahrheitsgetreu berichten und eher das Steering Board zu steuern versuchen anstatt umgekehrt?*«

Toni: »*Öh. Kalt erwischt. Man beschönigt halt schon immer mal, weil man will ja keine schlafenden Hunde wecken.*«

Markus: »*Dann müsste man doch das Steering Board dazu bringen, zu gewissen Zeitpunkten das Resultat selbst zu begutachten und mit dem*

Team darüber zu diskutieren. Und das immer wieder, beispielsweise am Ende jeder Iteration. Nur so könnten sie wenigstens ein Gefühl dafür entwickeln, wo das Team beim Schließen der Wissenslücke wirklich steht.«

Evelyn: *»Das ginge dann aber nur mit der entwickelten Software. Wenn du eine schöne GUI vorführst, dann kannst du zehnmal sagen, dass das nur ein Prototyp ist – die Leute denken, du bist fertig mit der Entwicklung, und wollen die Anwendung sofort haben. Die Wahrnehmung des Fortschritts wird dadurch meiner Meinung nach verzerrt. Die Leute wähnen das Projekt viel weiter, als es tatsächlich ist.«*

Steffen: *»Außerdem ist der Fortschritt eines Dokuments immer im grünen Bereich. Ob jetzt alles drin steht oder nicht und ob der Empfänger es verstanden hat, das alles sieht man nicht wirklich.«*

Evelyn: *»Das heißt, wir müssen so entwickeln, dass das Resultat für die Leute vom Steering Board auch sichtbar ist. Wir müssen es demonstrieren können und die Leute müssen daran erkennen, wo der Mehrwert ist und wie weit der Fortschritt ist.«*

Markus: *»Ich würde sogar sagen, sie sollen es ausprobieren.«*

Rolf: *»Das ist gut. Dann gäbe es auch keine selbst entwickelten Mega-Frameworks mehr, die mir zwar ganz viel Arbeit abnähmen, würde ich sie begreifen und wäre die Arbeit, die sie abnähmen, auch die Arbeit, die ich tun müsste. Das Steering Board könnte das Framework nur mit einer richtigen Applikation ausprobieren, und wenn die Aufwände in das Framework anstatt in die Funktionalität gegangen sind, dann müsste man das diskutieren. So würde das Framework eher auf den konkret benötigten Beitrag fokussieren.«*

Toni: *»Ich denke, dass Führung in der Wissensarbeit sehr viel Teamentwicklung bedeutet. Meine Aufgabe wäre es dann, einerseits die Leute im Team zum Zusammenarbeiten, aber andererseits vor allem zum Lernen zu bringen. Ich müsste den Leuten entsprechenden Raum verschaffen und sie wohl auch zum Lernen überreden.*

Roman: *»Der Meinung bin ich auch. Wir würden sehr viel enger zusammenarbeiten: Fachexperten, Entwickler, die Prozessleute – und viel weniger über Dokumente kommunizieren. Das, was wir aufschreiben, ist mehr, damit wir's nicht vergessen, und weniger zur Kommunikation. Und dann ist ja eigentlich die Form viel weniger wichtig.«*

Steffen: *»Ja, das wird für manche wirklich ein Paradigmenwechsel. Das Ziel der Arbeit ist es nicht mehr, Vorgaben zu erfüllen, sondern produktiv zusammenzuarbeiten und laufend den eigenen Prozess zu optimieren. Das fordert mehr von den Leuten.«*

Rolf: »*Das gefällt mir. Ich dürfte mich dann auch viel weniger in mein Gärtchen zurückziehen. Ich würde nicht einfach nur darauf warten, dass mir jemand die Anforderungen rübergibt, damit ich mich dann über deren lausige Qualität ärgere und sie dann halt einfach irgendwie implementiere.*«

Evelyn: »*Mir scheint, dass wir in der Entwicklung viele agile Praktiken, insbesondere sehr früh lauffähigen und immer getesteten Code, sowie kurze Releasezyklen hätten. Aber ergänzt mit vielen Erfahrungen, wie man verschiedene Dinge gut ausprobieren kann und effektiv Feedback holt.*«

Rolf: »*Aha, also ist die Antwort auf die Frage nach dem richtigen Prozess: Agiles Vorgehen ist das einzig wahre?*«

Jörg: »*Langsam. Wir haben ja deutlich gemacht, dass es kein Silver Bullet mit Garantie für erfolgreiche Softwareentwicklung gibt. Richtig ist, dass die Agilen einige Dinge, die für das Problemlösen sehr wichtig sind, wirklich gut machen. Direkte Kommunikation, schnelle Problemlösezyklen mit wenigen Wartezeiten, frühes Feedback mit hoher Feedbacktiefe, ständiges Lernen und Adaptieren. Das ist wirklich positiv. Allerdings kann man diese Elemente durchaus auch in andere Prozessmodelle einbauen.*«

Steffen: »*Ich denke, ob linear, RUP oder agil sollte anhand der Wissenslücke entschieden werden. Weiß man wirklich gut über Problem und Lösung Bescheid, und ist man auch sicher, dass der Kontext nicht seine Meinung ändert, dann kann man durchaus eher linear vorgehen. Allerdings ist das in der Realität halt höchst selten, weswegen man das gut hinterfragen muss. RUP ist gut, wenn man zwar wenig über Problem und/oder Lösung weiß, aber dafür einen stabilen Kontext hat, der die einmal vereinbarte Vision nicht gefährden wird. Hat man jedoch fast nur unbekannte und bewegliche Ziele, dann führt an agilen Vorgehensweisen mit verkürzten Planungshorizonten und einfachen, auf das Wesentliche beschränkten Lösungen kein Weg vorbei.*«

Jörg: »*Nochmal zu deinem letzten Punkt, Evelyn, der scheint mir sehr wichtig. Gerade wie man gut Feedback holt, ist doch eine große Herausforderung.*«

Markus: »*Naja, die Herausforderung ist, dass die Techniken dazu zu wenig bekannt sind. So zum Beispiel die Methoden aus dem Gebiet der User Experience, etwa UI-Prototyping mit Benutzern. Dies sind die besten bekannten Techniken, Feedback auf Stufe Modellierung von Benutzern zu erhalten. Das soll jetzt nicht heißen, dass in jedes Team ein User Experience Experte hinein muss. Die Leute sollten dies viel-*

mehr in gewissen Grenzen selbst können, es sollte also künftig zum Standardrepertoire der Entwickler gehören.«

Evelyn: »*Markus hat da ganz recht. Ich denke dabei auch daran, wie schlecht viele Projektteams Performance-Messungen durchführen, weil man die Methoden und Werkzeuge dafür nicht kennt. Das wäre übrigens jetzt genau wieder etwas für jemanden aus einem weiter gefassten QM-Bereich.*«

Toni: »*Wie meinst du das? Die sollen doch kaum Performance-Messungen durchführen oder?*«

Evelyn: »*Natürlich nicht. Aber Methoden und Werkzeuge zusammentragen und schauen, dass alle lernen können, was ein Team herausgefunden hat. Ich denke, eine moderne Qualitätssicherung in einem Unternehmen sollte zum einen Wissen sammeln und zum anderen die Projekte beraten. Um effektiv zu sein, müssen sie prüfen, ob die wichtigen Qualitätsattribute der Software, wie z.B. die Performance, genügend Beachtung im Projekt finden. Außerdem sollten sie den Teams helfen, so produktiv wie möglich zu werden, indem sie z.B. Vorschläge für externe Mittel einbringen, um das Verständnis der Anforderungen zu erhöhen.*«

Toni: »*Denken wir mal ans Ausprobieren und das Stichwort Exploration. Meist machen wir das ja heute nicht so richtig. Wir holen die Vision einfach ab. Irgendwer hat sie schon oder schreibt sie mal eben auf. Aber so richtig passen tut das dann meist nicht. Das müsste in Zukunft eigentlich ganz anders aussehen.*«

Steffen: »*Allerdings. Da man, so der Schluss in dem Buch, erst durch eine Lösung erkennt, was wirklich der Bedarf ist, tastet man sich also über Lösungsvorschläge an das Problem und somit die Vision heran.*«

Jörg: »*Und die Vorschläge sollte man nicht nur im Kopf durchspielen, sondern möglichst auch ausprobieren.*«

Roman: »*Das macht mir ziemlich Kopfzerbrechen. Wie soll ich bitte eine Reorganisation ausprobieren? Das kann man doch nicht einfach so tun.*«

Markus: »*Wie wärs mit einem Rollenspiel?*«

Roman: »*Ja schon, aber das ist noch sehr weit von der Realität entfernt. Damit zu entscheiden, ob etwas funktioniert, dürfte ziemlich schwer sein.*«

Jörg: »*Tja, dieses Buch ist über Software Engineering und nicht über Organisationsentwicklung. Vielleicht sprengt das ganz einfach den Rahmen hier. Ich denke aber, es sollten mehr als nur die beiden Feedbacktiefen Probehandeln und Benutzung möglich sein. Wenn man eine*

Organisation nicht wirklich inkrementell bauen kann und die Feedbacktiefe Testen wegfällt, dann könnte man aber trotzdem noch mit Simulationen und gezielten Experimenten Feedback erzeugen. Aber wie dies zu machen ist, stünde dann wohl in einem anderen Buch.«

Steffen: »*Ich denke, es ist durchaus auch ein Aspekt der Teamkultur, zu sagen: ›Ok, wir probieren jetzt mal aus, uns so zu organisieren. Wir werden dann schon bald sehen, was wir danach noch optimieren können!‹. In einem Projekt muss es eigentlich so funktionieren. Bei einem ganzen Unternehmen muss man vielleicht vorsichtiger sein, allerdings zeigen die ach so zahlreichen Reorganisationen ja eigentlich auch nur einen Lernprozess.«*

Jörg: »*Aber wenn wir schon bei einem anderen Buch sind. Der Weg zu guten Produktideen und Lösungsansätzen geht über die Kreativität. Aber leider liegt es in der Natur der Sache, dass es zwar viele Wege zur Produktidee gibt, allerdings keine Garantie für einen Volltreffer. Lösungskandidaten ausprobieren ist ein wichtiges Prinzip, aber es gibt eine große Vielfalt von Möglichkeiten, dies zu tun. Mit dieser Vielfalt zu spielen und daraus zu lernen ist sicherlich etwas, was jede Firma für sich tun muss. Die gesammelten Erkenntnisse ergäben ein hochinteressantes Werk, dies hieße aber sicher nicht ›In zehn Schritten zum Marktrenner‹.«*

Markus: »*Wir haben ja auch geschrieben, dass man insbesondere aus der Feedbacktiefe Benutzung lernen soll, um langfristig Innovation zu schaffen, nur hier sei wirklich zuverlässiges Feedback möglich. Wenn man jetzt mal von Entwicklungen für interne Applikationen absieht, stellt man aber fest, dass es den Unternehmen auch hier sehr schwerfällt, diese Feedbackschleife zu schließen. Kundenfeedback, qualitative Benutzerstudien und quantitative Marktforschung müssten vermutlich besser verzahnt werden. Ebenfalls ein sehr spannendes Thema für eine Firma.«*

Jörg: »*Nachdem wir jetzt gerade so schön auf die Lücken in unserem Buch hingewiesen haben, trotzdem noch mal die Aufforderung: Versucht doch die Veränderung vom tayloristischen Prozessverständnis hin zur Wissensarbeit kurz und knapp zu charakterisieren.«*

Roman: »*Viel weniger Dokumente, viel mehr direkte Kommunikation und Zusammenarbeit.«*

Rolf: »*Agile Softwareentwicklung.«*

Evelyn: »*Ausbalancierter Mix zwischen Prototyping, analytischen Betrachtungen und evolutionärer Entwicklung.*

Toni: »*Die Stakeholder arbeiten mit.«*

Markus: »*Das Team erweitert die externen Mittel der Problemlösung kontinuierlich und baut so immer mehr Wissen parallel zu einer funktionierenden Software auf.*«

Steffen: »*Scharfe und bewiesene Visionen als Basis für die Entwicklung.*«

Jörg: »*Die Wissenslücke wird in den Firmen strategisch in allen Projekten geschlossen und damit langfristig Wissen und Problemlösekompetenz aufgebaut. Diese Fähigkeit einer Organisation stellt wohl den wichtigsten Wettbewerbsfaktor in einer globalisierten Wissensgesellschaft dar und kann nicht einfach von anderen Unternehmen kopiert werden.*«

Mit diesem Gespräch verabschieden wir Autoren uns von den fiktiven Charakteren, die Sie in diesem Buch angetroffen haben.

Eine Vision, die wir in uns tragen und die der Grund für die intensive Beschäftigung mit diesem Thema war und weiterhin sein wird, führt uns also in eine Welt, in der nicht dogmatische Diskussionen über Entwicklungsprozesse oder einzelne Praktiken vorherrschen.

Vielmehr möchten wir dazu beitragen, dass die an Softwareprojekten beteiligten Personen, vom Entwickler bis zum Senior Manager, über eine gemeinsame Philosophie verfügen. Hauptaspekt dieser Philosophie ist es, Lernen als festen Bestandteil eines Projekts zu akzeptieren, und die daraus resultierenden Chancen für mehr Produktivität unmittelbar und langfristig zu nutzen.

Ein gemeinsames Modell für produktive Softwareentwicklung

In Abbildung 10–1 haben wir die wichtigsten Zusammenhänge aus diesem Buch nochmals dargestellt, sozusagen als Modell für produktive Wissensarbeit. Dieses externe Mittel hat uns Autoren ebenfalls hervorragend geholfen, die Erkenntnisse dieses Buchs als gemeinsames mentales Modell zu visualisieren. So hoffen wir, dass auch Sie mithilfe dieser Abbildung Ihr mentales Modell über produktive Softwareentwicklung immer greifbar haben und damit die Anwendung der vielen Erkenntnisse in der Praxis gelingt.

Raum schaffen

Die Umsetzung in der täglichen Arbeit ist vielleicht nicht immer einfach. Unsere eigene Erfahrung ist, dass uns dies insbesondere dann besser gelingt, wenn wir uns den notwendigen Raum für Schritt 5 im Problemlösekreislauf – nämlich Reflexion – verschaffen. Und das benötigt in den von hohem Zeitdruck geprägten Projekten eine gewisse Hart-

Abb. 10-1
Ein Modell für Produktivität

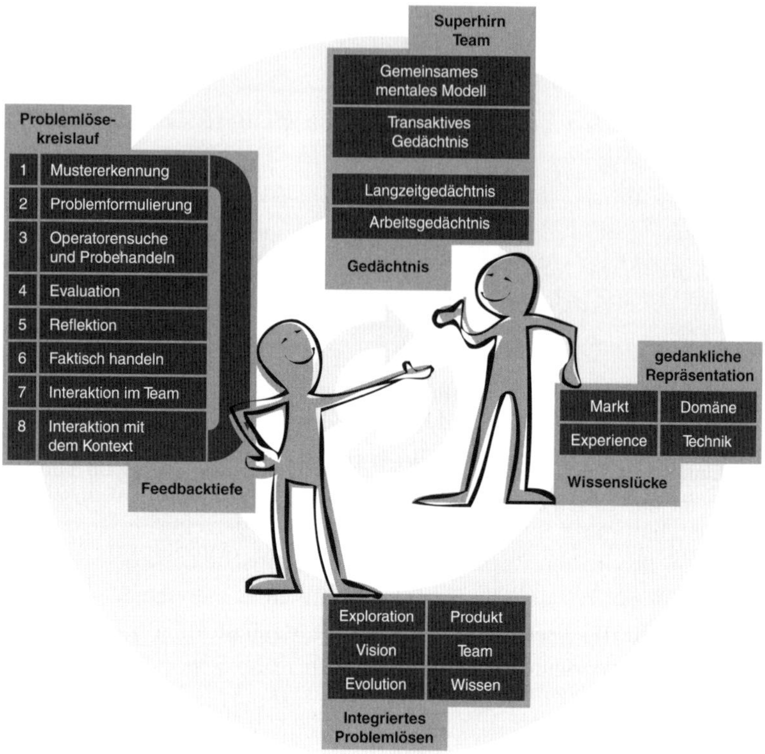

näckigkeit. Der effektive Zeitaufwand dafür ist gar nicht einmal so hoch. Es zahlt sich aber aus, vor dem Fällen weiterer Bäume die Axt jeweils zu schärfen.

In diesem Sinne auch unsere Empfehlung an Sie: Schaffen Sie sich Raum, um über Ihre Wissensarbeit zu reflektieren. Wir sind zuversichtlich, dass Sie dadurch produktiver und letztlich erfolgreicher werden. Und vielleicht kramen Sie in diesen ruhigen Minuten das in diesem Buch dargestellte Modell für produktive Softwareentwicklung und die damit verbundenen Thesen und Erkenntnisse hervor und vergleichen Ihr Vorgehen und Ihre Situation damit. Wir würden uns freuen, wenn es Ihnen dadurch gelingt, Software noch besser zu entwickeln.

Übrigens stimmen wir Kurt Marti zu: Wenn wir den Weg nicht gehen, werden wir nicht wissen, wohin wir kommen, wenn wir ihn gehen würden. In diesem Sinne wünschen wir Ihnen viel Erfolg auf dem Weg zu produktiver Softwareentwicklung.

Jörg Dirbach
Markus Flückiger
Steffen Lentz

Literatur

[Applbaum 1973] Ronald L. Applbaum: Fundamental Concepts in Human Communication. Canfield Press, 1973.

[Backhausen & Thommen 2007] Wilhelm J. Backhausen, Jean-Paul Thommen: Irrgarten des Managements. Versus, 2007.

[Bass et al. 2003] Len Bass, Paul Clements, Rick Kazman: Software Architecture in Practice. Addison-Wesley, 2003.

[Beck et al. 2001] Kent Beck et al.: The Agile Manifesto. http://www.agilemanifesto.org. 2001

[Beck 1999] Kent Beck: Extreme Programming Explained: Embrace Change. Addison-Wesley, 1999.

[Boehm 1988] Barry Boehm: A Spiral Model of Software Development and Enhancement. IEEE Computer, 1988, S. 61–72.

[Booch 1994] Grady Booch: Objektorientierte Analyse und Design. Addison-Wesley, 1994.

[Brooks 1975] Fred Brooks: The Mythical Man Month. Addison-Wesley, 1975.

[Brooks 1987] Fred Brooks: No Silver Bullet. IEEE Computer, 4/1987.

[Buxton 2007] Bill Buxton: Sketching User Experiences: Getting the Design Right and the Right Design. Morgan Kaufmann, 2007.

[Canadian Museum 2009] »Storytelling: the art of knowledge« http://www.civilization.ca, Stand Mai 2009.

[Cross 2007] Nigel Cross: Designerly Ways of Knowing. Birkhäuser, 2007.

[Dörner 1979] Dietrich Dörner: Problemlösen als Informationsverarbeitung. Kohlhammer, 1979.

[Dörner 2004] Dietrich Dörner: Die Logik des Misslingens. Rowohlt, 2004.

[Dröschel & Wiemers 1999] Wolfgang Dröschel, Manuela Wiemers: Das V-Modell 97: Der Standard für die Entwicklung von IT-Systemen mit Anleitung für den Praxiseinsatz. Oldenbourg, 1999.

[Drucker 1999] Peter F. Drucker: Management challenges for the 21st century. Harper, 1999.

[Fowler 1999] Martin Fowler: Refactoring: Improving the Design of Existing Code. Addison-Wesley, 1999.

[Funke 2003] Joachim Funke: Problemlösendes Denken. Kohlhammer, 2003.

[Gassmann & Sutter 2008] Oliver Gassmann, Philipp Sutter: Praxiswissen Innovationsmanagement. Hanser, 2008.

[Gladwell 2002] Malcolm Gladwell: Tipping Point. Wie kleine Dinge Großes bewirken können. Goldmann, 2002.

[Glass 2006] Robert L. Glass: Software Conflict 2.0. Developer Books, 2006.

[Hermann 2002] Sibylle Hermann: Herausforderung Wissensarbeit. Ist die Personalwirtschaft darauf vorbereitet? In: Personal 2002, Nr. 54, S. 10–14.

[Höhn & Höppner 2008] Reinhard Höhn, Stephan Höppner: Das V-Modell XT. Grundlagen, Methodik und Anwendungen. Springer-Verlag, 2008.

[Hunt 2008] Andy Hunt: Pragmatic Thinking & Learning. The Pragmatic Bookshelf, 2008.

[Hussy 1998] Walter Hussy: Denken und Problemlösen. Kohlhammer, 1998.

[Kozlowski & Ilgen 2006] Steve W. J. Kozlowski, Daniel R. Ilgen: Enhancing the Effectiveness of Work Groups and Teams. In: Psychological Science in the Public Interest 2006, Vol. 7, Nr. 3, S. 77–124.

[Kruchten 2003] Philippe Kruchten: Rational Unified Process 3rd Edition: An Introduction. Addison-Wesley. 2003.

[Liker 2003] Jeffrey K. Liker: The Toyota Way. McGraw-Hill, 2003.

[Malik 2002] Fredmund Malik: Strategie des Managements komplexer Systeme. Haupt, 2002.

[Marcus 2010] Bernd Marcus: Einführung in die Arbeits- und Organisationspsychologie. Vs Verlag, 2010.

[Merz & Jaschek 1996] Ludwig Merz, Hilmar Jaschek: Grundkurs der Regelungstechnik. Oldenbourg, 1996.

[Miller 1956] G. A. Miller: The magical number seven, plus or minus two: some limits on our capacity for processing information. Psychological Review 63, 1956, S. 81–98.

[Miller et al. 1956] G. A. Miller, E. Galanter, K. H. Pribram: Plans and the Structure of Behavior. Holt, Rinehart & Winston, 1956.

[Neuweg 2004] Georg Hans Neuweg: Könnerschaft und implizites Wissen. Waxmann, 2004.

[Pfiffner & Stadelmann 1999] Martin Pfiffner, Peter Stadelmann: Wissen wirksam machen: wie Kopfarbeiter produktiv werden. Haupt, 1999.

[Pichler 2008] Roman Pichler: Scrum, Agiles Projektmanagement erfolgreich einsetzen. dpunkt.verlag, 2008.

[Poppendieck & Poppendieck 2003] Mary Poppendieck, Tom Poppendieck: Lean Software Development: An Agile Toolkit. Addison-Wesley, 2003.

[PMI 2008] Project Management Institute: A Guide to the Project Management Body of Knowledge. 2008.

[Resch 1998] Martin Resch: Die Handlungsregulation geistiger Arbeit. Bestimmung und Analyse geistiger Arbeitstätigkeiten in der industriellen Produktion. Huber, 1998.

[Richter 2008] Michael Richter: 100 Seiten Spezifikation – Und was ist die Konsequenz für uns? ObjektSpektrum online Ausgabe Requirements Engineering 2008.

[Richter & Flückiger 2010] Michael Richter, Markus Flückiger: Usability Engineering kompakt – Benutzbare Software gezielt entwickeln. Spektrum Akademischer Verlag, 2010.

[Schulz von Thun 1981] Friedemann Schulz von Thun: Miteinander reden 1: Störungen und Klärungen. rororo, 1981.

[Taylor 1911] Frederick Winslow Taylor: The Principles of Scientific Management. Harper & Bros., New York. 1911.

[Tuckman 1965] Bruce W. Tuckman: Psychological Bulletin, Vol. 63, Nr. 6, 1965, S. 384–399.

[Watzlawik et al. 1969] Paul Watzlawik, Janet H. Beavin, Don D. Jackson: Menschliche Kommunikation – Formen, Störungen, Paradoxien. Huber, 1969.

[Weinberg 1998] Gerald M. Weinberg: The Psychology of Computer Programming. Silver Anniversary Edition. Dorset House, 1998.

[Wiener 1948] Norbert Wiener: Cybernetics or Control and Communication in the Animal and the Machine. MIT Press, 1948.

[Willke 2006] Helmut Willke: Systemtheorie I: Grundlagen. Lucius & Lucius, 2006.

[**Vester 1984**] Frederic Vester: Neuland des Denkens. Deutscher Taschenbuch Verlag, 1984.

[**Vigenschow et al. 2011**] Uwe Vigenschow, Björn Schneider, Ines Meyrose: Soft Skills für Softwareentwickler. dpunkt.verlag, 2011.

Index

V

W

X

Z

Ziffern